DRACULA –
MYTHEN und WAHRHEITEN

Es gibt Dinge zwischen Himmel und Erde ...

Christine Klell &
Reinhard Deutsch

DRACULA – MYTHEN und WAHRHEITEN

Ein Handbuch der Vampire

*Erschröckliche und wahrhafftige Geschichten
von den Vampyren und ihren Verwandten,
von den Filmstars und Kultautoren,
von den Untoten und Wiedergängern,
vom Gestern und vom Morgen,
von Vampiren wie du und ich.*

styria premium

Ein kleiner Hinweis: Für Seite 200 bringen Sie ein Messer mit …

Der Flügelschlag in der Dunkelheit
Wo die Vampire herkommen...

Es gibt Menschen, die glauben an Vampire. Sie sind überzeugt von ihrer Existenz, fühlen sich bedroht. Denken beim Flügelschlag der Fledermaus an das wehende Cape von Graf Dracula, sehen hinter jedem Blutspende-Plakat finstere Absichten und machen um einschlägige Filme und Bücher einen großen Bogen. Der Knoblauchvorrat wird regelmäßig überprüft, sorgfältig wird gecheckt, ob die neue Bekanntschaft auch wirklich ein Spiegelbild hat. Man kann ja nie wissen...

Andere tun das nicht. Sie sind überzeugt von der Nicht-Existenz der Vampire, gehen sorglos durch das Leben, denken bei der Fledermaus an seltsam-scheue Tiere, vielleicht sogar an Johann Strauß, lieben die Filme, können nicht genug bekommen von den Büchern und machen den Genuss von Knoblauch eher vom geplanten Abendprogramm abhängig als von irgendwelchen sinistren Bedrohungen...

Die werden schön schauen...
Die einen wie die anderen...
Denn beide haben glücklicherweise recht.
Und beide irren auf gloriose Weise.

Der Vampir hat eine steile Karriere gemacht. Seit der Antike taucht er immer wieder aus dem Dunkel der Mythen auf, führt Jahrhunderte lang ein zurückgezogenes Dasein in den Schluchten der Karpaten mit gelegentlichen Ausflügen in die Metropolen Europas. Allmählich breiten sich das Wissen um ihn, die Furcht vor ihm, vor allem aber: die Faszination! aus, erobern geduldig die Hirne und Herzen der Menschen, nisten sich ein in Sehnsüchten und Alpträumen. Der Vampir hält in vielerlei Gestalt Einzug in die Bilderwelt, vermischt sich mit anderen geheimnisvollen Figuren, verbündet sich mit ihnen zu einer Fülle seltsamer Verwandtschaft.

Romanautoren und Maler geben dem Vampir Gesicht und Kontur, verfeinern seine Eigenschaften, steigern die Erwartung ihm zu begegnen. Zur Erfahrung der Welt durch Reisen, durch Berichte, durch neue Medien kommt die Sehnsucht nach Schrecken. Es ist der Versuch, das Fremde, das was man nicht versteht, in eine Form zu gießen. Fremdbild wird zum Schreckensbild, weit hinter den sieben Bergen wohnen eben nicht nur die sieben Zwerge, sondern auch – Dracula.

Dracula! Der Herr des Schreckens, der Herr der Finsternis. Wer nicht mehr an Gott glaubt, braucht einen neuen Teufel. Wer die Autorität über seine Kinder verliert, holt einen neuen Krampus aus dem Fundus der Mythen. Ein obskurer rumänischer Despot dumpfer nachmittelalterlicher Prägung wird zu einem unsterblichen Begriff für das Bedrohliche! Österreichische Militärärzte brechen auf zu Expeditionen, als ginge es in das schwarze Herz von Afrika, und geben Berichte, die Beamte und Zei-

tungsleser in der fernen Zivilisation von Wien und Berlin erschauern lassen. Sachen gibt es da… Wohlig erschauern, wohl gemerkt. Doch dazu später…
Das Bild des Vampirs hat sich festgesetzt, wer Blut saugt, wird als Vampir bezeichnet, mancher Politiker wird zum Dracula geadelt.

Damit tut man ihm unrecht, dem Dracula. Denn immerhin hat er es geschafft, über viele Jahrhunderte hinweg nicht in Erinnerung zu bleiben, sondern höchst lebendig durch die Bücherseiten und über die Kinoleinwände zu fliegen.

Vampire sind sexy. Sie treten nicht mehr nur in Gesellschaft halbverwester Untoter auf, sondern tragen vorzugsweise gut geschnittene Anzüge. Sie sind attraktiv aussehende Männer, schöne, verführerische Frauen. Sie tun alles für ihr Lebenselixier: Blut.

Blut ist, wie schon Goethes Mephisto feststellte, ein besonderer Saft. Etwas Kostbares. Individuell und doch austauschbar. Wir können Leben retten, indem wir Blut spenden. Der Vampir kann Unsterblichkeit geben, indem er Blut nimmt. Der Biss des Vampirs, der Kuss als Lebensverlängerung ins Unendliche – das ist ebenso vielschichtig wie spannend, reißt ein enormes Spektrum an Themen auf, die im folgenden untersucht werden.

Doch wir folgen dem Vampir auch ebenso neugierig wie willig auf seinem Flug durch die Tiefen der menschlichen Seele. Wer sich mit Film- und Romanfiguren als Erklärungsmodell begnügt, macht es sich zu leicht. Der Mythos vom Vampir greift unvermittelt hinein ins Innere der Seele, krallt sich fest. Verhakt sich, verbündet sich mit anderen archetypischen Bildern, Ängsten, Phantasien.

So sind es zunächst wie immer die Trivialmedien, die nach dem Phänomen Vampir greifen, besonders in seiner zugespitzten Form des Dracula. Die Bühne des 19. Jahrhunderts sah vorwiegend in Deutschland, Österreich, England und Frankreich den Vampir als herzstillstanderzeugendes Monster, der Groschenroman trug den Schauder in die letzte Dienstbotendachkammer, ja auch ernstzunehmende Dichter und Literaten griffen Motiv und Stoff auf. Wir geben im folgenden einige Beispiele davon, selbst ein Goethe war sich nicht zu gut dafür, und das „Hurre, hurre!" der reitenden Toten des Balladendichters Bürger vermag heute noch mitzureißen und Stille in Klassenzimmer zu bringen.

Dem großen Maler Edvard Munch war der Vampir eine lebenslange Reibefläche, sein Frauenbild (?) fand darin den sublimierten Ort der Aufarbeitung. Von der Auseinandersetzung mit dem Vampirthema, in dem „die Gleichzeitigkeit von Hingabe

und Angst vor Kontrollverlust den eigentlichen Kern der symbolistischen Darstellung einer dramatischen Mann-Frau-Beziehung bildet".

Munchs Gemälde „Vampir" war 1892 mitverantwortlich für einen der großen Kunstskandale in Berlin. Eine Ausstellung seiner Werke, zu der er vom Verein Berliner Künstler eingeladen worden war, musste vorzeitig geschlossen werden. Die 55 Gemälde wurden als „Schmierereien" bezeichnet, als „Schande für die Kunst". Das Neue, das Fremde, das Unbürgerliche und Staatsferne hatte das kaiserliche Berlin in Aufruhr versetzt.

Das Gemälde hieß ursprünglich „Liebe und Schmerz", wurde 1894 durch Munchs Freund Stanislaw Przybyszewski umbenannt. Der war ein Anhänger von Okkultismus und Satanismus und schrieb „ein gebrochener Mann und auf seinem Nacken ein beißendes Vampirsgesicht. (...) Der Mann da rollt und rollt in abgründige Tiefen, willenlos, ohnmächtig, und freut sich, dass er wie ein Stein so willenlos rollen kann. Den Vampir wird er doch nicht los, den Schmerz wird er auch nicht loswerden, und das Weib wird immer da sitzen, und wird ewig beißen."

Munch musste sich die vielfache Auseinandersetzung mit demselben Thema vorwerfen lassen, doch ging es ihm ja nicht um die physische Bisshandlung (der Bram-Stoker-Roman hat eben seinen Siegeszug begonnen!), sondern um die Gleichzeitigkeit von Angst und Hingabe. (Dass das Modell für die rothaarige Frau im Bild die Norwegerin Dagny Juel war, der die Männer haufenweise zu Füßen lagen, sei nur am Rande erwähnt.) „Man lärmt, wenn ich ein Bild mehrmals male, aber ein Bild, ein Motiv, mit dem ich ein ganzes Jahr gekämpft habe, ist nicht mit einem einzigen Gemälde erledigt", stellte Munch später fest.

Ein Motiv nicht in einem Bild, ein Thema nicht in einem Buch. Die Vampirliteratur ist auf jeder Ebene unübersehbar geworden. Es ist eine wechselseitige Befruchtung festzustellen, Filmerfolge ziehen Bücher nach sich, neue, gute Bücher gebären neue Filme. Dazwischen schieben sich die Sonderformen wie das Musical, scheu geblickte Randerscheinungen in Mode und Styling. In regelmäßigen Abständen tauchen Vampirformen ebenso wie Fledermaussilhouetten im Dessousbereich auf. Überhaupt wird die Fledermaus als erkennbares Zitat wie als transparente Abdeckung des dahinter geduldig wartenden Vampirs gerne eingesetzt.

Dem gegenüber steht wiederum der Kämpfer für das Gute: Wenn das Fledermaussignal am Himmel über Gotham City erstrahlt, dann wird es Zeit für Batman, sich in sein Kostüm und dann ins Batmobil zu werfen und dahin zu rasen, wo die Welt gerettet werden muss. Wenn die weltliche Ordnungsmacht versagt, dann helfen nur noch überirdische Kräfte. Da aber in einer profanierten Zeit der Deus ex machina als überholt gilt, erst recht der Deus per se, so muss es der mit besonderen Fähigkeiten ausgestattete Irdische sein, der sich dem Verbrechen gewachsen zeigt und die Witwen und Waisen entweder schützt und rächt oder verhindert, dass sie überhaupt dazu werden.

Batman und seine Gesinnungsbrüder Superman, Spiderman, Captain America, John Sinclair und wie sie alle heißen mögen, stehen in einer Front gegen den Vampir und seine Verbündeten: Frankenstein, Godzilla bis zu Cravens Maskenmännern. Biedermänner im Flugmäntelchen gegen schurkische Ärzte und ihre Geschöpfe – der Faszination dieser apokalyptischen Szenarien kann sich keiner entziehen.

So ist es durch die frühen Globalisierungserscheinungen der Unterhaltungsindustrie gelungen, den Vampir als Symbol für „Man hüte sich..." auch in Ländern zu etablieren, wo man dergleichen nicht kannte, die bisslang verschont geblieben waren; die vielleicht nicht einmal den Knoblauch in ihrer Küche kennen (wogegen allerdings die Knoblauchliste spricht...). So lassen sich sogar Vampirfilme aus Pakistan nachweisen, und in den britischen Kolonien vergessener indischer Fürstentümer gehörten Stoker-Aufführungen zum spärlichen Unterhaltungsprogramm der Offiziere und ihrer Familien. Ausgerechnet dort, wo es tatsächlich blutsaugende Fledermäuse gibt!

Es ist eine seltsame Sache mit dem Vampir. Ein Versuch, literarische Texte aller Qualitätsstufen zu katalogisieren, ist ein hoffnungsloses Unterfangen, beinahe täglich erscheint ein neuer Roman. Von Groschenheften zu schweigen.

Keine Woche, in der nicht Vampirfilme im Fernsehen laufen, auf allen Sendern, längs durch alle Qualitätsstandards. Kein Monat, in dem nicht Vampirfilme ins Kino oder zumindest in die Videotheken kommen. Erstklassig gemachte, hoch besetzte ebenso wie schundiger Trash.

Das Internet hat mit Rollenspiel und Community, mit witzigem Blog und ernsthafter Suche nach einer besonderen Lebensform dem Thema nicht nur neue Schubkraft, sondern auch eine völlige Demokratisierung gegeben. Es ist nicht immer einfach, sich zurecht zu finden zwischen all diesen Angeboten.

Und seit längerem gibt es auch eine ernsthafte wissenschaftliche Auseinandersetzung. Der Vampir ist längst in die Fänge der Kulturwissenschaften geraten, der Mythos wird seziert, analysiert, beleuchtet, erhellt, verdunkelt, gegeneinander gewendet. Der Grenzgänger hat längst alle Grenzen überwunden, Germanistik und Kunstgeschichte widmen sich ihm ebenso wie Psychologie und Filmwissenschaft.

Wer immer über den Vampir heute schreibt, ist darin nicht allein, sondern schöpft aus einem breiten und gut erforschten Quellenschatz. Viele Publikationen nähern sich dem Phänomen Vampir mit verschiedenen Ansätzen, mit verschiedenen Absichten.

Dieses Buch möchte neue Blickwinkel eröffnen, Bekanntes in neue Perspektive heben, Unbekanntes aus dem Dunkel leuchten. Gefundenes und Erfundenes verbeißen sich ineinander.

Ob es Vampire gibt? Wir wissen es nicht. Aber: Schauen Sie doch einmal, wer da hinter Ihnen steht...

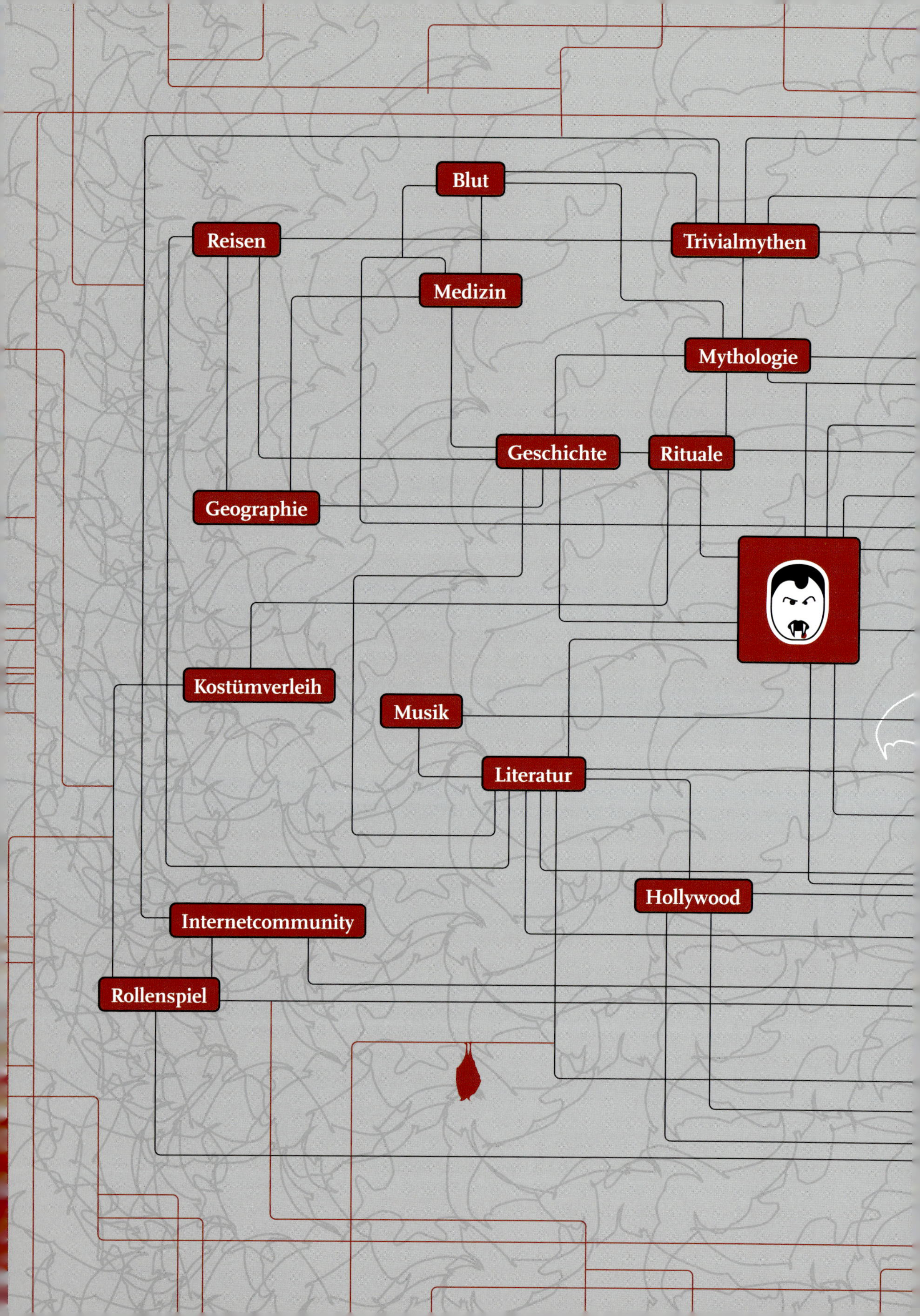

Blut
Reisen
Trivialmythen
Medizin
Mythologie
Geschichte
Rituale
Geographie
Kostümverleih
Musik
Literatur
Hollywood
Internetcommunity
Rollenspiel

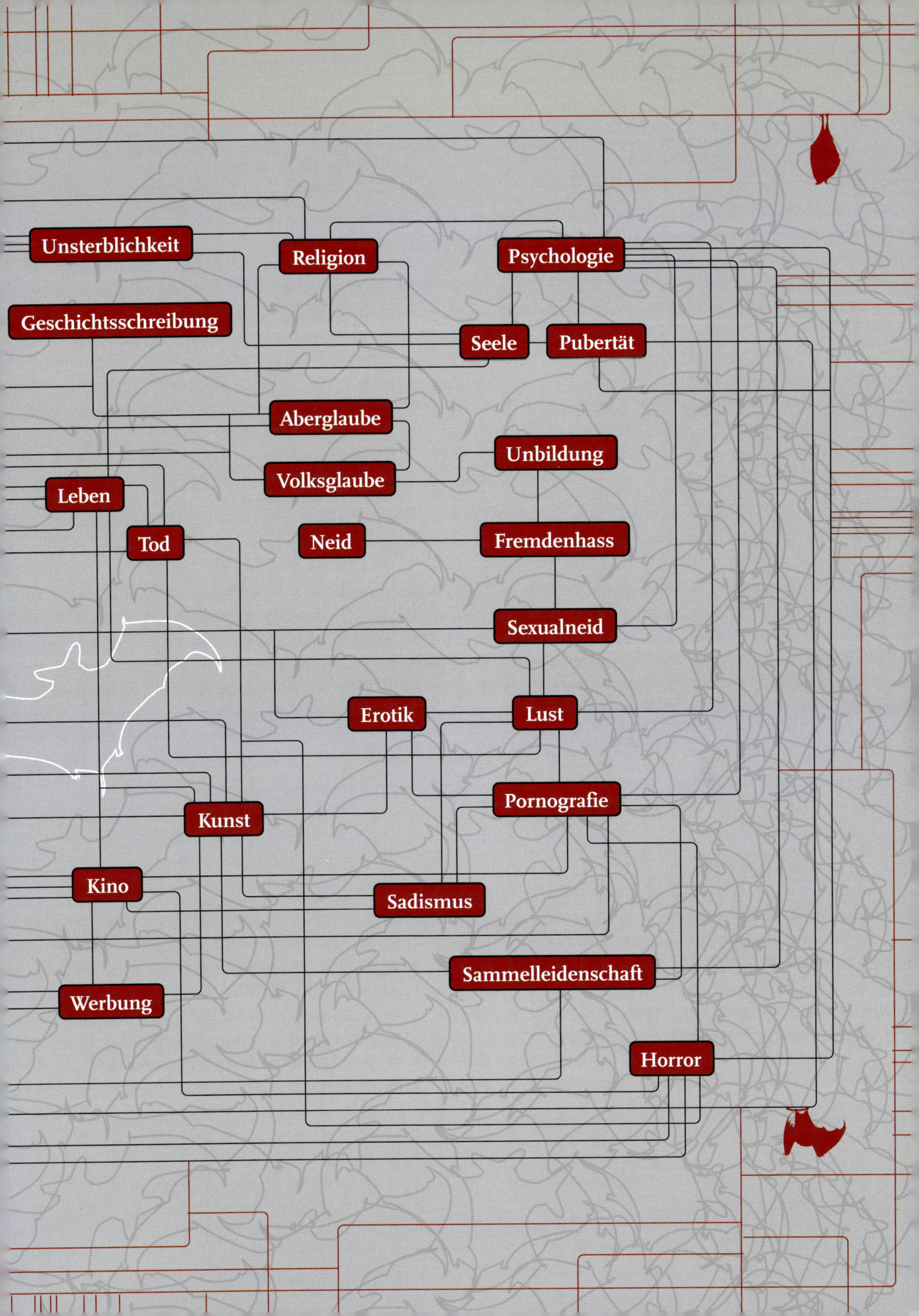

Unsterblichkeit
Religion
Psychologie
Geschichtsschreibung
Seele
Pubertät
Aberglaube
Unbildung
Volksglaube
Leben
Tod
Neid
Fremdenhass
Sexualneid
Erotik
Lust
Pornografie
Kunst
Kino
Sadismus
Sammelleidenschaft
Werbung
Horror

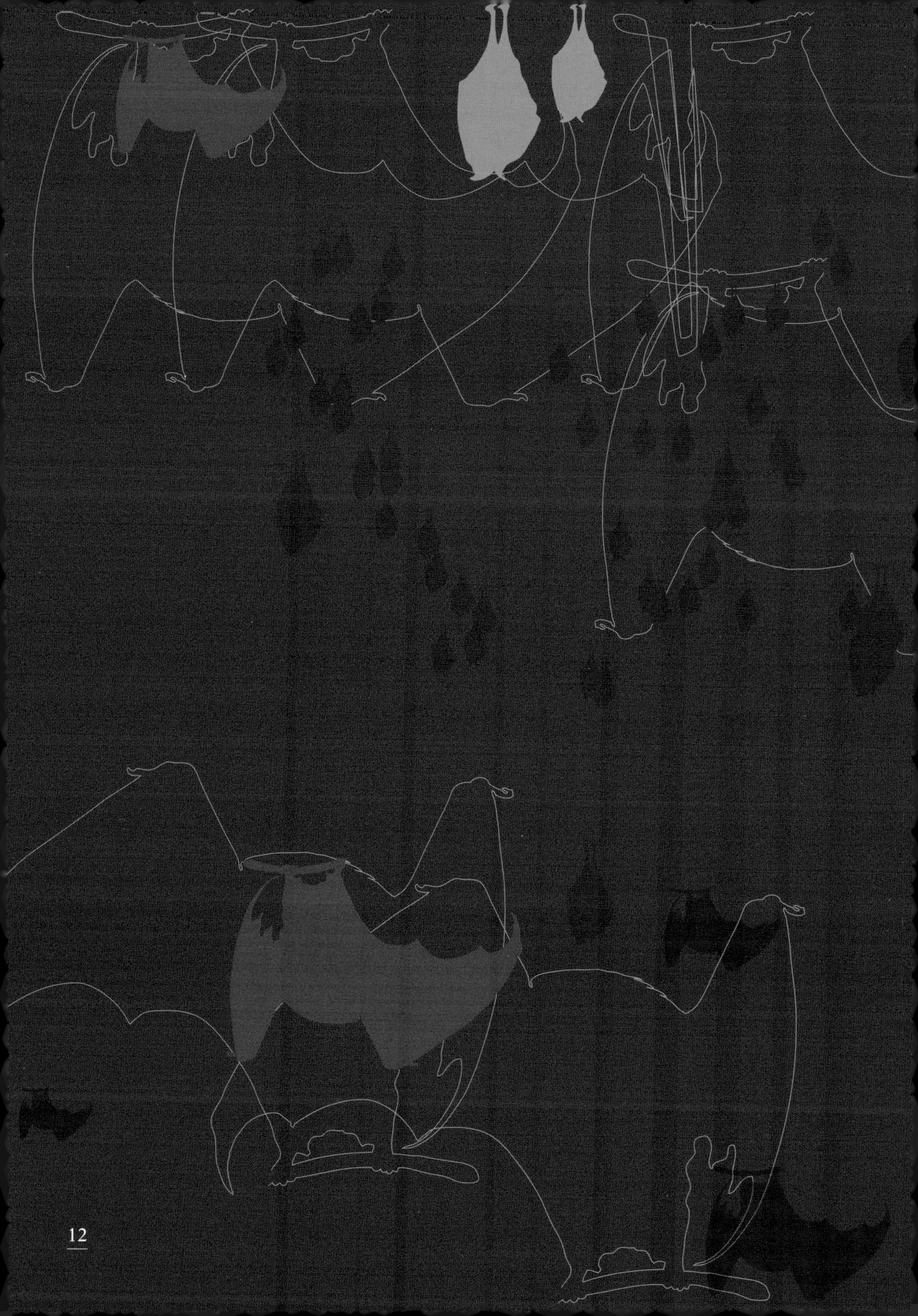

Trivialität und Tiefenströmung –
Vampirismus im Alltag und in den ältesten Mythen

Es ist eine seltsame Zeit – Aufklärung und Aberglaube treffen aufeinander. Schon damals, um 1730, hat man vieles gewußt, was heute geleugnet wird. Wissen taucht auf und verschwindet im Schatten.

Sie flattern durch die Literatur, sie wollen beißen und töten – die Vampire des 18. Jahrhunderts lassen spätere Draculas blass aussehen. Da wird keinem was geschenkt, da klettern die Toten aus den Gräbern...

Bram Stoker's Dracula I
Wie das alles begann

Bram Stoker

„Die ältesten Vampyren, wovon wir Nachricht haben, waren bei den Griechen zu Hause", schreibt Carl von Knoblauch zu Hatzbach 1791 im *Taschenbuch für Aufklärer und Nichtaufklärer*; er ist einer von vielen Autoren, die sich im 18. Jahrhundert vom rationalistischen Standpunkt mit den europäischen Volksüberlieferungen von Vampiren oder „Nachzehrern" beschäftigten.

Vlad III.

In der Tat sind die Lamien, Strigen und Harpyien der griechisch-römischen Dämonologie sowie die leichenfressenden Ghoule orientalischer Überlieferungen die Vorfahren der Vampire des neuzeitlichen europäischen Aberglaubens. In der Dichtung erscheinen die ersten Vampire, allerdings noch nicht mit allen charakteristischen Zügen ausgestattet und eher in verschleierten Andeutungen, in Gedichten und Erzählungen der Romantik, etwa in Coleridges unvollendeter Verserzählung *Christabel* die unheimliche Dame Geraldine oder in Byrons 1816 entstandenem Novellenfragment der Protagonist Augustus Darvell. Angeregt von Byron, publizierte der Arzt William Polidori 1819 seine Erzählung *The Vampyre*, die eine Welle von Vampirnovellen und -dramen auslöste, 1872 schließlich veröffentlichte Sheridan Le Fanu eines der wenigen Meisterwerke dieser Gattung, *Carmilla*, die Erzählung von einem lesbischen Vampir.

Der Ire Bram Stoker kannte dieses Werk seines Landsmannes, als er um 1895 begann, den Vampirroman zu schreiben, der zum berühmtesten der Gattung wurde.
(weiter auf Seite 36)

01

Was sucht Quentin Tarantino in Österreich?

Die Wahrheit über Burg Kreuzenstein

Wenige Kilometer von Wien entfernt steht die Burg Kreuzenstein. Sie ist ein Folly, eine Narretei, die romantische realisierte Ritterburgphantasie eines reichen Mannes im 19. Jahrhundert. Der Graf Wilczek steckte Geld in die Polarforschung und war dabei, als das Rote Kreuz gegründet wurde. Er war immer dabei, wenn es galt, einem Spaß, einer Besonderheit eine dauerhafte Form zu geben. Also baute er auf den überwachsenen Trümmern einer längst vergessenen Burg eine neue. Sie wurde eingerichtet mit allem, was eine anständige Ritterburg haben muss, um in das Bild zu passen, das man sich im neu erwachten Interesse dieser Zeit vom Mittelalter machte. Söller, Kemenate, Verlies, Wehrgang – alles bestens erhalten. Wie neu... Schön möbliert, mit passendem Interieur, dessen Herbeischaffung den Wiener Trödlern und Antiquitätenhändlern viel Freude bereitete.

Dann ist da die Kiste. Das war ein Fehler. Von der hätte er die Finger lassen sollen, der Graf Wilczek. Die Kiste mit dem schwarzen Hund. Sie wird den Besuchern als Geldkiste präsentiert, wie es sie früher gab. Wer den schwarzen Hund auf dem Boden sah, der war „auf den Hund gekommen". Dann war die Geldkiste leer...

Schauen Sie sich die Kiste genauer an. Sechs Bretter und zwei Brettchen. Dämmert es? Die alte Burg war zwar zerstört, aber nicht unbewohnt. Sie war die Heimstatt von jemandem, den man in der Stadt nicht gern gesehen hat. Die Ruine von Kreuzenstein hatte keinen guten Ruf. Wer konnte, mied sie in der Abenddämmerung, war möglichst weit weg, wenn es sich zwischen den überwachsenen Trümmern regte...

Deswegen kam Quentin Tarantino im Sommer 2010 nach Österreich. Auf der Suche nach dem richtigen Drehort für seinen nächsten Film. Einen Vampirfilm. Tarantino mag Drehorte mit Geschichte. Mit einer wahren Geschichte...

ENZYKLOPÄDIE:

Ahnenforschung: Für die Vampire ist es wichtig, um ihre Abstammung und die Besonderheiten Bescheid zu wissen. Ob als Vorbild oder Warnung – Wissen hilft.

Bleistift: hilft zumindest gegen kleine Vampire. Sollte in keinem Erste-Hilfe-Kasten fehlen.

Blutfürstin: Einer der Namen, unter denen eine ungarische Adelige bekannt geworden ist, die im Blut ihrer Dienerinnen gebadet haben soll, um die ewige Jugend zu haben. Die standesgemäße Grausamkeit gegenüber den Dienstboten in Kombination mit einer sadistischen Grundstruktur mag zu Exzessen geführt haben. Das Bild dieser Frau ist längst von Legenden und zahllosen Büchern, Verfilmungen, Dramatisierungen, kollektiven Zuschreibungen überlagert. Die Wahrscheinlichkeit, dass sie – als Großgläubigerin des Kaisers und frühemanzipierte Frau – einer speziellen Form der Denunziation zum Opfer gefallen ist, scheint groß.

Der Vampir
von Polidori / Lord Byron

John William Polidori

Eine Erzählung aus dem Englischen des Lord Byron, nebst einer Schilderung seines Aufenthaltes auf der Insel Mitylene.

Vorwort des Uebersetzers.
Der durch seine poetischen Werke auch in Deutschland bekannte und geschätzte Lord Byron befand sich einst während seines Aufenthalts in der Schweiz in einer Gesellschaft, wo man auf den Gedanken kam, zur gemeinschaftlichen Unterhaltung Gespenstergeschichten zu erzählen. Die Veranlassung dazu war die so eben beendigte Lectüre eines Buchs: *Phantasmagoriana* betitelt. Die nachstehende Erzählung ist diejenige, welche der Lord Byron vortrug. Die, welche Miß Godwin (die Tochter des berühmten Godwin), die auch von der Gesellschaft war, vorgetragen hat, ist unter dem Titel: *Frankenstein or the modern Prometheus*, erschienen. In Byrons Erzählung wird man alle die Vorzüge wieder finden, die ihn nicht nur unter seinen Landsleuten, sondern auch im Auslande unter einem ansehnlichen Kreise von Lesern zu einem Lieblingsdichter erhoben haben. Seine feurige Phantasie reißt auch den Widerstrebenden mit sich fort, und seine düstersten Bilder werden von den Strahlen seines seltenen Genius erleuchtet.

Einleitung.
Der Aberglaube, worauf sich die nachfolgende Erzählung gründet, ist im Orient sehr gemein. Unter den Arabern wird er besonders häufig gefunden; indessen hat er sich bis zu den Griechen nicht eher erstreckt, als nach der Einführung des Christenthums, und seine gegenwärtige Gestalt hat er erst seit der Trennung der lateinischen und griechischen Kirche angenommen, zu welcher Zeit die Idee herrschend zu werden begann, daß ein Körper lateinischer Christen nicht verwesen könne, wenn er in griechischer Erde begraben worden sei; nach und nach nahm er immer mehr zu, und wurde der Inhalt mancher wundervollen Geschichten, die sich noch erhalten haben, von Todten, welche aus ihren Gräbern aufstünden, und sich von dem Blute junger und schöner Personen nährten. In Westen verbreitete er sich mit geringen Verände-

rungen über Ungarn, Polen, Oesterreich und Lothringen, wo sich nun der Glaube erhielt, daß Vampyre zur Nachtzeit eine gewisse Portion Blut von ihren Schlachtopfern einsaugten, welche dann abmagerten, ihre Kraft verlören und schnell an Verzehrung stürben, indeß diese menschlichen Blutsauger fett würden, so daß ihre Adern dergestalt angefüllt wären, daß das Blut zu allen Oeffnungen ihres Körpers herausdränge, selbst aus den Poren der Haut.
(...)

In dem Gedichte: *the Giaour*, kommt eine Anspielung auf den Vampyrism vor, und Herr Southey hat in seinem wilden aber schönen Gedichte: *Thalaba*, den Vampyrkörper eines arabischen Mädchens Oneiza eingeführt, welche aus dem Grabe rückkehrend dargestellt wird, in der Absicht, den zu quälen, den sie im Leben am meisten liebte. Allein dies kann hier nicht Strafe für ihre Sünden sein, da sie in dem ganzen Gedichte als ein Muster von Reinheit und Unschuld erscheint. Der Wahrheit liebende Tournefort gibt in seinen Reisen eine lange Erzählung von mehrern Staunen erregenden Fällen von Vampyrismus, von denen er Augenzeuge gewesen sein will, und Calmet in seinem großen Werke über diesen Gegenstand liefert, außer mehreren Anecdoten und Sagen, die sich darauf beziehen, einige gelehrte Abhandlungen, welche beweisen sollen, daß dies eben sowohl ein classischer als barbarischer Irrthum sei.

Es gibt übrigens noch andere mit dem Ausdrucke: Vampyrismus, gleichbedeutende Worte, die man in verschiedenen Theilen der Welt hört, z. B. Broucolacha, Bardoulacha, Goul, Broncolocka u. s. w.

ENZYKLOPÄDIE:

Blutsbrüderschaft 1: Auch Vampire machen Urlaub, und dazu gehört natürlich auch eine der beliebten typischen Verhaltensweisen: Eimertrinken auf Mallorca. Das Setting: 4 Vampire, 4 Trinkhalme, 1 Einheimischer. Sehr beliebt sind beim Vampir auch deutsche oder englische Touristen. Wer einmal unter dem Tisch liegt ...

Der Vampyr von John William Polidori

Es ereignete sich, daß mitten unter den Zerstreuungen eines Winters zu London, in den verschiedenen Gesellschaften der tonangebenden Vornehmen ein Edelmann erschien, der sich mehr durch seine Sonderbarkeiten, als durch seinen Rang auszeichnete. Er blickte auf die laute Fröhlichkeit um ihn her mit einer Miene, als könne er nicht an derselben Theil nehmen. Nur das leichte Lachen der Schönen schien seine

Aufmerksamkeit zu erregen, allein es schien auch, als wenn ein Blick aus seinem Auge es plötzlich hemme und Furcht in die vorher heitere und unbefangene Brust der Fröhlichen streue. Diejenigen, welche diesen Schauder empfanden, konnten nicht angeben, woher er entstehe; einige schrieben ihn dem fast seelenlosen grauen Auge zu, das, wenn es sich auf das Gesicht eines Menschen richtete, obschon an sich nichts eindringendes zu haben, doch oft mit einem Blicke das innerste Herz zu durchbohren schien; richtete es sich auf die Wange, so schien der Stral schwer wie Bley zu sein, der die Haut nicht durchdringen könne. Seiner Sonderbarkeit wegen wurde er in jedes Haus eingeladen; alle wünschten ihn zu sehen, und diejenigen, welche an lebhafte Aufregung gewohnt waren und nun die Last der Langeweile fühlten, freuten sich, ein Wesen um sich zu sehen, welches ihre Aufmerksamkeit zu fesseln vermochte. Trotz der todtenbleichen Farbe seines Gesichts, das weder von dem Erröthen der Scham, noch dem Aufwallen der Leidenschaft jemals ein wärmeres Colorit bekam, obgleich die Form und Umrisse desselben sehr schön waren, versuchten es doch einige weibliche Glücksjäger, seine Aufmerksamkeit auf sich zu ziehen, um wenigstens einige Beweise von dem zu erhalten, was sie Zuneigung nennen mochten; Lady Mercer, welche seit ihrer Verheirathung der Gegenstand des Spottes jeder Häßlichen in der Gesellschaft gewesen war, stellte sich ihm in den Weg, und suchte auf alle Weise selbst durch den auffallendsten Anzug seine Aufmerksamkeit zu reizen, – allein umsonst – wenn sie vor ihm stand und seine Augen dem Anscheine nach auf die ihrigen gerichtet waren, schien es doch immer, als würde sie nicht bemerkt, selbst ihre freche Unverschämtheit wurde endlich verwirrt und sie verließ das Feld. Allein obgleich eine so bekannte freie Dame nicht einmal die Richtung seiner Augen bestimmen konnte, schien das weibliche Geschlecht selbst ihm keinesweges gleichgültig zu sein, indessen war die anscheinende Vorsicht, mit der er ein tugendhaftes Weib, ein unschuldiges Mädchen anredete, so groß, daß sich nur wenige überhaupt dessen rühmen konnten. Er behauptete jedoch den Ruf eines einnehmenden Sprechers, und sei es nun, daß dies selbst die Furcht vor seinem seltsamen Character überwand, oder daß man sich von seinem anscheinenden Hasse gegen das Laster rühren ließ, genug, er befand sich eben so oft unter solchen Frauen, welche den Glanz ihres Geschlechts in häuslichen Tugenden suchen, als unter solchen, die ihn durch ihre Laster beflecken.

Um diese Zeit kam ein junger Edelmann, Namens Aubrey, nach London. Er war verwaist. Seine Eltern, die er schon in früher Kindheit verlor, hatten ihm und seiner einzigen Schwester ein sehr großes Vermögen hinterlassen. Die Vormünder nahmen sich mehr der Verwaltung seines Vermögens, als der Sorge für seine Erziehung an, und so blieb diese in den Händen von Miethlingen, welche mehr seine Phantasie, als seinen Verstand zu bilden suchten. Er besaß daher jenes hohe romantische Gefühl für Ehre und Aufrichtigkeit, welches täglich so viel Hundert Lehrlinge zu Grunde richtet. Er glaubte, alle Menschen müßten die Tugend lieben, und dachte, das Laster sei von der Vorsehung blos des scenischen Effectes wegen in das Weltdrama eingewebt worden; er dachte, das Elend in den Hütten bestehe blos in der Kleidung, die doch warm sei und dem Auge des Malers durch den unregelmäßigen Faltenwurf, die bunten Flecke darauf besser zusage. Mit einem Worte, er hielt die Träume der Dichter für die Wirklichkeiten des Lebens. Er war hübsch, frei und reich; drei Ursachen, warum ihn beim Eintritt in die heitern Zirkel der Welt viele Mütter umringten, und Alles versuchten, was ihre schmachtenden oder scheidenden Günstlinge mit den lebhaftesten Farben zu schildern vermochten, indeß die Töchter durch ihr glänzendes Benehmen, wenn er sich ihnen näherte, und durch ihre blitzenden Augen, wenn er die Lippen öffnete, ihn zu falschen Vorstellungen von seinen Talenten und seinem Verdienste verleiteten. Seiner romantischen Einsamkeit ganz hingegeben staunte er nicht wenig, als er fand, daß, die Talg- oder Wachslichter ausgenommen, welche nicht vor der Gegenwart eines Geistes, sondern aus Mangel an Lichtputzen flackerten, in dem wirklichen Leben durchaus kein Grund zu Anhäufung jener lachenden Gemälde und Beschreibungen vorhanden sei, wie sie sich in den Büchern fanden, die er zum Gegenstand seines Studiums gemacht hatte. Da er indessen einige Vergütung in seiner geschmeichelten Eitelkeit fand, war er im Begriff, seine Träume aufzugeben, als das außerordentliche Wesen, welches wir oben beschrieben haben, ihm in den Weg trat.

Er beobachtete ihn, und die völlige Unmöglichkeit, sich einen Begriff von dem Character eines Mannes zu bilden, der blos in sich selbst versunken, wenig andere Zeichen seiner Beachtung äußeren Gegenstände von sich gab, als die stillschweigende Anerkennung ihres Daseins, vollendete die Vermeidung gegenseitiger Berührung. Da er seiner Phantasie gestattete, jedes Ding, das seiner Neigung zu seltsamen und ausschweifenden Ideen schmeichelte, sorgfältig auszumalen, so hatte er auch schon dieses Wesen zum Helden eines Romans umgebildet, und betrachtete nunmehr den Sprößling seiner Phantasie als die lebende Person außer ihm. Er wurde bekannt mit ihm, bewies ihm Aufmerksamkeiten und gelangte doch so weit bei ihm, daß er seine Gegenwart anerkannte. Er erfuhr nach und nach, daß Lord Ruthvens Angelegenheiten zerrüttet seien, und daß er im Begriff stehe, eine Reise zu unternehmen. Voll Verlangen über diesen seltsamen Character, der bis jetzt seine Neugier nichts weniger als befriedigt hatte, genauere Forschungen anzustellen, äußerte er seinen Vormündern, daß es nun Zeit für ihn sein möchte, die Tour zu machen, die man seit Jahrhunderten für nöthig gehalten habe, um den Jüngling in den Stand zu setzen, einige rasche Fortschritte auf der Bahn des Lasters zu machen, und so die Aeltern einzuhohlen, damit er nicht wie aus den Wolken gefallen scheine, wenn man empörende Intriguen als Gegenstände des Spottes oder Lobes behandele, je nachdem dabei mehr oder weniger Geschicklichkeit aufgewendet worden sei. Sie stimmten in sein Begehren. Aubrey gab dem Lord Ruthven sogleich seine Absicht zu erkennen, und erstaunte nicht wenig, von ihm den Antrag zu erhalten, die Reise gemeinschaftlich zu machen. Geschmeichelt durch solch ein Zeichen der Achtung von dem, der dem Anscheine nach mit andern Menschen nichts gemein hatte, nahm er ihn freudig an, und in wenig Tagen hatten sie das trennende Meer überschritten.

Bisher hatte Aubrey keine Gelegenheit gehabt, Lord Ruthvens Character zu studiren, und nun fand er, daß, da er mehrere seiner Handlungen beobachten konnte, die Resultate verschiedene Schlüsse auf die scheinbaren Bewegungsgründe seines Betragens darboten. Sein Gefährte war verschwenderisch-freigebig – der Faule, der Landstreicher, der Bettler erhielt aus seinen Händen mehr als genug, um den augenblicklichen Mangel zu stillen. Der tugendhafte, unverschuldete Arme hingegen ging oft unbefriedigt von seiner Thüre, wurde wohl gar mit höhnischem Lachen abgewiesen. Der Lüstling, der sich immer tiefer in den Schlamm seiner Ausschweifungen versenken wollte, konnte auf seine Unterstützung rechnen. Ein Umstand war indeß bei den Geschenken des Lords seinem Gefährten bemerklich geworden; es ruhte offenbar der Fluch auf ihnen, denn die Empfänger waren entweder dadurch auf das Schafott gebracht worden, oder in das tiefste, verachtungswertheste Elend versunken. In Brüssel und andern großen Städten hatte der Lord zu Aubrey's Verwunderung die Cirkel der großen Welt aufgesucht. Er spielte und wettete, ersteres stets mit Glück, außer wenn ein bekannter Gauner sein Gegner war, dann verlor er mehr als er gewonnen hatte, allein sein Gesicht behielt dieselbe Unveränderlichkeit, womit er gemeiniglich die Gesellschaft umher beobachtete. Wenn er aber dem raschen, unbesonnenen Jünglinge begegnete, oder dem unglücklichen Vater einer zahlreichen Familie, dann schien sein Wunsch Fortunens Gesetz zu werden, die anscheinende Abstractheit seines Gemüths verschwand und seine Augen glänzten, wie die der Katze, wenn sie mit der halbtodten Maus spielt. Indessen nahm er keinen Groschen vom Spieltische mit, sondern verspielte zum Ruin manches Andern, die letzte Münze, die er eben aus der Hand der Verzweiflung gewonnen hatte; dieses mochte das Resultat eines gewissen Grades von Einsicht sein, die jedoch nicht im Stande war, die schlauere Erfahrung zu täuschen. Aubrey wünschte oft seinem Freunde dies vorzustellen und ihn zu bitten, einer Freigebigkeit und einem Vergnügen zu entsagen, welches alle Menschen unglücklich mache und ihm keinen Vortheil gewähre, allein er verschob es immer in der Hofnung, eine recht passende Gelegenheit dazu zu erhalten, welche sich nie zeigte. Lord Ruthven war in seiner Laufbahn, und mitten unter den mannigfachen bald wilden, bald lachenden Naturscenen immer derselbe – sein Auge sprach noch weniger als seine Lippen, und obgleich Aubrey nun dem Gegenstande seiner Neugier so nahe war, als er sein konnte, hatte er doch dadurch nichts mehr, als eine stärkere Anreizung zu Enthüllung des Geheimnisses erhalten, das seiner exaltirten Einbildungskraft immer mehr wie etwas Uebernatürliches verkam.

Sie gelangten bald nach Rom, und Aubrey verlor seinen Gefährten einige Zeit aus den Augen. Dieser befand sich täglich in den Morgenzirkeln einer italiänischen Gräfin, indeß er die Denkmäler einer längst untergegangenen Vorwelt aufsuchte. Unter dieser Beschäftigung erhielt er Briefe aus England, die er mit der größten Sehnsucht öffnete. Der erste war von seiner Schwester und athmete die reinste Zärtlichkeit; die andern waren von seinen Vormündern, und diese setzten ihn in Erstaunen. Hatte er schon vorher den Gedanken gehegt, daß in seinem Gefährten irgend ein böser Geist wohnen möge, so erhielt derselbe nun dadurch volle Bestätigung. Die Vormünder drangen in ihn, er möchte sogleich sich von seinem Freunde trennen, denn da dieser eine unwiderstehliche Macht der Verführung zu besitzen scheine, so werde sein Umgang höchst gefährlich. Man habe nämlich entdeckt, daß seine Verachtung gegen Lady Mercer nicht auf ihren Character sich gegründet, sondern daß er, um seine Gunstbezeugung zu erhöhen, verlangt habe, daß sein Schlachtopfer, die Theilnehmerin seiner Schuld, von dem Gipfel unbefleckter Tugend in den tiefsten Abgrund des Lasters habe herabgeschleudert werden sollen. Auch sei man nun gewiß geworden, daß alle Frauen, die er dem Scheine nach ihrer Tugend wegen aufgesucht, seit seiner Abreise sich in ganz anderm Lichte, ja in der höchsten Unverschämtheit gezeigt hätten.

ENZYKLOPÄDIE:

Blutsbrüderschaft 2: Nichts Höheres konnte entstehen zwischen Indianern oder gar Indianern und Weißen, als die Blutsbrüderschaft. Wer einmal gemeinsam den Arm geritzt und die Wunden aneinander gehalten hatte, den konnte nichts mehr trennen. Bei Winnetou ist das alles nachzulesen. Dichtung und Wahrheit fließen in einander. Allerdings wird es sehr ernst, wenn es heißt: „Charlie!" „Winnetou!"

Aubrey beschloß, nunmehr einen Mann zu verlassen, dessen Character auch nicht einen Lichtstral zeigte, auf dem das Auge mit Lust weilen konnte. Er beschloß auf einen Vorwand zu sinnen und sich von ihm zu trennen, doch in der Zwischenzeit ihn noch genauer als vorher zu beobachten, und nicht den geringsten Umstand aus der Acht zu lassen. Er begab sich in denselben Zirkel und sahe, daß der Lord versuchte, auf die unerfahrne Tochter des Hauses zu wirken. In Italien ist es selten, daß man unvermählte Damen in der Gesellschaft trifft, daher mußte er seine Pläne im Geheim auszuführen suchen. Allein Aubrey's Auge folgte ihm in allen seinen Wendungen, und bald bemerkte er, daß es bis zu einem Rendezvous gekommen sei, wo wahrscheinlich die Unschuld des verdachtlosen Mädchens geopfert werden sollte. Ohne Zeitverlust trat er zu dem Lord Ruthven ins Zimmer, und fragte ihn unverholen nach seiner Absicht mit der Signora; der Lord versetzte, seine Absicht sei die bei solchen Gelegenheiten gewöhnliche, und auf die abermalige Frage, ob er denn das Mädchen zu heyrathen gedenke, lachte er laut. Aubrey entfernte sich, schrieb ihm aber auf der Stelle einen Abschiedsbrief, ließ seine Sachen in eine andere Wohnung bringen, und unterrichtete die Mutter von Allem, was er wußte, auch von des Lords Character. Das Rendezvous wurde verhindert. Den andern Tag sandte der Lord eine Erklärung, daß er mit der Trennung wohl zufrieden sei, ließ aber nicht das Geringste merken, daß er wisse, sein Plan sei durch Aubrey vereitelt worden.

Nachdem Aubrey Rom verlassen, wandte er seine Schritte nach Griechenland, und befand sich nach Durchstreifung der Halbinsel zu Athen. Er nahm hier seine Wohnung in dem Hause eines Griechen, und bald beschäftigte er sich damit, die erbleichenden Erinnerungen alter Herrlichkeit auf den Denkmälern aufzusuchen, die sich schämend, die Thaten freier Menschen vor Sclaven zu erzählen, sich entweder in die schützende Erde versteckt, oder hinter rankende Gesträuche verborgen hatten. Mit ihm unter einem Dache aber lebte ein Wesen so zart und schön, daß es einem Maler hätte zum Model dienen können, der die den Gläubigen in Mahomets Paradiese versprochene Hoffnung hätte lebend abbilden wollen, nur daß ihr Auge zu viel Seele zeigte, als daß man es denen hätte zutheilen können, welche keine Seelen haben. Wenn sie auf der Ebene tanzte, oder längs den Gebirgen hinsprang, glaubte man eine Gazelle zu sehen, aber ihr Auge, aus dem die ganze beseelte Natur zu sprechen schien, wo hätte dieses ein Gleichniß gefunden? – Janthe's leichter Schritt begleitete Aubrey oft auf seinen forschenden Wanderungen, und nicht selten enthüllte das unbefangene Geschöpf bei Verfolgung eines Schmetterlings alle Reize seiner schönen Gestalt dem gierigen Blicke des Fremdlings, der nun gern die kaum entzifferten Buchstaben auf einer halbverlöschten Tafel über dem Anschauen dieser lebenden Schönheit vergaß. Die Flechten ihres schönen blonden Haares glichen, um ihr Haupt herabfallend, den Sonnenstralen, und verdunkelten das Auge des Antiquars, statt es zu erleuchten. Doch wozu der Versuch, das Unbeschreibliche zu beschreiben?

Wenn er bemüht war, die Ueberreste der alten Welt in Zeichnungen für künftige Stunden aufzubewahren, so stand das Mädchen bei ihm, seine Arbeit bewundernd, und ihm die ländlichen Tänze ihrer Heimath beschreibend, oder einen Hochzeitszug, dessen sie sich noch aus ihrer Kindheit erinnerte. Oft erzählte sie ihm auch Märchen, worunter sich das von einem lebenden Vampyr befand, der Jahrelang unter seinen Freunden und Verwandten umhergegangen sei, gezwungen, jedes Jahr, durch Aufzehrung des Lebens eines schönen Weibes seine Existenz für die nächste Zeit zu verlängern. Aubrey gerann dabei das Blut in den Adern, indeß er versuchte die Erzählerin wegen ihrer furchtbaren Phantasien auszulachen. Janthe aber nannte ihm die Namen alter Leute, welche ein solches Wesen erst unter sich entdeckt hatten, als viele ihrer nächsten Verwandten und Kinder mit den Zeichen des gestillten Appetits ihres Feindes gefunden worden waren, und als sie ihn so ungläubig fand, bat sie ihn, ihr doch ja zu glauben, denn man habe bemerkt, daß die, welche es gewagt hätten, die Existenz der Vampyrn zu bezweifeln, genöthigt worden waren, mit gebrochenem Herzen endlich die Wahrheit einzugestehen. Sie beschrieb ihm das Aeußere dieser Wesen der Sage gemäß, und wie groß war sein Entsetzen, als er darin eine treue Schilderung des Lord Ruthven erkannte; demohngeachtet suchte er ihr ihre Furcht auszureden, ob er sich gleich verwunderte über so Manches, das hier zusammengetroffen war, um den Glauben an eine übernatürliche Gewalt des Lords Ruthven zu begründen.

Aubrey neigte sich immer mehr und mehr zu Janthen hin; ihre Unschuld, im Contraste mit den affectierten Tugenden der Weiber, unter denen er Urbilder seiner romantischen Ideen gesucht hatte, gewann sein Herz, und indeß er es lächerlich fand, daß ein junger Engländer ein unerzogenes griechisches Mädchen heyrathen wolle, fand er sich immer stärker und stärker von der schönsten Gestalt angezogen, die er je gesehen hatte. Janthe ahnete diese aufkeimende Liebe nicht, und blieb sich in ihrer ersten kindlichen Unbefangenheit immer gleich. Sie trennte sich zwar immer ungern von Aubrey, allein meistens deshalb, weil sie nun Niemand hatte, unter dessen Schutze sie ihre Lieblingsorte besuchen konnte. In Hinsicht der Vampyrs hatte sie sich auf ihre Eltern berufen, und beide bestätigten, bleich vor Schrecken schon bei Nennung des Worts, die Wahrheit der Sache.

Kurz darauf wollte Aubrey wieder einen Ausflug machen, der ihn einige Stunden beschäftigen konnte; als die Leute den Namen des Ortes hörten, baten sie ihn dringend, nur nicht des Nachts zurückzukehren, weil er durch einen Wald reiten müsse, wo sich kein Grieche nach Sonnenuntergang zu verweilen pflege. Hier hielten nämlich die Vampyre ihre nächtlichen Orgien, und wehe dem, der ihnen dabei begegnete. Die Leute entsetzten sich, als er es wagte über die Gewalt unterirdischer Mächte zu spotten, und so schwieg er.

Am nächsten Morgen begab sich Aubrey ohne alle Begleitung auf seine Wanderung; er wunderte sich über das schwermüthige Ansehen seines Wirthes, und war sehr bewegt, als er hörte, daß seine Worte, womit er den Glauben an jene furchtbaren Feinde verspotten hatte wollen, auf die Familie so schreckend gewirkt hatten. Als er sich zu Pferde setzte, bat ihn Janthe nochmals, vor Nachts zurückzukehren, und er versprach es.

Seine Nachforschungen beschäftigten ihn indessen dergestalt, daß er das Abnehmen des Tages nicht bemerkte, und wie sich am Horizonte eine von den kleinen Wolken zeigte, die in wärmern Climaten so schnell zu furchtbaren Gewittern anwachsen und oft Verheerung über ganze Gegenden verbreiten. Er bestieg demohngeachtet sein Pferd, um durch Eile die versäumte Zeit nachzuholen, allein zu spät. Die Dämmerung ist in jenen Gegenden fast ganz unbekannt; sogleich nach Untergang der Sonne wird es Nacht, und er war noch nicht weit geritten, als das Ungewitter mit Sturm, Regen, Blitz und Donner losbrach. Sein Pferd wurde scheu und stürmte mit furchtbarer Schnelligkeit durch den finstern Wald hin. Endlich blieb es ermüdet stehen, und beim Scheine der Blitze erkannte er, daß er sich in der Nähe einer Hütte von Binsen oder Rohr befinde, die kaum aus der Masse welker Blätter und verworrenen Gebüsches hervorsah, womit sie umgeben war. Er stieg ab und näherte sich in der Hoffnung, entweder einen Führer nach der Stadt oder wenigstens Schutz vor dem Ungewitter zu finden. Als er ganz nahe war und der Donner einen Augenblick schwieg, vernahm er das schreckliche Geschrei einer weiblichen Stimme, untermischt mit einem höhnischen Gelächter, das fast ununterbrochen fortdauerte. Er stutzte, aber aufgeschreckt von dem über ihn hinrollenden Donner erbrach er mit einer gewaltigen Anstrengung die Thür der Hütte. Er stand in dicker Finsterniß, doch leitete ihn der Schall; er rufte, aber der Ton dauerte fort. Man schien ihn nicht zu bemerken. Er stieß endlich mit Jemanden zusammen, den er sogleich faßte; da schrie eine Stimme: Abermals getäuscht! worauf ein lautes Gelächter folgte. Endlich fühlte er sich selbst von Jemand ergriffen, der eine übermenschliche Stärke zu haben schien. Er beschloß, sein Leben so theuer als möglich zu verkaufen, und kämpfte, allein vergebens, seine Füße glitten aus und er wurde mit ungeheurer Gewalt zu Boden geworfen. Sein Feind warf sich auf ihn und stemmte ihm die Hand auf die Brust, da fiel der Schein einiger Fackeln durch das Loch, wodurch das Tageslicht eindrang; sogleich sprang jener auf, ließ seine Beute los, rannte zur Thür hinaus, und bald vernahm man das Geräusch der Zweige nicht mehr, durch die er sich Bahn gemacht hatte.

Der Sturm war nun vorüber, und Aubrey, der sich nicht rühren konnte, wurde von denen gehört, die draußen waren. Sie traten herein; das Licht der Fackeln fiel auf die schmutzigen Wände und die einzelnen Lagerstätten von Stroh und Binsen, worauf einige Kleidungsstücke lagen. Auf Aubreys Begehren suchte man nach derjenigen, deren Geschrei ihn angezogen hatte. Er blieb nun wieder im Dunkeln; allein wer mahlt sein Entsetzen, als er beim Lichte der rückkehrenden Fackeln die reizende Gestalt seiner Führerin erkannte, die jetzt ein lebloser Leichnam war. Er traute seinen Augen kaum, doch ein abermaliges Hinstarren überzeugte ihn, daß es wirklich das liebliche Geschöpf sei. Auf ihren Wangen, selbst auf ihren Lippen war keine Farbe mehr; doch war über das Gesicht eine Ruhe verbreitet, die fast so anziehend schien, als das sonst hier wohnende Leben; auf ihrem Nacken und ihrer Brust war Blut sichtbar, und an der letztern sogar das Zeichen von Zähnen, die eine Ader geöffnet hatten. Plötzlich riefen die Männer mit Entsetzen darauf hindeutend: ein Vampyr! ein Vampyr! Man machte eine Tragbahre und legte Aubrey an die Seite derjenigen, welche vor Kurzem noch der Gegenstand seiner Bewunderung und manches süßen Traumes gewesen war. Er wußte nicht, was er denken sollte, sein Geist versank in eine wohlthätige Betäubung; auf einmal ergriff er fast bewußtlos einen bloßen Dolch von ganz besonderer Bildung, der in der Hütte am Boden gelegen hatte; da erschienen auch Leute, die die Vermißte im Namen der Eltern suchten. Als sie sie fanden, schrien sie laut auf; und als endlich die Eltern das unglückliche Kind erkannten, starben beide in Kurzem vor Schmerz und Gram.

Aubrey wurde von einem hitzigen Fieber befallen und hatte oft Geistesabwesenheiten, in diesen rufte er den Lord Ruthven und Janthe – durch eine unerklärliche Verbindung der Ideen schien er seinen frühern Gefährten zu bitten, das Leben derjenigen zu schonen, die er liebte. Zu andern Zeiten schüttete er Verwünschungen über sein Haupt aus, als über ihren Mörder und Verführer.

Lord Ruthven kam um diese Zeit selbst nach Athen, und sobald er von Aubreys Zustande hörte, nahm er seine Wohnung gleichfalls in demselben Hause und wurde sein immerwährender Gesellschafter. Als der Kranke aus seiner Geistesabwesenheit zu sich kam, erschrack und erstaunte er über den Anblick desjenigen, dessen Bild er stets mit dem eines Vampyrs verwechselt hatte; allein Lord Ruthven versöhnte den Kranken bald mit seiner Gegenwart durch seine freundlichen Reden und durch die Reue, die er über den Fehler bezeugte, der ihre Trennung veranlaßt hatte, mehr noch aber durch die Aufmerksamkeit, Besorglichkeit und Theilnahme, die er ihm bewies.

Der Lord schien in der That gänzlich verändert. Er war gar nicht mehr das theilnahmlose Wesen, das so furchtbar auf Aubrey gewirkt hatte; allein so wie dessen Genesung vorschritt, fiel jener auch wieder in sein voriges Wesen zurück, und Aubrey bemerkte keine Veränderung an ihm, als das zuweilen Ruthvens Blick mit einem Ausdrucke von höhnischen Lächeln um die Lippen fest auf ihm zu ruhen schien. Dieses Lächeln erfüllte ihn mit geheimen Schauder, ohne daß er wußte warum.

Aubrey's Gemüth war durch diese Erschütterung äußerst angegriffen worden, und jene geistige Elasticität, die ihn sonst ausgezeichnet hatte, schien auf immer verschwunden. Er war jetzt ein eben so großer Liebhaber der Einsamkeit, als Lord Ruthven, allein sein Gemüth konnte dieses Verlangen nicht in der Nachbarschaft von Athen erfüllt finden; wo er sich hier hin begab, stand Janthe's liebliche Gestalt vor ihm; in den Wäldern glaubte er ihren leichten Schritt zu bemerken, wie sie Veilchen und andere Frühlingsblumen suchte, bis sie ihm plötzlich ihr bleiches Gesicht und ihre verwundete Brust mit einem holdseligen Lächeln auf den rosigen Lippen zu zeigen schien. Er beschloß eine Gegend zu fliehen, wo ihn solche Erinnerungen verfolgten, und machte daher dem Lord Ruthven, dem er sich für die zarte Theilnahme verbunden fühlte, die er ihm während seiner Krankheit bewiesen hatte, den Vorschlag, diejenigen Gegenden Griechenlands zu besuchen, die sie noch nicht gesehen hatten. Sie durchstreiften nun das Land in allen Richtungen, ohne jedoch das sehr zu beachten, was sich ihren Blicken darbot. Sie hörten viel von Räubern, fingen jedoch an auf diese Nachrichten wenig acht zu geben, weil sie sie für die Erfindung eigennütziger Personen hielten, welche ihren Schutz theuer verkaufen wollten. Die Warnung der Einwohner übersehend reisten sie auch einst nur mit weniger Bedeckung, die ihnen mehr zu Führern als zum Schutze diente. In einem engen Hohlwege, in dessen Tiefe ein Bach hinrauschte, und den auf beiden Seiten hohe Felsenmassen umstarrten, hatten sie Ursache, ihre Nachlässigkeit zu bereuen, denn kaum war der ganze Zug in den Engweg hinein, als sie durch das Pfeifen von Kugeln dicht über ihren Häuptern durch den Knall von Flintenschüssen, die das Echo wiederholte, erschreckt wurden. In einem Augenblicke hatten sie ihre Wachen verlassen, und hinter die Felsen sich stellend begannen sie in der Richtung zu feu-

ENZYKLOPÄDIE:

Clan-Zugehörigkeit: Die Vampire sind gut organisierte Sozialwesen, die in Familien- und Clanstrukturen leben. Dadurch ist der Wissensaustausch ebenso gesichert wie die Heiratspolitik. Normalerweise kommt man sich nicht in die Quere, doch kann es auch durchaus zu größeren Auseinandersetzungen kommen. Zur Tarnung werden diese heutzutage gerne als Konflikt zwischen Anhängern verschiedener Fußballvereine ausgetragen.

ern, woher die Schüsse tönten. Lord Ruthven und Aubrey ihr Beispiel nachahmend zogen sich für einen Augenblick hinter die schützenden Seitenwände des Hohlweges zurück, allein sich schämend, daß sie sich vor einem Feinde verstecken sollten, der sie herauszufordern schien, und fürchtend hier endlich im Rücken genommen zu werden, beschlossen sie den Angreifern muthig entgegen zu gehen. Allein kaum hatten sie ihren Schutzort verlassen, als Lord Ruthven einen Schuß in die Schulter erhielt, der ihn zu Boden streckte. Aubrey eilte ihm zu Hülfe, und sahe sich bald nun von den Räubern umringt, denn die Begleiter hatten schon ihre Waffen weggeworfen und sich ergeben.

Durch Versprechung großer Belohnung brachte Aubrey die Räuber dahin, seinen verwundeten Freund in eine nahe Hütte zu tragen, und nachdem er ein Lösegeld versprochen hatte, wurde er nicht mehr durch ihre Gegenwart belästigt, denn sie begnügten sich blos den Eingang zu bewachen, bis der Abgeschickte mit dem Lösegeld zurückgekehrt sein würde.

Lord Ruthvens Kräfte nahmen schnell ab, in zwei Tagen war er dem Tode nahe, und er fühlte diesen mit schnellen Schritten sich nahen. Sein Ansehen und Benehmen hatte sich nicht verändert, er schien weder der Schmerzen noch seiner Umgebungen zu achten, gegen Ende des letzten Abends aber wurde er sichtbar unruhig, und sein Auge heftete sich oft auf Aubrey, der ihm seinen Beistand mit mehr als gewöhnlichem Ernst anzubieten sich gedrungen fühlte:

Helfen Sie mir! Sie können mich retten! Sie können mehr thun, als das! – ich meine nicht mein Leben, ich achte den Verlust desselben nicht höher, als den des scheidenden Tages, aber – meine Ehre können Sie retten, Ihres Freundes Ehre! –

Wie? Reden Sie! Ich werde Alles thun, was ich vermag, versetzte Aubrey. –

Ich bedarf nur wenig ... mein Leben entflieht schnell ... ich kann nicht Alles enthüllen ... wenn Sie aber, was Sie von mir wissen, verbergen wollen, so würde meine Ehre vom Gerede der Welt unbefleckt bleiben ... und wenn mein Tod einige Zeit in England unbekannt bliebe ... Ich ... aber das Leben ...

Er soll nicht bekannt werden!

Schwören Sie! rief der Sterbende, indem er sich mit ungewöhnlicher Heftigkeit aufrichtete. – Schwören Sie bei Allem, was Ihnen heilig ist, bei Allem, was Sie fürchten, daß Sie binnen Jahr und Tag keinem lebenden Wesen auf irgend eine Art das mittheilen wollen, was Ihnen von meinem Verbrechen und meinem Tode bekannt ist, es mag sich ereignen, was da will, Sie mögen sehen, was Sie wollen.

Seine Augen schienen sich bei dieser Rede aus ihren Kreisen zu drehen.

Ich schwöre! rief Aubrey, und jener sank sterbend auf sein Kissen zurück und athmete nicht mehr.

Aubrey begab sich zwar zur Ruhe, konnte aber nicht schlafen, die mancherlei Umstände, wovon seine Bekanntschaft mit diesem Manne begleitet gewesen war, wurden wieder klar in seiner Seele, und er wußte nicht, wie es geschah, wenn er sich seines Schwures erinnerte, überfiel ihn ein kalter Schauer, wie das Vorgefühl von etwas Schrecklichem, das ihn erwartete.

Mit dem frühesten Morgen stand er auf, und eben war er im Begriff, die Hütte zu betreten, wo er den Leichnam verlassen hatte, als ihm ein Räuber entgegen trat und ihm meldete, daß sich jener nicht mehr dort befinde, indem er von ihm und seinen Kameraden auf dem Gipfel eines benachbarten Berges getragen worden sei, in Gemäßheit des Versprechens, das sie dem Lord gegeben, daß er dem ersten kalten Strale des Mondes, der nach seinem Tode aufgehen würde, ausgesetzt werden sollte. Aubrey erstaunte, nahm einige der Männer mit sich, entschlossen, den Berg zu besteigen und den Leichnam an dem Orte zu beerdigen, wo er läge. Allein als er den Gipfel erreicht hatte, fand er weder Spuren von dem Leichnam, noch von den Kleidern, obgleich die Räuber schworen, das sei derselbe Felsen, wohin sie den Todten gelegt hätten. Er verlor sich einige Zeit in seltsamen Vermuthungen, allein endlich kehrte er zurück in der Ueberzeugung, daß sie den Körper, um die Kleider zu gewinnen, beerdigt hätten.

Ueberdrüßig einer Gegend, wo er so furchtbares Mißgeschick erfahren hatte, und wo sich Alles verschworen zu haben schien, jene zum Aberglauben sich neigende Schwermuth zu nähren, die sich seines Gemüths bemächtigt hatten, beschloß er abzureisen, und in Kurzem befand er sich in Smyrna. Indeß er auf ein Schiff wartete, welches ihn nach Otranto oder Neapel überführen sollte, beschäftigte er sich mit Ordnung der Sachen, die er als dem Lord Ruthven zugehörig mit sich genommen hatte. Unter denselben befand sich auch eine Kiste, welche verschiedene Angriffswaffen enthielt, die mehr oder weniger geschickt waren, einen unfehlbaren Tod zu geben. Auch mehrere Dolche und Ataghans waren dabei. Indem er ihre seltsame Gestalt betrachtete, wie erschrack er, als er eine Scheide fand, in derselben Art verziert, wie der Dolch, den er in der Hütte gefunden hatte ... Er schauderte ... nach weitern Beweisen suchend fand er auch die Waffe, und man kann sich seinen Schreck denken, als er entdeckte, daß sie, wenn auch besonders geformt, in die Scheide genau passe, die er in der Hand hielt. Wie gern hätte er gezweifelt. Er starrte fest auf den Dolch hin, ja! er war es ... auch Blutstropfen waren auf ihm und der Scheide zu bemerken! –

Er verließ Smyrna, und auf seinem Rückwege nach der Heimath war es in Rom sein erstes Geschäft, sich nach der jungen Dame zu erkundigen, die er aus des Lords Ruthven Fallstricken zu befreien gesucht hatte. Ihre Eltern lebten im Elende, ihr Vermögen war zu Grunde gerichtet, und man hatte seit des Lords Abreise nichts wieder von ihr gehört. Aubrey's Gemüth erlag fast unter den Stürmen so wiederhohlter Schrecknisse, er fürchtete auch, die junge Italienerin möchte Janthe's Verführer zur Beute geworden sein. Er wurde düster und einsylbig; sein Geschäft bestand blos darin, die Postillons zur Eil anzutreiben, gleich als sei er im Begriffe, das Leben eines ihm theuern Wesens zu retten. So kam er in Calais an; ein Landwind, der seinen Wünschen günstig war, brachte ihn schnell an Englands Küste. Er eilte nach dem väterlichen Hause, und hier schien er, auf Augenblicke wenigstens, in den Umarmungen seiner Schwester, die Erinnerungen des Vergangenen aus den Augen zu verlieren. Hatte sie schon früher durch ihre kindlichen Liebkosungen seine Zuneigung gewonnen, so erschien sie ihm jetzt als Jungfrau noch reizender und liebenswerther.

Miß Aubrey besaß nicht jenes einnehmende Wesen, welches die Aufmerksamkeit und den Beifall großer Gesellschaften zu erregen im Stande ist. Nichts von jenem glänzenden Schimmer, der nur in der erhitzten Atmosphäre eines vollgestopften Zimmers leuchtet. Ihr blaues Auge war nicht der leicht bewegliche Spiegel eines leichtsinnigen Gemüths. Ein melancholischer Reiz wohnte darin, der nicht von Unglück, sondern von einem tiefern Gefühl herzurühren schien, das auf eine Seele schließen ließ, die sich eines höhern Vaterlandes bewußt war. Ihr Schritt war nicht ein leichtes Hüpfen, durch einen Schmetterling oder eine glänzende Blume angezogen, sondern ernst und sinnend. Wenn sie allein war, wurde ihr Gesicht nie durch das Lächeln der Freude verklärt, aber wenn ihr Bruder ihr seine Liebe bewies, wenn er in ihrem Umgange jenen Gram zu vergessen suchte, der, wie sie wußte, seine Ruhe untergrub, wer hätte dann ihr Lächeln gegen das der Wollust vertauscht? – Dann schien es, als glänzten diese Augen, dieses Gesicht in dem Lichte ihres schönern Geburtslandes. Sie stand erst im achtzehnten Jahre, und war noch nicht in die Welt eingeführt worden, indem es ihre Vormünder für besser gehalten hatten, ihre Vorstellung daselbst so lange zu verschieben, bis ihr Bruder vom festen Lande zurückgekehrt, öffentlich als ihr Beschützer würde auftreten können.

Es war nun bestimmt, daß der nächste Hofzirkel, der nicht sehr entfernt war, die Epoche ihres Eintritts auf den geräuschvollen Schauplatz werden sollte. Aubrey hätte sich freilich lieber auf sein väterliches Haus beschränkt und der Melancholie Nahrung gegeben, die sich seiner ganz und gar bemächtigte. Er konnte keine Theilnahme empfinden an dem leichtfertigen Gespräch modischer Fremder, indeß sein Gemüth durch die Begebenheiten zerrissen wurde, von denen er Augenzeuge gewesen war; allein er beschloß, seine eigene Bequemlichkeit der Beschützung seiner Schwester aufzuopfern. Bald trafen sie in der Stadt ein, und bereiteten sich für den nächsten Tag, der zum Galatage angesetzt war.

Die Menschenmenge war außerordentlich, seit langer Zeit war kein Zirkel gewesen, und Alles, was sich in dem Lächeln der Hoheit zu sonnen trachtete, eilte sehnsuchtsvoll herbei. Aubrey mit seiner Schwester hatte sich gleichfalls eingefunden. Indeß er einsam in einer Ecke stand, die Umgebungen wenig beachtend, versank er in die Erinnerung, daß er an derselben Stelle den Lord Ruthven zum ersten

Mal gesehen habe. ... Da fühlte er sich plötzlich am Arme ergriffen, und eine nur zu bekannte Stimme raunte ihm ins Ohr: „Gedenke deines Eydes!“ Er hatte kaum den Muth, sich umzusehen, fürchtend, er möchte ein Gespenst erblicken, als er in einiger Entfernung dieselbe Gestalt wahrnahm, welche seine Aufmerksamkeit beim ersten Eintritte in diesen Saal auf sich gezogen hatte. Er starrte darauf hin, bis ihn seine Füße nicht mehr tragen wollten, dann faßte er den Arm eines Freundes, bahnte sich einen Weg durch die Menge, warf sich in den Wagen und eilte nach Hause. Hier schritt er mit heftigen Schritten das Zimmer auf und ab, die Hand an die Stirn gelegt, gleich als fürchtete er, die Gedanken möchten diese zersprengen. Lord Ruthven stand vor ihm... Umstände aus der Vergangenheit belebten sich... der Dolch ... sein Eid! – Sollten die Todten auferstehen? – Er glaubte, seine Phantasie habe blos das Bild belebt, welches in seiner Seele wohnte. Es konnte unmöglich Wirklichkeit sein, er beschloß daher, wieder in Gesellschaft zu gehen; denn ob er gleich versucht hatte, sich nach Lord Ruthven zu erkundigen, so erstarb doch der Name auf seinen Lippen, und er vermochte Nichts über ihn zu erfahren.

Einige Tage nachher besuchte er mit seiner Schwester eine Gesellschaft bei einem nahen Verwandten. Er ließ sie unter dem Schutze einer ältern Dame und begab sich an einen stillen Ort, wo er seinen Gedanken nachhing. Da er aber endlich bemerkte, daß Einige Abschied nahmen, erhob er sich, ging in ein anderes Zimmer, und fand hier seine Schwester von Mehrern umgeben, und wie es schien, im ernsten Gespräche; er suchte sich Platz zu machen und zu ihr zu gelangen, da wandte sich Jemand, den er bat ihn durchzulassen, und – er erkannte dieselben Züge, die er so sehr verabscheute. Schnell ergriff er den Arm seiner Schwester und zog sie eilig mit sich fort nach der Straße. An der Thür wurde er durch die Menge der Diener verhindert, vorwärts zu kommen, und indem er sich durchdrängen wollte, hörte er, daß eine Stimme wieder ganz dicht bei ihm flüsterte: „Gedenke deines Eides!“ Er wagte es nicht, sich umzuschauen, sondern eilte, seine Schwester mit sich fortziehend, schnell nach Hause.

Aubrey wurde fast wahnsinnig. War sein Geist schon vorher in einem einzigen Gedanken versunken gewesen, wie sehr wurde dieser Zustand verstärkt, da er nun die Gewißheit hatte, daß des Ungeheuers Leben von neuem sein Gemüth belastete. Er beachtete seiner Schwester Zärtlichkeit kaum, und vergebens drang sie in ihn, nach der Ursache seines räthselhaften Benehmens forschend. Er stieß blos wenige Worte aus, und diese erschreckten sie. Jemehr er nachsann, um so verstörter wurde er. Sein Eid machte ihn schaudern ... sollte er denn gestatten, daß das Ungeheuer Verderben hauchend unter allen, was ihm theuer war, umhergehe, und nicht versuchen, seine Fortschritte zu hemmen? Seine eigene Schwester konnte ja von ihm erreicht werden. – Aber gesetzt auch, er wollte seinen Eid brechen und seine Vermuthungen laut werden lassen, wer würde ihm glauben? Er kam wohl auf den Gedanken, seine eigene Hand zu brauchen, um die Welt von solch einem Elenden zu befreien, allein der Tod, erinnerte er sich, hatte ja keine Gewalt über ihn. Mehrere Tage blieb er in diesem Zustande, schloß sich in seinem Zimmer ein, und genoß blos einige Nahrung, wenn seine Schwester zu ihm kam und ihn mit thränenden Augen bat, doch um ihretwillen seine Kräfte nicht sinken zu lassen. Endlich konnte er selbst die Stille und Einsamkeit nicht länger ertragen, er verließ seine Wohnung und eilte von Straße zu Straße, ängstlich fliehend vor dem Bilde, welches ihn immerwährend verfolgte. Er vernachlässigte seine Kleidung und wanderte eben so am hellen Tage, wie um Mitternacht umher. Man erkannte ihn kaum. Anfangs kehrte er mit dem Abende nach Hause zurück, allein endlich legte er sich da nieder, wo ihn die Ermüdung überfallen hatte. Seine Schwester, besorgt für seine Gesundheit, stellte Leute an, die ihm folgen mußten, allein sie verloren ihn bald aus dem Gesichte, denn er floh vor jedem Verfolgenden schneller, als mancher vor – Gedanken.

Indessen änderte sich mit einem Male sein Benehmen. Ergriffen von der Idee, daß er in seiner Abwesenheit alle seine Freunde mit einem Feinde allein ließ, dessen Gegenwart sie nicht ahneten, beschloß er wieder in Gesellschaft zu gehen und ihn genau zu bewachen, in der Absicht, trotz seines Eides alle zu warnen, denen sich Lord Ruthven auf eine vertrauliche Art nähern möchte. Allein wenn er in einen geselligen Kreis trat, waren seine lauernden, spähenden Blicke so ergreifend, sein innerlicher Schauder so sichtbar, daß sich seine Schwester endlich genöthigt sah, ihn zu bitten, er möge ihretwegen doch nicht eine Gesellschaft besuchen, welche einen so unangenehmen Eindruck auf ihn zu machen scheine. Da jedoch alle Vorstellungen fruchtlos waren, glaubten die Vormünder sich ins Mittel schlagen zu müssen, und fürchtend, daß sein Geist zerrüttet werden möchte, hielten sie es für hohe Zeit, ein Amt wieder zu übernehmen, das ihnen schon vorher von Aubrey's Eltern übertragen worden war.

Voll Verlangen, ihn vor den Beleidigungen und Unannehmlichkeiten zu schützen, die er täglich auf seinen Wanderungen erfuhr, und den Augen der Menge nicht das blos zustellen, was sie für Zeichen des Wahnsinns hielten, veranlaßten sie einen Arzt, in seinem Hause Wohnung zu nehmen und ihn in steter Obhut zu halten. Er schien dies kaum zu bemerken, so sehr war sein Geist nur mit dem einzigen furchtbaren Gegenstande beschäftigt. Seine innere Verworrenheit wurde endlich so groß, daß er auf sein Zimmer beschränkt werden mußte. Hier lag er denn oft auf einer Stelle Tage lang, ohne daß er im Stande war aufzustehen. Er war äußerst mager geworden, seine Augen hatten ein gläsernes Ansehen bekommen, das einzige

Zeichen von Gefühl und Erinnerung entfaltete er beim Eintritte seiner Schwester, dann sprang er zuweilen auf, und ihre Hand ergreifend, bat er sie mit Blicken, die sie in innerster Seele durchdrangen, sie möchte ihn nicht berühren. „O! sagte er, berühre ihn ja nicht! wenn deine Liebe zu mir aufrichtig ist, nähere dich ihm nicht!" Wann sie nun forschte, worauf sich diese Bitte bezöge, war seine einzige Antwort: Gewiß! gewiß! und dann sank er wieder in einen Zustand zurück, aus dem auch sie ihn nicht erheben konnte. So blieb es mehrere Monate; so wie indeß das Jahr allmälig vorüberging, wurden auch seine Gemüthszerrüttungen minder häufig, und sein Geist befreite sich zum Theil von seiner Verdüsterung. Seine Wächter bemerkten auch, daß er des Tags zuweilen eine gewisse Zahl an den Fingern berechnete und dann lächelte.

Fast war die Zeit verflossen, als am letzten Tage des Jahres einer seiner Vormünder in das Zimmer trat und mit dem Arzte über den traurigen Umstand sprach, daß sich Aubrey noch immer in einer so schrecklichen Lage befinde, indeß seine Schwester nächstens verheirathet werden würde. Dieses erregte sogleich Aubrey's Aufmerksamkeit, und er fragte ängstlich: An wen? – Voll Freude über diesen Beweis des rückkehrenden Verstandes, dessen sie ihn schon für ganz beraubt gehalten hatten, nannten sie ihm den Namen des Earl von Marsden. Da er dachte, daß dies ein junger Edelmann sei, den er in Gesellschaft gesehen habe, schien Aubrey sehr zufrieden, und setzte die Vormünder noch mehr dadurch in Verwunderung, daß er den Wunsch zu erkennen gab, bei der Hochzeit zugegen zu sein und seine Schwester zu sehen. Sie antworteten nichts, allein in wenigen Minuten war seine Schwester bei ihm.

Er war dem Anscheine nach noch fähig, von der Wirkung ihres lieblichen Lächelns gerührt zu werden, denn er drückte sie an seine Brust und küßte ihre Wange, welche Thränen benetzten, die dem Gedanken flossen, daß ihres Bruders Gemüth den Empfindungen der Liebe wieder geöffnet sei. Er begann nun mit all seiner gewöhnlichen Wärme zu sprechen, und ihr Glück zu wünschen zu ihrer Vermählung mit einem durch Rang und andere Vollkommenheiten so ausgezeichneten Manne, da bemerkte er plötzlich ein Miniaturbild auf ihrer Brust; er betrachtete es genauer, und wie groß war sein Erstaunen, als er die Züge des Ungeheuers erkannte, welches einen so langen Einfluß auf sein Leben gehabt hatte. In einem Anfall von Wuth ergriff er das Portrait und trat es mit Füßen. Als sie ihn fragte, warum er so die Abbildung ihres künftigen Gemahls zerstöre, sahe er sie an, als wenn er sie nicht verstünde, dann ergriff er ihre Hände und schauete sie mit einem Ausdrucke wilder Verwirrung an, indem er sie bat zu schwören, daß sie nie dieses Ungeheuer heirathen wolle, denn er ... Er konnte nicht weiter sprechen, es schien, als ob die Stimme ihn wieder aufforderte, seines Eides zu gedenken, – schnell wandte er sich um und dachte Lord Ruthven zu erblicken, allein er sah Niemand. Unterdessen waren die Vormünder und der Arzt eingetreten, welche das alles mit angehört hatten, und da sie es für die Rückkehr seines Wahnsinnes hielten, trennten sie ihn mit Gewalt von Miß Aubrey und baten sie, sich zu entfernen. Nun fiel er ihnen zu Füßen, bat, beschwor sie nur einen Tag um Aufschub. Sie wurden dadurch noch mehr in ihrer Meinung von dem rückkehrenden Wahnsinne Aubrey's bestärkt, versuchten ihn zu beruhigen und entfernten sich.

Lord Ruthven hatte den Morgen nach dem Hofzirkel seinen Besuch machen wollen, war jedoch so wie Niemand angenommen worden. Als er von Aubrey's Uebelbefinden hörte, fühlte er wohl, daß er es verursacht habe; als er aber vollends erfuhr, er sei wahnsinnig geworden, konnte er seine Freude kaum vor denen verbergen, von denen er diese Nachricht erfahren hatte. Er eilte nach der Wohnung seines frühern Gefährten, und durch beharrliche Aufmerksamkeit, so wie durch Aeußerung einer großen Zärtlichkeit gegen den Bruder und Theilnehmer an seinem Unglücke, gelang es ihm, allmälig bei Miß Aubrey Gehör zu finden. Wer vermochte auch seinen Künsten zu widerstehen? Er hatte Gefahren und Beschwerden zu erzählen, – sprach von sich selbst, als von einem Wesen, welches durchaus mit keinem andern auf der Welt, außer mit der, an die er seine Worte richtete, übereinstimmend empfinde, erzählte ihr, wie nur, seitdem er sie kenne, sein Dasein ihn der Erhaltung werth geschienen habe, gleich als ob er nur ihren schmeichelnden Worten und Tönen habe lauschen wollen, – mit einem Worte, er wußte die Schlangenkünste so trefflich zu brauchen, oder es war vielmehr der Wille des Schicksals, daß er ihre volle Zuneigung gewann. Da der Titel des ältern Zweiges der Familie mit der Zeit auf ihn fiel, so erhielt er einen ansehnlichen Gesandtschaftsposten, der ihm zur Entschuldigung diente, daß er die Vermählung (trotz des Bruders zerrütteter Gesundheit) beschleunigte, denn sie sollte den Tag vor seiner Abreise nach dem festen Lande Statt finden.

Aubrey versuchte, als ihn die Vormünder und der Arzt verlassen hatten, die Diener zu bestechen, doch vergebens! Er verlangte Feder und Dinte. Es wurde ihm gereicht; er schrieb einen Brief an seine Schwester, indem er sie beschwor, so werth ihr ihre eigene Glückseligkeit, ihre eigene Ehre und die Ehre derer sei, die nun im Grabe schlummerten, aber sie einst als die Hoffnung ihres Hauses in ihren Armen hielten, nur um wenig Stunden eine Vermählung zu verschieben, auf die er die schrecklichsten Verwünschungen ausschüttete. Die Diener versprachen ihm, den Brief zu bestellen, übergaben ihn aber dem Arzte, der es für besser hielt, das Gemüth der Miß Aubrey nicht noch mehr durch das zu ängstigen, was er für Anfälle eines Wahnsinnigen hielt.

Die Nacht verstrich den geschäftigen Bewohnern des Hauses ohne Ruhe, und Aubrey hörte mit einem Entsetzen, das man sich eher vorstellen, als beschreiben kann, die Zeichen geschäftiger Vorbereitungen. Der Morgen kam und das Geräusch der anfahrenden Wagen berührte sein Ohr. Aubrey gerieth ganz außer sich. Die Neugier der Diener besiegte endlich ihre Wachsamkeit; sie stohlen sich allmälig weg und ließen Aubrey in der Aufsicht eines alten schwachen Weibes. Er benutzte diese Gelegenheit. Mit einem Sprunge war er aus dem Zimmer, und in einem Augenblicke stand er in dem, wo sich alles zur Feierlichkeit versammelt hatte. Lord Ruthven war der erste, der ihn bemerkte; er trat sogleich zu jenem hin, ergriff ihn heftig beim Arme und riß ihn, sprachlos vor Wuth, mit sich aus dem Zimmer. Auf der Treppe raunte ihm Lord Ruthven ins Ohr: „Erinnern Sie sich ihres Eides, und bedenken Sie, daß, wenn Ihre Schwester nicht heut meine Gemahlin wird, sie entehrt ist! Die Weiber sind schwach!“ – Mit diesen Worten drängte er ihn gegen seine Diener hin, welche durch das alte Weib aufgeregt, ihn zu suchen gekommen waren. Aubrey konnte sich nicht länger aufrecht erhalten. Seine Wuth, die keinen Ausbruch fand, hatte ein Blutgefäß zerrissen, und er wurde sogleich zu Bette gebracht. Dies wurde indessen seiner Schwester verschwiegen, welche bei seinem Eintritte nicht zugegen gewesen war, denn der Arzt wollte sie nicht beunruhigen. Die Vermählung wurde vollzogen und Braut und Bräutigam verließen London.

Aubrey's Schwäche nahm immer mehr zu; der Blutverlust erzeugte Symptome des herannahenden Todes. Er wünschte, seiner Schwester Vormünder möchten zu ihm gerufen werden, und als die Glocke Mitternacht geschlagen hatte, erzählte er alles – was die Leser auf den vorstehenden Blättern gefunden haben, und starb augenblicklich.

Die Vormünder eilten fort, Miß Aubrey zu retten, allein es war zu spät. Lord Ruthven war verschwunden und Aubrey's Schwester hatte den Durst eines Vampyr gestillt.

01

Der Giaur

Von Lord Byron

Als Vampyr fährst zur Erde du,
Dein Leichnam hat im Grab nicht Ruh,
Gespenstisch schleicht er durch dein Haus,
Saugt's Herzblut all der deinen aus,
Daß Schwester, Mutter, Gattin hold,
Tief nachts der Lebensstrom entrollt;
Doch deinem Leichnam, kraß und fahl,
Soll Ekel sein solch Henkersmal;
Dein Opfer soll in dir, eh's starb,
Den Dämon kennen, der's verdarb;
Dir fluchen soll's, du sollst's verdammen,
Kein Sproß soll deinem Haus entstammen...
Von hag'rer Lipp' und eklem Zahn
Träuft's beste Blut der deinen dann,
Bis heimgejagt ins Grab voll Grausen,
Du mit der Höllenschar mögst hausen,
Die vor'm Gespenst, mehr fluchenswert
Als sie, sich schaudernd abwärts kehrt.

Der Giaur Von Lord Byron

Bram Stoker's Dracula II
Wie alles weiter ging

In *Dracula* schöpft er aber nicht nur aus der in ganz Europa und besonders in Serbien verbreiteten Überlieferung von „Untoten", die aus dem Grab aufstehen, ihren Opfern nächtlicherweise durch einen Biss in die Kehle das Blut aussaugen und sie so dazu verdammen, nach ihrem Tod ebenfalls Vampire zu werden; Stoker verband diese Tradition vielmehr mit den sagenhaften, ebenfalls vor allem auf dem Balkan verbreiteten Berichten über den historisch verbürgten Vojevoden ➲ Vlad, genannt „Terpez" (d. i. „der Pfähler"), der in der ungarischen Überlieferung „Dracole" heißt. Auf die schauerlichen Legenden, die sich um diesen blutrünstigen Lokal-Tyrannen des 15. Jahrhunderts ranken, wurde Stoker von dem Budapester Orientalisten Arminius Vambrey aufmerksam gemacht. In *Dracula* faßte er nun die verschiedensten Dichtungsmotive, abergläubischen Überlieferungen, Details aus der niederen Mythologie und aus historischen Legenden zusammen zum letzten Schauerroman, der so populär wurde, dass man den Namen des Titelhelden weithin mit dem Namen „Vampir" gleichsetzte, und der den Beginn einer wahren Flut von „Dracula-Romanen" markierte. (Von Stoker selbst erschien, zwei Jahre nach seinem Tod, eine weitere Vampir-Erzählung, *Dracula's Guest*, die wohl ursprünglich als erstes Kapitel des Hauptwerks geplant war.)

Graf Dracula, seit vierhundert Jahren ein Untoter, der seinen Sarg nur zwischen Sonnenuntergang und Sonnenaufgang verlassen darf, kein Spiegelbild und keinen Schatten hat, bittet den jungen englischen Rechtsanwalt zu sich nach Transsylvanien (= lateinisch für Siebenbürgen), um mit ihm über den Ankauf eines Grundstückes in England zu verhandeln. In dem düsteren Karpatenschloss fühlt sich Harker bald als Gefangener Draculas und beobachtet mit wachsendem Entsetzen die unheimlichen und grässlichen Vorfälle, die sich dort abspielen. Dracula verlässt nachts das Schloss, indem er, manchmal einer Eidechse, manchmal einer Fledermaus ähnlich, senkrecht an der Mauer hinabkriecht; er gerät beim Anblick von Blut in Raserei, scheint mit den Naturgewalten verbündet zu sein und Macht über eine Meute von Wölfen zu haben. Der wackere Harker wird beinahe selbst zum Opfer des Vampirismus, als sich ihm drei weibliche Vampire nähern, um ihren blutsaugerischen Biss zu applizieren. Doch nachdem er in einem verfallenen Grabgewölbe dem Geheimnis des „Untoten" auf die Spur gekommen ist, gelingt es ihm zu entkommen. Bevor er nach England zurückkehren kann, ist bereits Graf Dracula auf einem Schiff dort eingetroffen, um sich neuer Opfer zu bemächtigen und mit ihnen die Reihen seiner teuflischen Scharen zu füllen. Er sucht sie zunächst im Bekanntenkreis Harkers: Den geisteskranken Renfield, einen Zoophagen, der von Harkers Freund Dr. Seward betreut wird, versucht er sich zum Diener zu machen, und Lucy Westenraa, die Freundin von Harkers Braut Mina Murray, rekrutiert er als erste für den Vampirismus.

Dr. Seward ahnt, dass hier Dinge im Gang sind, von denen sich die aufgeklärte Medizin des 19. Jahrhunderts nichts träumen läßt, und zieht seinen alten Lehrer, den niederländischen Professor van Helsing zu Rate. Dieser Über-

Wissenschaftler, der mit allen Wassern medizinischer wie okkulter Kenntnisse gewaschen ist, wird zum großen Gegenspieler des Über-Dämonen Dracula. Zwar gelingt es ihm im Fall Lucy Westenraa noch nicht, das Netz von Abwehrmaßnahmen gegen den Vampir dicht genug zu ziehen, der an Kreuzen und an Kränzen aus Knoblauchblüten vorbei immer wieder den Weg zu Lucys Halsschlagader findet; doch dann treibt van Helsing, unterstützt von dem inzwischen zurückgekehrten Harker, von Dr. Seward, Lucys Verlobtem Arthur Holmwood und dessen amerikanischem Freund Quincey Morris, Dracula allmählich in die Enge. Zunächst entreißen sie Lucy, die bereits den Norden Londons unsicher macht, dem Vampirismus, indem sie ihrer Leiche einen Pfahl ins Herz treiben, den Kopf abschneiden und den Mund mit Knoblauch füllen: Eine Seele ist vor der ewigen Verdammnis des Untot-Seins gerettet. Dann machen sie Dracula die tägliche Rückkehr zu seinen Ruhestätten – Särgen, die in England deponiert und mit Erde aus seinem Heimatland gefüllt sind –, unmöglich, indem sie Hostien in die Särge legen. Sein nächstes Opfer, die inzwischen mit Harker verheiratete Mina, kann Dracula nur noch durch einige Bisse an die Grenze zwischen jungfräulicher Reinheit und vampirischen Gelüsten treiben, dann muss er England fluchtartig verlassen und sich, im letzten seiner Särge liegend, in die Heimat einschiffen. Dort, in der Nähe seines Schlosses, stellen ihn, im moralischen Auftrag der gesamten zivilisierten Welt, die Verfolger und treiben auch ihm den erlösenden Pfahl ins Herz. Zwar verliert Quincey Morris im Kampf gegen die den Sarg verteidigenden Zigeuner sein Leben, aber am Ende sind Nacht und Grauen bezwungen.

Effektvoll ist Stokers Roman vor allem wegen seiner Mischung aus naturalistischer Schilderung und bigotter Betulichkeit; seine Helden vergießen viele Tränen, sind aber in kritischen Situationen hart wie James Bond. Die ganze Gruselmythologie des Vampirismus wird massiert und kalkuliert eingesetzt; das spielerische Element des Buches, zugleich auch seine Komik, liegt gerade darin, dass die pseudomythologischen Grundregeln vom Leser akzeptiert werden müssen, damit die innere Logik der Handlung sich entfalten kann. Nur an wenigen Stellen scheint in Stokers Buch das erotische Motiv, das sexuelle Element des zum blutsaugerisch-sadistischen Biß pervertierten liebenden Kusses, durch. Was in der Schwarzen Romantik noch poetische Komponente des Vampir-Motives war, ist bei Stoker Gruselkabinett, von sehr eindringlicher Wirkung allerdings, die nicht zuletzt durch die Erzähltechnik erzielt wird: Der Leser erfährt das ganze Geschehen aus Tagebucheintragungen und Briefen, die von den beteiligten kontinuierlich und jeweils kurz nach den neuesten Vorfällen geschrieben worden sind und in denen sich die Spannung der entscheidenden Augenblicke unmittelbar spiegelt.

Der Vampir-König

Niemand bleibt verschont...

Als „irrer Regent“ ging der englische König Georg III. in die Geschichte ein. Höchstwahrscheinlich litt er an Porphyrie. Diese Stoffwechselkrankheit geht mit Halluzinationen, Zahnfleischschwund und akuter Unterversorgung des roten Blutfarbstoffs einher. Vermutungen zufolge könnten diese Symptome sogar den Vampir-Mythos begründet haben.

US-amerikanische und Schweizer Forscher rund um Bruce Spiegelman und Christopher Handschin haben in Versuchen an Mäusen herausgefunden, dass ein in der Leber vorkommendes Stoffwechselprotein namens PGC-1-alpha eine Schlüsselrolle im Krankheitsgeschehen von Porphyrie spielt. Die Studie wurde an der Harvard Medical School sowie an der Universität von Basel durchgeführt.

Hunger löst Anfälle aus

Akute Krankheitsanfälle werden bei Porphyrie-Kranken durch Hunger ausgelöst. Kohlenhydratreiche Lebensmittel oder Glukose-Infusionen hingegen lindern die Beschwerden. Bis zum Erscheinen der aktuellen Studie fehlte eine Erklärung für den Zusammenhang zwischen Ernährung und Auftreten von akuten Schüben.

Bei Hunger wird mehr PGC-1-alpha gebildet

Wie die Wissenschaftler herausfanden, fungiert in der Leber das Protein PGC-1-alpha wie ein Schalter, der mehrere Gene ein- und ausknipsen kann. Besonders viel von diesem Kontroll-Protein wird gebildet, wenn der Körper Hungersignale meldet.

Das Kontroll-Protein PGC-1-alpha reguliert u. a. welche Mengen vom Enzym ALAS-1 produziert werden. Schlechte Chancen hat ALAS-1 daher, wenn der Hunger ansteigt und dadurch die Produktion von PGC-1-alpha angeheizt wird. ALAS-1 ist durch die strikte Kontrolle kaum mehr aktiv.

Enzym-Mangel hemmt Produktion des Blutfarbstoffs

Der Mangel des kleinen Enzyms hat gewaltige Folgen für den gesamten Organismus: Eine Unterversorgung mit ALAS-1 löst eine Störung bei der Synthese des Blutfarbstoffs Hämoglobin aus. Denn ALAS-1 ist eines von acht Enzymen, das dafür verantwortlich ist, dass aus Porphyrinen korrekte Häm-Einheiten gebildet werden.

Häm-Einheiten sind die eisenbindenden Anteile des Blutfarbstoffs Hämoglobin.

Zu viele Porphyrine im Körper machen krank

Das Resultat der gestörten Häm-Synthese bei Porphyrie-Kranken: Im Körper sammeln sich zu viele Porphyrine an. Die roten Blutkörperchen leiden unter einem Hämoglobin-Mangel.

Bisher: Abhilfe durch zuckerreiche Ernährung

Die Ergebnisse der Forschergruppe könnten dazu führen, gegen Porphyrie eine bessere Therapiemethode zu finden. Bislang wird Porphyrie u.a. durch eine stark mit Kohlenhydraten und

Zucker angereicherte Diät oder mit Häm- und Glukose-Infusionen behandelt. Ursache für die Erkrankung ist meist ein erblicher Gendefekt.

Vampir-Mythos durch Porphyrie?
Es gibt die Vermutung, dass Beobachtungen an Porphyrie-Kranken zur Erfindung der Vampirgeschichten geführt haben.

Porphyrie-Kranken wurde früher Tierblut verabreicht, denn dies linderte aufgrund seines Hämoglobingehalts die Symptome bei akuten Porphyrie-Schüben. Knoblauch hingegen fördert den Abbau des ohnehin nur in geringen Konzentrationen vorhandenen Hämoglobins.

Ein weiteres „Vampirmerkmal" der Porphyrie: Sie geht mit einer Überempfindlichkeit gegenüber Sonnenlicht einher. Die Erkrankten sind oft sehr blass oder leiden unter Zahnfleischschwund, was die Zähne hervortreten oder sogar blutig aussehen lässt.

König Georg III. (1738-1820)

Eingesperrt im Windsor Palace
König Georg III. (1738-1820) war nicht nur König von Großbritannien, sondern auch Herzog von Braunschweig-Lüneburg sowie König von Hannover. Mit seiner Frau, Sophie Charlotte von Mecklenburg-Strelitz, hatte er 15 Kinder. Unter seiner Herrschaft verlor Großbritannien im Unabhängigkeitskrieg die amerikanischen Kolonien.

König George III. erlitt während seiner Regentschaft mehrere lang anhaltende Krankheitsschübe. Von 1811 bis an sein Lebensende (1820) wurde König George III. im Windsor Palace eingesperrt. Er bekam arsenhaltige Medikamente verabreicht. Diese dürften die psychiatrischen Symptome verstärkt haben.

Zusätzlich Vergiftung mit Schwermetallen
Im Juli 2004 wurden Untersuchungsergebnisse einer Haarlocke von Georg III. veröffentlicht. Die Analysen legen nahe, dass der Regent an einer Schwermetallvergiftung (Arsen, Quecksilber, Blei) litt.

ENZYKLOPÄDIE:

Emission: Von manchem Vampir geht besondere Strahlkraft aus.
Energie: Traubenzucker, Energy-Drinks, Cola, Alkohol, isotonische Getränke, Tee, Kaffee, ja auch Bezin und Stromschlag – der Vampir hat alles durchgekostet. Er wäre ja so dankbar, wenn ein Espresso ihn beleben würde. Aber es hilft nichts. Nur Blut wirkt.

Ein Leben ohne Tageslicht
Krankheitsbilder

Es gibt Menschen, die dürfen nicht ins Licht. Abgeschottet von UV-Strahlen führen Lichtallergiker ein Leben in der Dunkelheit. Erst nachts beginnt für sie der Tag.

Ich darf nicht raus, wenn die Sonne scheint, hatte Hannelore Kohl in einem Interview der *Welt am Sonntag* gesagt. Wenn es bewölkt sei, mitunter schon. Die Gattin des Ex-Kanzlers Helmut Kohl litt seit 1993 an einer seltenen Form von Lichtallergie, die durch Penicillin ausgelöst wurde. Wer erkrankt, muss seinen Tagesablauf oft komplett auf den Kopf stellen, da die Haut auf Sonne oder künstliches UV-Licht überempfindlich reagiert. Betroffene führen ein Leben in der Dunkelheit – hinter Mauern und Glasscheiben, abgeschnitten vom Alltag, abseits von Menschen.

Nach einem Spaziergang im Sonnenschein quälen sie wochenlang andauernde, schmerzhafte Hautentzündungen. „Dadurch ist das soziale Miteinander nicht mehr möglich", sagt der Bochumer Haut-Experte Peter Altmeyer.

Auslöser UV-Licht und Chemie
Mediziner kennen verschiedene Formen von Lichtallergien, die meistens ungefährlich sind. Auslöser können UV-Licht oder chemische Stoffe sein. Zwischen fünf und zehn Prozent der Deutschen leiden an der so genannten polymorphen Lichtdermatose – einer Hautreaktion auf UV-Strahlung, die bei Frauen viel häufiger auftritt als bei Männern. Andere Menschen reagieren unter Einwirkung von UV-Licht allergisch auf bestimmte chemische Stoffe. Die „Mallorca-Akne" beispielsweise entsteht durch Zusammenwirken von ölhaltigen Sonnenschutzmitteln und UV-Licht.

An welcher Form von Lichtallergie Hannelore Kohl genau erkrankt war, geht aus der offiziellen Stellungsnahme des Büros Kohl nicht hervor. Wahrscheinlich an der seltenen chronischen aktinischen Dermatitis, vermuten Experten. Altmeyer schätzt: Etwa ein Promille der in Hautarztpraxen behandelten Patienten seien von dieser schweren Form der Lichtallergie betroffen. Auslöser der Erkrankung sind in den meisten Fällen Medikamente wie Antibiotika oder Psychopharmaka. Aber auch Süßstoff, bestimmte Substanzen in Kosmetika oder Pflanzen können die Haut gegen Sonnenlicht überempfindlich machen.

Die Hautreaktion kommt dadurch zustande, dass bestimmte körperfremde Substanzen reagieren, wenn gleichzeitig UV- oder sichtbares Licht auf die Haut strahlt. Die Wirkung der Sonnenstrahlen wird dadurch übermäßig verstärkt. Schon wenig Tageslicht reicht aus, um einen heftigen Sonnenbrand mit Pusteln und Blasen hervorzurufen. Die Symptome lassen sich behandeln, zum Beispiel mit Kortison. Ansonsten bleibt nur, das Tageslicht zu meiden. Lichtallergien sind sehr unangenehm, aber selten lebensgefährlich.

„Mondscheinkinder" dürfen nie ins Licht
Im Gegensatz zur erblich bedingten Lichtkrankheit Xeroderma pigmentosum (XP). Diese „Mondscheinkinder" dürfen niemals ins Licht, da Sonnenstrahlen sie umbringen würden. Der Tag beginnt für sie nachts, wenn Sonne und Tageslicht verschwunden sind. Die Ursache ist

nicht UV-Licht oder chemische Stoffe, sondern ein genetischer Defekt. XP-Kranken fehlt jenes Enzym, das durch UV-Strahlung entstandene Schäden reparieren kann. Die Hautzellen sterben und bilden schließlich Krebsgeschwüre.

Auch für Patienten mit chronischer aktinischer Dermatitis klingt die Prognose nicht sonderlich vielversprechend. Der britische Dermatologe John Hawk vom St. John's Institute of Dermatology in London und Kollege schreiben: „Die Perspektive für diese Menschen ist hoffnungslos, ihre Lage verzweifelt. Die Erkrankten sind extrem lichtempfindlich und leiden unter starkem Juckreiz, sodass sie häufig Selbstmordgedanken äußern." Hannelore Kohl jedoch sagte im Welt-Interview: „Aufgeben ist das Letzte, was man sich erlauben darf." Das war im April. *Die Welt, 06. 07. 2001*

(Am 5. Juli 2001 beging Hannelore Kohl, allein in ihrem verdunkelten Haus, Selbstmord.)

Vampire sehen gerne Sterne

Vom verschütteten Wissen

Der Vampir hat ein besonderes Verhältnis zu den Sternen. Für ihn sind sie Teil der Normalität, des vertrauten Anblicks am nächtlichen Himmel. Da er die Sonne scheut wie kaum etwas anderes (außer Knoblauch), würde er sie auch sein Vampirlebtag – was, wie man weiß, ja ziemlich lange dauern kann – in das Zentrum seines kosmischen Denkens stellen. Rund heraus gesagt: der konservative Vampir pfeift auf Kepler und Galilei und wie sie alle heißen mögen, die ihm mit dem Licht der Aufklärung heimzuleuchten trachten. Er hat die Sonne verbannt auf eine äußere Umlaufbahn um die Erde, denn diese ist das Zentrum. Vampirische Wissenschaft weiß um die Umlaufbahnen von Planeten und Sonne um die Erde sehr genau Bescheid, denn die Berechnung der Schatten ist eine der am höchsten entwickelten Wissenschaften.

Dafür tarnt sich der Vampir auch gerne als harmloser nächtlicher Sternenbeobachter. Es ist wenig bekannt, dass einige wichtige Teleskope auf der Erde (in Europa z. B. das bei Grenoble) fest in vampirischer Hand sind. Das heißt, einige der dort forschenden Wissenschaftler sind weit älter als aus ihren Papieren hervorgeht. In ihrer Arbeit stützen sie sich auf uraltes Wissen, das aus einer Zeit herrührt, als der Schatten der vor dem Mond schwebenden Fledermäuse weder durch eine Trübung der Erdatmosphäre noch durch die humanoide Kontamination des Weltraums beeinträchtigt wurde, sondern ein klares, schönes Bild am nächtlichen Himmel bot.

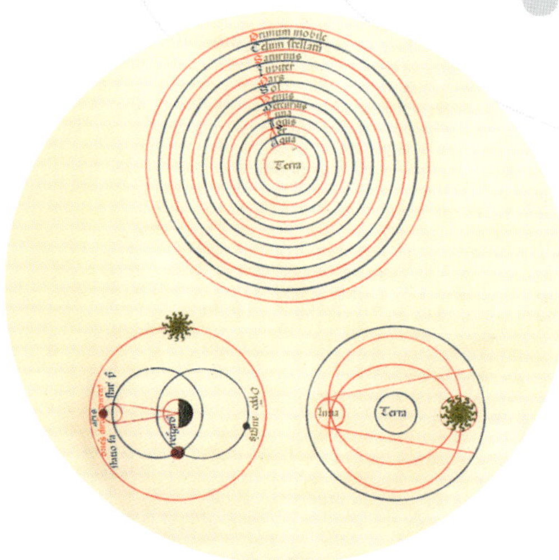

Abb. 1: An dieser Darstellung des Planetensystems mit der innen laufenden Sonne lässt sich leicht ablesen, wie das vampirische Wissen überlebt hat. Das Masse-Umlaufzeit-Verhältnis um die Erde jedes einzelnen Planeten in Bezug zum Mond resp. zur Sonne entspricht dem Kühlungsgrad, den Blut braucht, um nicht zu agglutinieren.

Der Flug der Fledermaus ist der Ausdruck von Sehnsucht des Vampirs nach der puren Schönheit, vergleichbar etwa mit der Entzückung, die einen Japaner befällt angesichts einer perfekten Ikebana-Komposition. Es ist das Nichtzuviel in Verbindung mit dem Nichtzuwenig, das auch als „vampirisches Mittelmaß“ oder als „Der goldene Biss“ bezeichnet wird.

Dieser „Goldene Biss“ dient zur Berechnung der optimalen Einrichtung von Vampirbehausungen. Dabei spielt es keine Rolle, ob diese – nach europäisch-traditionellem Modell – in einer Burg / in einem Schloss zu suchen ist oder, nach amerikanischem Vorbild, in der Idylle einer Kleinstadtsiedlung.

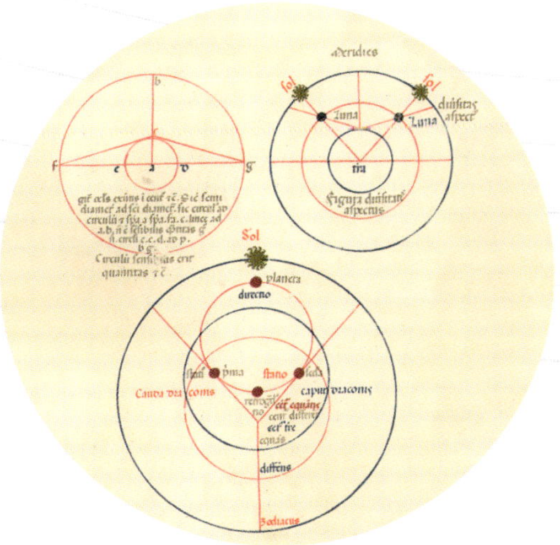

Abb. 2: Vampirische Wissenschaft war über Jahrhunderte hinweg schweren Verfolgungen ausgesetzt. Daher war es notwendig, die wichtigsten Schriften in ambivalenter Form zu überliefern, sodass im Eventualfall des Verlustes durch Raub, Plünderung oder Scheidung und den damit verbundenen Übergang in menschliche Hände der eigentliche Wissenskern verborgen blieb, palimpsesthaft eingeschrieben einer profanen astronomischen Darstellung.

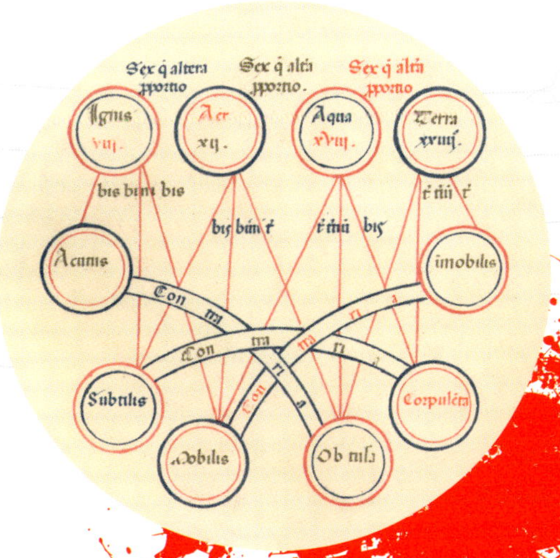

Abb. 3: Die Verbindung der blauen mit den roten Blutkörperchen zeigt die Möglichkeit der Übertragung von ○ Energie durch dental-labiale Blutzufuhr. Nicht jeder Biss hat dieselbe Wirkung (auf den oder die Beissenden), denn der unterschiedliche Bisswinkel führt zu differenzierter Sauerstoffzufuhr. (Beim Menschen ist ein ähnliches Phänomen bekannt, das sich vor allem beim Rotweingenuß (○ Rotwein als vampirische Ersatzdroge) an der unterschiedlichen Glasform entwickelt (auch genannt Riedl-Faktor). Die Wirkung auf den oder die Gebissenen hingegen ist stets die gleiche und differiert nur durch die Dauer des Bisses bzw. die Geschwindigkeit des Ausblutungsvorganges.

Auch dieser alten, unter Abb. 3 dargestellten Konstellationskarte ist zu entnehmen, dass das physikalische Wissen der Vampire weitgehend unbeachtet geblieben ist bzw. von der ○ Inquisition zusammen mit anderen, später als Grenzwissenschaften bezeichneten Kenntnisgebieten ins Reich der Schatten (sic!) gedrängt worden ist. Das Sprichwort „Blut ist dicker als Wasser“, das für die Menschen des 21. Jahrhunderts nicht zuletzt aufgrund der Patchworkfamilie jeden, und sei es nur übertragenen Sinn entbehrt, hatte ursprünglich eine völlig andere Bedeutung, die in mancher alten Nährwerttabelle noch vorkommt.

Ein dergleichen Gespenst...
Das Lexikon-Wissen des 18. Jahrhunderts I

Vampyren, oder Blutsauger, diese haben mit den schmatzenden Todten grosse Verwandtschaft. Man verstehet dadurch todte menschliche Cörper, welche aus den Gräbern hervor spazieren, den Lebendigen das Blut aussaugen und sie dadurch umbringen sollen. Von solchen blutsaugenden Todten sind zwey Berichte aus Ungarn eingelaufen, die man hier in aller Kürze anführen will. In dem Dorfe Kisolova war ein Unterthan namens Peter Plogojowitz gestorben und begraben. Darauf begab es sich, daß innerhalb 8 Tagen neun Personen, sowohl alte als junge, nach einer 24stündigen Krankheit dahin sturben. Diese sagten auf ihrem Todtenbette aus, wie gedachter Podgojowitz im Schlaf zu ihnen kommen, sich auf sie geleget, sie gewürget, daß sie davon sterben müßten. Man öffnete endlich das Grab dieses Podgojowitz, und befand, daß erstlich der Cörper nicht den geringsten Todten-Geruch von sich gab, er war auch, ausser der Nasen, die ganz abgefallen, noch frisch. Haar und Bart, auch die Nägel waren ihm gewachsen, die alte Haut hatte sich hinweg gescheelet, und eine frische darunter hervor gethan. Das Gesicht, Hände und Füsse, ja der ganze Leib, waren so beschaffen, daß sie in seinen Lebzeiten nicht hätten vollkommener sein können. In seinem Munde erblickte man einiges frisches Blut, welches der gemeinen Aussage nach er von denen, die er umgebracht, gesogen hatte. Man spitzte einen Pfahl und durchschlug damit das Herz des toten Cörpers, da kam häufiges Blut, so ganz frisch, auch durch Mund und Ohren heraus geflossen. Endlich verbrannte man diesen Cörper zu Asche. Und das geschahe ohngefähr 1725.

Der andere Bericht lautet folgendergestalt: Im Jahr 1732 entstand ein Gerüchte, daß in dem Dorfe Medvegua in Serbien die Vampyrs einige Personen durch Aussaugen des Bluts umgebracht hätten. Darauf ward eine Untersuchung dieser Sache angestellet. Die Einwohner des Dorfes sagten aus, daß vor ohngefähr 5 Jahren daselbst ein Heyduck namens Arnold Paole durch einen Fall vom Heuwagen den Hals gebrochen. Dieser hatte sich bey seinen Lebzeiten verlauten lassen, daß er bey Gassova von einem Vampyr geplagt worden sey, daher er von der Erde des Grabes des Vampyrs gegessen und sich mit dessen Blut geschmieret habe, um von der Plage los zu kommen. Zwanzig oder 30 Tage nach seinem Tode klagten schon einige Leute, daß sie von gedachtem Arnold Paole geplagt würden, wie denn auch würklich vier Personen von ihm umgebracht worden. Etwa vierzig Tage nach seinem Todte hatten sie ihn ausgegraben, den Cörper unversehrt gefunden, auch floß ihm frisches Blut zu den Augen, Nasen, Mund und Ohren heraus. Das Hemd und Übertuch waren ganz blutig, die alten Nägel an Händen und Füssen samt der Haut waren abgefallen, und dagegen andere neu gewachsen. Man schlug ihm einen Pfahl durchs Herz, wobey er einen wohlvernehmlichen Laut von sich gab, und verbrannte endlich den Cörper zu Asche. Gedachte Einwohner gaben ferner vor, daß alle, welche von den Vampyren geplagt und umgebracht würden, ebenfalls zu Vampyren werden müssen. Also verübten sie an den vier obberührten Personen gleiche Execution.

Der Arnold Paole sollte nicht allein die Leute, sondern auch das Vieh angegriffen und ihnen das Blut ausgesauget haben, und weil die Leute das Fleisch von diesem Vieh genutzet, so zeigte sich aufs neue, daß sich wieder Vampyren daselbst befänden. In Zeit von drey Monaten waren siebenzehn junge und alte Personen gestorben, und zwar einige darunter in zwey oder längstens drey Tagen ohne vorher gehabte Krankheit. Einer nahmens Joviza meldete, daß seine Schwieger-Tochter vor 15 Tagen sich frisch und gesund schlafen gelegt, um Mitternacht aber sey sie mit einem entsetzlichen Geschrey, Furcht und Zittern aus dem Schlafe aufgefahren und geklagt, daß sie von einem vor 9 Wochen verstorbenen Heyducken Sohn, nahmens Millos, so um den Hals gewürget worden. Worauf sie von Stund an schlechter worden, Schmerzen auf der Brust empfunden, und den dritten Tag gestorben. Darauf öffnete man die verdächtigen Gräber: 1) eines Eheweibes namens Stana, 20 Jahre alt, so vor 2 Monaten, 3 Tage nach ihrer Niederkunft gestorben, und vorher selbst ausgesaget, daß sie sich mit dem Blute eines Vampyrs gestrichen, folglich auch ein Vampyrer werden müßte. Der Cörper war vollkommen und unverweset. In der Höhlung der Brust fand sich frisches extravasiertes Geblüte. Die Haut an Händen und Füßen samt den alten Nägeln fielen von selbst herunter, dagegen zeigten sich, nebst einer frischen und lebhaften Haut, ganz neue Nägel; 2) ein Weib nahmens Miliza von 60 Jahren, war vor etlichen neunzig Tagen nach drey monatlicher Krankheit gestorben. In der Brust befand sich viel liquides Geblüte, und das Eingeweide war gleich der vorgemeldeten in gutem Stande. Die umstehenden Heyducken sagten, das Weib wäre Zeit Lebens mager und ausgedörret gewesen, jetzo aber war ihr Leib fett und vollkommen. Sie sollte damaliger zeit den Anfang der Vampyren gemacht haben, weil sie das Fleisch von den Schafen, welche von den Vampyren umgebracht worden, gegessen; 3) ein achttägiges Kind, welches neunzig Tage im Grab gelegen; und 4) Vorgedachter Millos befanden sich im Vampyrn-Stand. Mit dem 5., 6. und 7. Cörper hatte es gleiche Beschaffenheit 8) ein Weib samt ihrem Kinde, welche vor 7 Wochen, ihr Kind aber, welches 8 Wochen alt gewesen, und vor 21 Tagen gestorben, waren beyde völlig verweset, ob sie gleich nahe den Gräbern der Vampyren lagen. 9) ein Knecht, 23 Jahre alt, war in drey monatlicher Krankheit gestorben und ward nach fünf monatlicher Begräbniss völlig verweset gefunden. 10) ein Weib mit ihrem Kinde, so vor 5 Wochen gestorben, waren gleichfalls verweset. 11) Stancko, ein Heyduck von 60 Jahren, der vor sechs Wochen gestorben, war im Vampyren-Stand.

12) ein Heyduck, nahmens Millos, gleichergestalt. 13) Stanjoicka, eines Heyducken Weib, war vor 48 Tagen begraben worden. Sie sahe im Gesicht ganz roth und lebhaft aus und war, wie obgemeldet, von Millos um den Hals gewürget worden. Rechter Seite unter dem Hals hatte sie einen blauen, mit Blut unterlaufenen Flecken, eines Fingers lang. Bey Eröffnung ihres Sarges floß viel frisches Blut aus der Nase. Dergleichen fand sich auch in der Höhlung der Brust und Ventriculo cordis. Die Viscera waren in gutem und gesundem Zustand. Die Unterhaut an dem ganzen Cörper, samt denen frischen Nägeln an Händen und Füßen waren gleichfalls ganz frisch. Darauf wurden den Vampyren die Köpfe herunter geschlagen, und samt den Cörper verbrannt, die Asche davon in den Fluß geworfen: die verweseten Leiber aber wieder in ihre Gräber geleget. Man darf bey all diesen Begebenheiten nur merken, daß sie sich unter denen, welche sich zur Griechischen Religion bekennen, zugetragen, alsdann wird man sich gar leicht dareinfinden können. Die Griechischen Christen glauben, daß der Teufel über die Cörper derjenigen, die im Bann gestorben, volle Gewalt habe, sie besitze und gleichsam beseele, auch dadurch den Lebendigen viel Schaden zufüge.

An Historien und Exempeln davon fehlet es unter ihnen nicht. Sie wollen dergleichen Cörper gefunden haben, die ganz frisch und lebhaft ausgesehen, ob sie gleich lange Zeit unter der Erde gelegen, woraus sie schließen, daß diese drey Cörper äßen und verdaueten, auch des Nachts herumwanderten. Nach Monsieur de Ricaue Bericht soll in der Insel Scio die Gewohnheit seyn, daß wenn die Leute des Nachts gerufen werden, sie das erste mal nicht antworten, weil sie besorgen, es möchte vielleicht ein dergleichen Gespenste seyn, dem man nicht antworten müßte, wo man nicht sterben wollte. Dieser Autor setzt hinzu, daß man auch daselbst alle plötzlichen Todesfälle solchen verbanneten Cörpern pflege zuzuschreiben. Eine einzige besondere Historie, welche eben dieser Autor beybringet, kann einen von dem Aberglauben der heutigen Griechen in dieser Materie überzeugen.

Ein Mensch flüchtete wegen eines Verbrechens aus Morea in die Insel Milo und entging dadurch der Strafe der weltlichen Obrigkeit, aber nicht dem Banne, womit er beleget ward. Dieser starb und ward an einem abgelegenen Ort begraben. Allein die Einwohner gedachter Insel wurden alle Nächte durch seltsame Gespenster erschreckt, und als sie das Grab wieder öffneten, fanden sie den Cörper von lebhafter Farbe, die anderen waren vom Blute ganz aufgeschwollen und der Sarg mit Trauben, Äpfeln, Nüssen und anderen Früchten der damahligen Jahreszeit angefüllet, welche er, nach der Griechen Einbildung zu seiner Speise und Nahrung eingetragen. Man berichtete die Sache an den Patriarchen zu Constantinopel, bat ihn um die

Erlassung des Bannes und setzte indessen den Körper in die Kirche. Eines Tages entstand nach vielem Gebet und Opfern im Sarge ein Tumult, und es fand sich, daß der Leichnam ganz verweset und verfaulet war. Und solches sollte, wie man hernach erfahren, zu der Stunde geschehen seyn, in welcher der Patriarch die Erlassung des Bannes unterzeichnete. Wozu aber ein starker Glaube gehöret. Die Griechen nennen dergleichen im Bann verstorbene Cörper „Buthrolaccas" oder „Burcolaccas", vom „stinkenden Kot" oder „Grab". Wiewohl andere solche Bezeichnungen lieber durch reissende Wölfe übersetzen würden. Von diesen Burcolaccas haben sonder Zweifel auch die Vampyren ihren Ursprung genommen, weil zwischen ihnen eine vollkommene Ähnlichkeit angenommen wird. Die Burcolaccas sollen die Menschen plötzlich umbringen, die Vampyren auch. Die Burcolaccas essen in den Gräbern, wovon sie frisch und lebhafft bleiben, die Vampyren aber saugen zu ihrer Nahrung den Lebendigen das Blut aus und werden dadurch im unverwesten und lebhaften Stand erhalten. Mit den Burcolaccas verfährt man also, daß man sie aus den Gräbern hervorlanget, ein groß Feuer macht, ein Todten-Opfer anstellt, den Bann aufhebt und sie endlich verbrennet. Nicht viel anders verfährt man mit den Vampyren. Man hauet ihnen den Kopf ab oder schlägt ihnen einen Pfahl durchs Herz, und verbrennet sie auch zu Asche. Ein einziger Unterschied findet sich zwischen ihnen. Die Burcolaccas sind verbannete Körper, die Vampyren aber nicht. Wenigstens findet man in obigen Berichten nicht, daß die Vampyren sollten im Bann verstorbene Cörper gewesen seyn. Allein dieser Unterschied will nicht viel sagen. Denn nachdem man einmal die plötzliche Todesfälle den verbannten Leichnamen zugeschrieben, so hat man leicht weiter verfallen und glauben können, daß andere todte Cörper, die nicht im öffentlichen Bann gestorben, eben dergleichen würden.

Es muß doch manchmahl Mühe setzen, dergleichen schädliche Cörper zu entdecken. Daher sollen die alten Slawonier im Gebrauch gehabt haben, daß sie ein ganz schwarzes Pferd auf die Kirchhöfe lauffen lassen und acht geben, bey welchen Gräbern es stille gestanden. Diese hielt man dann für Vampyren-Gräber. Allein dieses sowohl als alles übrige ist eine blosse Einbildung und handgreifliche Fabel.

Vampire: Typen und Arten
www.vampirclub.de

Der Volksmund sagt, es gibt keine Vampire. Das stimmt auch aus wissenschaftlicher Sicht, wenn man sich nur auf diese Vampire bezieht, die allgemein als Vampire bezeichnet werden. Dracula oder andere bekannte Vampire aus Geschichten, Büchern und Filmen, mit übernatürlichen Kräften sind damit gemeint und gibt es wohl nicht. Wer dennoch daran festhalten möchte, das es Vampire in dieser Form doch gibt, der gehört dann zu einer Minderheit, wie Jene, die an Aliens oder Geister glauben.

(...)

Geht man weg von der Vorstellung, dass Vampire Fabelwesen mit übernatürlichen Kräften sind, kommt man zu Menschen, die vampirisch leben und zu einer kleinen Gruppe von Szenemitgliedern, die auch Blut trinken. Wie soll man diese nennen.

Wer kaum etwas über diese Art von Lebensstil weiß, wird diese Personen als „krank" bezeichnen, weil er sich oftmals schlimmere Praktiken ausmalt, als sie real stattfinden mögen. Nun, wie jeder wertet, bleibt ihm überlassen, egal ob positiv oder negativ, aber es liegt nahe, realistisch diese Menschen als Vampir zu bezeichnen.

Vampir als Gruppenbezeichnung, welche viele verschiedene Vampirarten wie zum Beispiel die traditionellen Vampire aus den Geschichten oder die realen Vampire, hinter denen sich Menschen verbergen, beinhaltet.

Was damit nun gesagt werden soll ist, dass der Begriff Vampir oder Vampire nicht nur ein Wesen beschreibt, sondern ein Überbegriff ist, der sehr viele existierende Arten und auch erfundene Arten mit einschließt!

Es gibt drei grobe Richtungen, in die die Vampirgruppen eingeteilt werden:

Die Fantasie- oder erfundenen Vampire, hierzu gehören die traditionellen Vampire und die modernen Vampire. Gestalten, die durch Sagen und Geschichten entstanden sind.

Die geistigen, PSI-Vampire, die ihr Vampirsein auf geistiger Ebene ausleben. Die sich z. B. durch das Absaugen von Lebenskraft oder Energie „ernähren" oder besser gesagt emotional stärken. Dazu gehören die Alternativen Vampire und die Cybervampire.

Die Vampyre oder RealVampire, also Menschen, die den Vampirismus körperlich und geistig ausleben, also z. B. auch Blut trinken und das alles sehr ernst nehmen, für die es nichts anderes gibt. Für die das alles andere als eine Rolle oder ein Spiel ist.

Der traditionelle Vampir / Nosferatu

Dies ist der bekannteste Typ der Vampirrasse! Jeder kennt Vampire, und meistens wird mit dem allgemeinen Ausdruck „Vampire" der hier beschriebene gemeint. Dieser Typ kommt in fast allen Horrorfilmen und Geschichten vor, jedoch variieren die einzelnen Darstellungsweisen doch stark. Es ist aber gelungen, eine allgemeingültige Zusammenfassung für den Traditionellen Vampir zu definieren.

Diese Wesen sind Untote, die bereits ihr Leben hinter sich gelassen haben. In den meisten Fällen wurde ein Mensch von einem Traditionellen Vampir (TV ist die Abkürzung

für Traditioneller Vampir) gebissen und ausgesaugt, bis kaum noch Leben im Körper ist. Danach gibt der Vampir dem Menschen etwas von seinem Vampirblut. Der Mensch stirbt dann und beginnt als Vampir zu leben. Diese Wesen verbrennen im Tageslicht, reagieren heftig und allergisch auf Knoblauch. Weihwasser hinterlässt Verätzungen auf ihrer Haut. Hält ein Mensch ein Kreuz diesem Vampir entgegen, kann der Vampir dem Menschen, vorausgesetzt der Mensch glaubt an Gott und die Kraft des Kreuzes, nichts anhaben. TV können einen Wohn- bzw. Lebensraum eines Menschen nicht betreten, solange die Seele der Person im Raum ist, der Vampir muss erst von der Person in den Raum eingeladen werden! Traditionelle Vampire haben kein Spiegelbild, da sie von Gott ausgestoßen sind und keine Seele haben, die sich im Spiegel zeigen könnte. Auch auf Fotos und Filmen kann man Vampire dieser Art nicht sehen.

Traditionelle Vampire müssen Blut trinken, um zu überleben, ob es nun Tierblut oder Menschenblut ist, ist egal! Jedoch hat Menschenblut eine stärkere Aura und ist deshalb besser für diese Wesen. Sie können auch normale Lebensmittel und Getränke zu sich nehmen. Dies hat jedoch keinen Effekt und dient nur dem Genuss oder der Tarnung.

Die Wunden dieser Wesen heilen äußerst schnell, außer sie werden mit Holz verletzt. Ein Holzpflock mitten durch das Herz tötet den Vampir. Weitere Methoden Vampire zu töten sind: Den Kopf des Vampirs abschlagen, den

Vampir dem Sonnenlicht aussetzen, oder den Vampir verbrennen.

In seltenen Fällen wird beschrieben, dass Vampire kein fließendes Wasser überqueren können und eine magische Anziehungskraft auf Hunde und Wölfe besitzen.

Vampire sind außerordentlich stark und haben eine hundertmal stärkere Wahrnehmung als Menschen, dass heißt, sie hören, sehen und fühlen alles wesentlich besser.

Jeder Vampir dieses Typs entwickelt eine Gabe, darum gibt es viele Möglichkeiten, was Vampire alles können. Zum Beispiel können einige fliegen, andere haben telepatische Kräfte und wieder andere können sich in alles mögliche verwandeln. Es gibt aber nur sehr wenige, die mehrere Gaben gleichzeitig besitzen. Dies sind dann Meistervampire.

Oft wird von Hierarchien berichtet, in denen ein Meistervampir viele Jünger unter sich hat. Als Beispiel hierfür steht Dracula. Sie leben meist in großen, vor dem Tageslicht geschützten Gebäuden, Gruften und Schlössern. Sie schlafen meistens in Särgen, jedoch ist es einfach nur wichtig in einem dunklen, geschützten Raum zu schlafen, wo man vor Störungen und Tageslicht sicher ist.

Traditionelle Vampire altern nicht. Sie können also unendlich lange leben. Man kann diesen Zustand aber auch als Hölle bezeichnen, da sich viele eine Erlösung wünschen. Diese Wesen sind verdammt auf der Erde zu wandeln und von Gott ausgestoßen.

(...)

Keine Beweise, dass es in der Wirklichkeit solche Vampire gibt! Äußere Kennzeichen:

- Sehr blass
- Kalter Körper
- Lange, spitze Eckzähne
- Dunkle Erscheinung
- Kein Spiegelbild oder ähnliches
- Trinkt Blut
- Besondere Gaben

Der moderne Vampir

Moderne Vampire sind Wesen, die man für Menschen halten könnte, jedoch wäre es ein fataler Fehler, dies zu tun, denn sie denken und leben komplett anders als Menschen. Sie betrachten sich als höchste Rasse und stellen sich somit über den Menschen. Teilweise werden Menschen von MV als Viehzeug betrachtet. Einige extreme wünschen sich eine Welt, in der Menschen, ähnlich wie bei uns in der Viehhaltung, als Futtermittel gehalten werden! Moderne Vampire leben in großen Sippen, also in Familienclans. Der Älteste in der Familie ist ein bestimmendes und gesetzgebendes Organ. Teilweise ist zu beobachten, dass zwischen einzelnen Sippen Fehden herrschen. MV werden in der Regel als Vampir geboren, es ist aber auch möglich, dass ein Vampir aus einem Menschen einen Vampir macht. Die Modernen Vampire, die als Vampir geboren wurden, nennen sich Lamia. Menschen, die zu MV gemacht wurden sind dann keine reinblütigen Vampire und sie werden von den echten Modernen Vampiren, den Lamia, als minderwertig betrachtet. Oft sind diese Nicht-Lamia Diener der Lamia. Moderne Vampire können altern, wann sie wollen. Das

heißt, wenn der Vampir ein gewünschtes Alter erreicht hat, kann er einfach aufhören zu altern. Sonnenlicht ist nicht tödlich für diese Vampire, raubt ihnen aber die Kraft und schwächt sie enorm. Kreuze, Knoblauch und Weihwasser können diesen Vampiren nicht schaden.

MV haben eine extrem gute Sinneswahrnehmung, sie riechen, hören und gucken um ein hundertfaches besser als Menschen. Sie sind besonders stark, ihre Wunden heilen äußerst schnell. Töten kann diese Vampire nur Holz, Silber, Feuer und das Abtrennen des Kopfes. Hält sich der Vampir in der Sonne auf, so verschwinden fast alle Fähigkeiten, die ihn von einem Menschen unterscheiden.

Diese Wesen haben ein Spiegelbild und sind auf Filmen und Fotos zu erkennen. Fast alle MV sind besonders blass. Sie können normales Essen zu sich nehmen, dieses ernährt sie auch. Aber wenn sich ein MV nur von normalem Essen ernährt, verschwinden seine Kräfte und er beginnt zu altern. Um das Vampirische zu erhalten, muss der Vampir mindestens einmal in der Woche Blut trinken, egal ob es Menschen- oder Tierblut ist, wobei Menschenblut mehr Kraft gibt. Meistens töten sie die Menschen dabei nicht, eher wird dafür gesorgt, dass sich der Mensch am anderen Tag nicht mehr an diesen Vorfall erinnert. Dies kann durch Drogen oder Hypnose geschehen.

Da diese Wesen in großen und alten Familien leben, sind sie meist sehr wohlhabend, darum wohnen diese Vampire oft in großen, luxuriösen Häusern oder Villen. Sie verbringen den Tag in ihren Häusern und begeben sich meist nach Sonnenuntergang auf die Straße. MV mögen die Sonne nicht besonders, aber sie lieben Sommernächte, da es in dieser Zeit sehr viele Düfte und angenehme Situationen gibt! Keine Beweise, dass es in der Wirklichkeit solche Vampire gibt! Äußere Kennzeichen:

- Sehr Blass
- Sehr vornehm
- Meistens reich
- Gut gekleidet
- Charmant
- Spendabel
- Etwas spitze Eckzähne
- Helle und tiefe Augen

Der alternative Vampir

Dies ist eine noch sehr unbekannte Vampirform. Mann kann beinahe sagen, das dies eine Art Lebensmotto oder Lebensstil ist. Sie hat mit dem Traditionellen Vampir eigentlich nichts mehr zu tun. Die Abkürzung für Alternativer Vampir ist hier AV. AV sind keine Rollenspieler! und keine Vampyre mit Betonung auf Y!

AV sind eigentlich Menschen, mit allen menschlichen Schwächen. Jedoch haben sie die Gabe, ihre Umwelt besser und klarer wahrzunehmen. Sie hören, riechen, schmecken und fühlen alles wesentlich intensiver als Menschen. Das liegt nicht an „Wunderkräften" sondern einfach daran, das AV einfach viel mehr Aufmerksamkeit auf ihre Sinne legen. Da sie einen menschlichen Körper haben, liegt das Geheimnis dieser Spezies im Geiste. Denn diese Menschen sind im Geiste vampirisch.

AV betreten Wohnungen nur nach einer Einladung, sie können zwar auch ohne Einladung in das Haus, die Wohnung oder den Raum gelangen, jedoch fühlt sich der Vampir dann sehr unwohl. Er braucht das Gefühl, willkommen zu sein. Diese Art Vampir bewegt sich sehr vorsichtig und umsichtig. Meistens haben AV eine sehr charmante Art und schmeicheln sich bei ihren Opfern ein. Die sprachliche Ausdrucksweise ist sehr höflich und vornehm! Im Allgemeinen kann gesagt werden, dass Alternative Vampire immer Wert auf ihre Erscheinung, ihr Äußeres und ihr Auftreten legen.

Alternative Vampire ernähren sich auf zwei Arten, beide sind wichtig für das Überleben. Zuerst einmal muss der Alternative Vampir seinen physiologischen Hunger (Körperhunger) stillen, da der Körper ja menschlich ist. Dazu zählen eigentlich alle Arten menschlicher Ernährung, jedoch sind häufig deftige Essen bevorzugt. Oftmals werden rote oder blaue Getränke bevorzugt, da diese Farben Energie bedeuten. Blau steht für Spiritualität und Geistesenergie.

Seinen vampirischen, also psychologischen, Hunger stillt der AV mit spiritueller Kraft! Es gibt eine sehr große Bandbreite von Möglichkeiten, wie er sich da ernähren kann. Dies ist jedoch von seinen Vorlieben sehr abhängig! Um das zu erklären nenne ich mal ein menschliches Beispiel: Ein Mensch, der sich freut, wird seelisch gestärkt. Freuen tun sich Menschen über Lob oder sonstige Erfolge. Und hier liegt die Ernährungsquelle eines Alternativen Vampirs. Er zapft die menschliche

Seele an und saugt sie aus. Beispiele: Es gibt Alternative Vampire, die sich von Sex ernähren, andere wiederum demütigen ihr Opfer und erhalten so ihre Seelennahrung. In den wenigsten Fällen jedoch ernähren sich solche Vampire von Leid oder negativen Sachen, wo ihr Opfer zu Schaden kommt. Viele sind zum Beispiel schon durch einen Flirt gesättigt, da sie in dieser Erfahrung gezeigt bekommen, dass sie toll und attraktiv sind. Meistens genügt das schon.

Alternative Vampire genießen das Leben, sie genießen sämtliche Sinneswahrnehmungen. Ein AV stellt sich zum Beispiel nachts an den Strand, achtet dabei auf das Geräusch der Wellen, der Umwelt, des Windes, riecht dabei das Salz in der Luft, den Duft der Sommernacht und spürt an der Haut, wie der laue Sommerwind über ihn fährt. Er steht da und versucht jeden Eindruck wahrzunehmen, er konzentriert sich vollends darauf, die Schönheit der Nacht zu genießen. Auch durch solche Eindrücke ernährt sich dieser Vampir.

Der Tag ist bei Alternativen Vampiren nicht so beliebt. Sie hassen die Mittagssonne, da das Licht dann am intensivsten ist. Die Zeit für Alternative Vampire ist ab dann, wenn die Sonne kurz vor dem Untergehen ist, wenn alles in erst rötliches und später bläuliches Licht getaucht ist! AV können im Dunkeln zwar besser sehen als Menschen, aber auch AV stoßen an ihre Grenzen. Alternative Vampire lieben den Moment, oder besser gesagt das Licht, in dem Moment, wo die Sonne untergegangen ist, es aber noch gerade so hell ist, dass sie alles sehen. Auffällig ist, dass AV erst gegen Mittag aufstehen bzw. Spätaufsteher sind. Dies ist aber verständlich, denn Vampire leben nun mal nachts.

Der Alternative Vampir ist seelisch unsterblich, körperlich jedoch so sterblich wie ein Mensch. Das heißt, dass der Mensch zwar sterben kann, aber der Geist weiterlebt. Jedoch kann der AV auf seelischer Ebene auch sterben oder getötet werden. Er kann nur durch seelisches Verhungern sterben. Das passiert, wenn sich der Vampir nicht mehr ernährt, oder wenn jemand dafür sorgt, dass er nicht mehr ernährt wird. Zum Beispiel kann Stress dafür sorgen, dass der Vampir stirbt, oder wenn jemand den Vampir so stark demütigt und nieder macht, dass er sich nicht mehr erholt.

Fazit: AV sind keine Vampyre mit Betonung auf Y, sie sind keine Rollenspieler, sie sind ein Zwischending zwischen diesen beiden großen Gruppen. Sie sind das was sie sind und können es nicht ablegen, jedoch nehmen sie das alles nicht so sehr ernst wie die, die sich Vampyre nennen. Es ist eine Art Lifestyle oder Lebensansicht. (...)

Der Cybervampir

Dies ist eine sehr moderne Vampirform, die sehr selten vorkommt und zudem noch sehr schwer zu entdecken ist. Genaugenommen gibt es diese Art erst seit dem Durchbruch des Internets. Sie ist aus einer der schon bestehenden Vampir-Arten mutiert.

CyberVampire sind äußerlich nicht zu erkennen. Sie erscheinen als normaler Mensch. Jedoch sind diese Wesen außerordentlich häufig am PC, meist im Internet. Denn nur über das Internet können die CVs Kontakt zu Ihren

Opfern aufnehmen. Sie sind häufig sehr blass und halten sich so gut wie nie draußen auf. Sonne ist bei ihnen sehr unbeliebt. Direkter Kontakt zu Menschen oder anderen Wesen ist geradezu verhasst.

Es ist ähnlich wie bei den alternativen Vampiren, es sind Menschen, die im Geiste Vampir sind. Mit dem Unterschied, dass sie nicht die reale Welt für ihre Zwecke nutzen, sondern über die Cyberwelt von Chats, Foren und der Gleichen an ihr Ziel kommen. In der realen Welt haben diese Wesen häufig sogar Probleme auf andere zu zugehen

Ihre Fähigkeiten liegen mehr im Bereich der Kommunikation, weniger im Bereich des Körperlichen oder Sinnlichen.

Es sind Meister der Kommunikation, sie können jeden aus der Reserve locken, wütend oder zutraulich machen, so wie es ihnen gefällt. Sie können komplett in das Unterbewusstsein ihres Gegenübers mit Hilfe der Sprache eindringen und ihr Opfer sogar manipulieren. Ihre Wortwahl ist sehr gewählt. Es sei noch mal besonders hervorgehoben, das dies alles über die Cyberwelt sprich das Internet oder andere Kommunikationsmittel passiert.

Sie ernähren sich komplett von Emotionen und Gefühlen, aber auch hier ist es von Typ zu Typ also je nach Vorliebe verschieden, ob sie dabei ihr Opfer schädigen oder dies nicht nötig ist! Wer es vergleichen möchte, kann sagen, sie gehören auch zur Gruppe der PSI-Vampire oder Empathen. Also Wesen, die fähig sind, sich von Gedanken und emotionalen Kräften anderer zu nähren. Jedoch ist das nur auf den vampirischen Anteil bezogen. Der menschliche Körper hat seine Standardbedürfnisse, die auch befriedigt werden müssen. Also Schlaf, Nahrung, Wärme und so weiter...

Verlassen sie den PC, also ihr Revier, verhalten sie sich recht menschlich. Ihr Geld, was sie zum Leben brauchen, um vor allem die menschliche Seite zu befriedigen und um sich neuste Techniken und PCs leisten zu können, verdienen sie sehr oft auch über das Internet. Sie haben beispielsweise ein Webportal, hier finden sie so gleich genügend Opfer, um den Vampir zu nähren.

(...)

Diskretion ist eine ihrer größten Strategien. Sie halten sich, ihre Vorlieben und ihre Ziele strengstens geheim, darum ist es auch enorm schwierig, solche Wesen direkt zu treffen. Meist weiß man gar nicht, dass man einem CyberVampir begegnet ist. Das ist aber auch wichtig, denn sonst würde das Ernähren ja nicht mehr funktionieren, wenn das Opfer Bescheid weiß.

Je nach Art der Ernährung, also wie sich der CV von seinem Opfer genährt hat, sind die Symptome der Opfer unterschiedlich. Teilweise wird von einer kurzen Depression oder einfachen seelischen Ausgebranntheit berichtet. Auch Ängste oder seelische Veränderungen wurden beschrieben.

Erhält ein CV langfristig keine Nahrung, wird er absterben oder zumindest schwächer. Dinge wie Sonnenlicht, Kruzifixe oder Holzpflöcke sind aus physikalischen Gründen unnütz, da der Vampir ja in der Cyberwelt existiert. Das heißt, er ist auch nur dort oder auf Geistiger Ebene verwundbar.

Stress oder Sorgen gehören zu den geistigen Schädlingen für den CV. In der Cyberwelt könnte ein CV angegriffen werden, in dem man genau das macht, was der CyberVampir nicht will, also den Spieß umkehrt und nicht auf ihn eingeht.

Er wird von einem Mal aber nicht sofort erledigt sein. In diesem Falle wird er sich zurückziehen und später ein neues Opfer suchen. Auch ist es nicht leicht, den Spieß umzudrehen, weil, wie schon genannt, sind diese Wesen sehr mächtig was Redegewandtheit und Umgang betrifft. Der beste Weg sich also vor einem solchen Wesen zu schützen ist es, das Wesen zu erkennen und dann zu missachten oder ihm auszuweichen. Ihre Opfer suchen sie sich mit viel Zeit aus, denn sie bevorzugen schwächere und wenig durchsetzungsfähige Menschen. Bewusst vermehren können sie sich nicht. Sie können höchstens auf jemanden treffen, der diese Veranlagung in sich trägt. Diese würde ein CV dann erkennen und vielleicht auch aufwecken.

CyberVampire sind eher nachtaktiv, besonders zu den Zeiten, wenn besonders viele Menschen online gehen. Oft sprechen sie mehrere Sprachen, um mehrere Zeitzonen auszunutzen und zum Beispiel auch die MainTime in den USA oder in Japan mitzunutzen.

In einigen Fällen passiert es auch, dass sich ein CyberVampir wandelt und in eine andere Art übergleitet, das heißt, dann auch in der realen Welt aktiv wird. Vielleicht in der Form eines Vampyrs oder alternativen Vampires.

Der Unterschied zwischen den Vampiren und den Vampyren.

Als Vampir bezeichnet man Leute, die sich als Vampir verkleiden, zu Vampir-Festen (Szenepartys) gehen oder in ihrer Freizeit in die Rolle des Vampirs schlüpfen. Diese Leute eifern ihren erfundenen Idolen aus dem Kino oder aus Büchern nach. Sie nehmen das nicht so ernst und tun dies aus Vergnügen. Darum werden diese Leute in der Szene auch Vampir-Lifestyler genannt. Sie trinken fast nie echtes Blut, doch zum Spaß wird in der Szene oft Kunstblut getrunken. Sie spielen das „Vampir sein", darum nehmen diese Leute oft an Rollenspielen teil, dort können sie das Vampirsein mit vielen anderen sehr gut ausleben.

Bei den Vampyren geht es um „Menschen", die das nicht mehr als Spiel oder Spaß sehen. Sie halten sich für echte Vampire oder wer will, kann auch sagen: sie sind echte Vampire. Vampyre trinken echtes menschliches Blut von freiwilligen Spendern oder besorgen sich Tierblut zum Beispiel vom Schlachter. (Es werden niemals Menschen gezwungen oder Tiere gequält, denn unter Vampyren ist Gewalt verpönt. Es gibt hier bestimmte Regeln). Vampyre leben den Vampirismus, sie haben es nicht nötig das zu spielen, darum findet man meistens keine Vampyre unter den Rollenspielern. Sie legen keinen Wert darauf, dass man sie erkennt, denn im Inneren wissen sie, dass sie Vampyre sind. Einige sind gar nicht so glücklich, Vampyr zu sein. Denn sie sind Vampyr mit allen Konsequenzen, sie können sich nicht dagegen wehren, oder sagen, dass sie kein Vampyr mehr sind. Sie sind Vampyr und sie bleiben Vampyr, genau wie wir Menschen immer Menschen bleiben. (...)

ENZYKLOPÄDIE:

Ettemu: Schon im Assyrien des Hammurabi kannte man Totengeister, Menschen, die nicht richtig bestattet worden waren. Sie blieben den Lebenden treu, verlangten allerdings sehr viel Aufmerksamkeit.

Falco: in Wiener Blut. http://www.youtube.com/watch?v=odcVaERe9Fw

Familienalbum: Gibt es in jedem anständigen Vampir-Haushalt, sozusagen die mobile Form der klassischen Ahnengalerie. Jeder Vampir wird in der Nacht seines ersten Beißzahnes fotografiert.

Ferien: Als Vampir hat man es nicht leicht, seit die Fluggesellschaften bei Gepäck restriktiv geworden sind. Es ist nicht einfach, einen Sarg als Koffer auszugeben.

01

Mein liebes Mädchen glaubet
Mein liebes Mädchen glaubet

(1748)

Mein liebes Mädchen glaubet

Von Heinrich August Ossenfelder

Mein liebes Mägdchen glaubet
beständig steif und feste,
an die gegebnen Lehren
der immer frommen Mutter;
als Völker an der Theyse
an tödtliche Vampire
heyduckisch feste glauben.
Nun warte nur Christianchen,
du willst mich gar nicht lieben;
ich will mich an dir rächen,
und heute in Tockayer
zu einem Vampir trinken.
Und wenn du sanfte schlummerst,
von deinen schönen Wangen
den frischen Purpur saugen.
Alsdenn wirst du erschrecken,
wenn ich dich werde küssen
und als ein Vampir küssen:
Wann du dann recht erzitterst
und matt in meine Arme,
gleich einer Todten sinkest
alsdenn will ich dich fragen:
Sind meine Lehren besser,
als deiner guten Mutter?

Das ist das erste bekannte
Vampir-Gedicht der Literatur,
entstanden 1748

Das Wochen-Horoskop

Aus dem Neuen Vampir Journal

Vampire sind noch weit mehr als andere vom nächtlichen Himmel abhängig. Daher ist es keine Überraschung, dass sie sich intensiv mit der Konstellation von Himmelskörpern befassen. Astrologie ist für sie ein ganz selbstverständliches Planungsinstrument ihres langen Lebens.

Fliege:
Chancen: Ihr Erfolgsrezept heißt: Regelmäßigkeit! Sie brauchen einen konkreten Plan und sollten sich am Donnerstag nach Ihrem Geburtstag für eine von zwei Seiten entscheiden. Warnung: Ein Geldvorhaben muss noch einmal überdacht werden. Es wird Ihnen vieles einfallen, was plötzlich dagegen sprechen könnte. Liebe: Ein Hase oder ein Rabe schlägt eine Veränderung vor. Willigen Sie ein.

Draco:
Chancen: Eine Frist läuft ab. Ergreifen Sie rechtzeitig die Initiative. Warnung: Bücken Sie sich nicht nach jeder Münze. Liebe: Sie können nicht glauben, was jemand über Sie erzählt? Dann lassen Sie es!

Kranich:
Chancen: Teilen Sie Ihrem Partner Ihre Wünsche mit, dann wird er sie erfüllen. Warnung: In der Nachbarschaft ist ein Holländer eingezogen. Liebe: Fastentage einlegen!

Luchs:
Chancen: Sie bekommen Flugstunden geschenkt. Nützen Sie dieses Angebot. Warnung: Bleiben Sie bei Ihrem Vorhaben. Die Unsterblichkeit ist keine Kleinigkeit. Liebe: Kommen Sie auf den Vorschlag einer ausländischen Freundin zurück.

Schlange:
Chancen: Ihr privates Ziel ist beachtenswert und lässt sich mit beruflichen Wünschen bestens kombinieren. Warnung: Geben Sie acht auf neue Hochspannungsleitungen. Liebe: Trennen Sie Beruf und Arbeit.

Schwertfisch:
Chancen: Jemand, der sich Ihnen verbunden fühlt, erwartet Ihre Entscheidung. Warnung: Private Veränderungen irritieren Sie, daher sollten Sie Ratschläge nur vereinzelt annehmen und sich lieber auf sich selbst verlassen. Liebe: Widmen Sie der Zahnpflege mehr Zeit.

Paradiesvogel:
Chancen: Was Sie in den nächsten Tagen auf den Punkt bringen, braucht kein Fragezeichen mehr. Warnung: Hüten Sie sich vor Kunstblut. Liebe: Eine Auseinandersetzung mit einem Menschen nimmt ein erfreuliches Ende.

Rabe:
Chancen: Ihre Kritik am Partner ist berechtigt – aber vielleicht können Sie weniger bissig sein. Warnung: Wecken Sie keine falschen Hoffnungen. Liebe: Mehr Geduld kann kein Fehler sein.

Taube:
Chancen: Wenn Sie Lebensumstände ändern, können Sie alte Fesseln abstreifen. Warnung: Machen Sie im Beruf realistische Pläne. Liebe: In dieser Hinsicht können wir Ihnen diesmal keine Hoffnung machen.

Hase:
Chancen: Ein Gerücht enthält eine tiefe Wahrheit. Gehen Sie der Sache auf den Grund. Warnung: Überprüfen Sie Ihre Tarnung. Liebe: Versuchen Sie nicht, Ihren Liebespartner zu täuschen.

Wolf:
Chancen: Gehen Sie mehr unter Menschen! Es wird Ihnen gut tun. Warnung: Hüten Sie sich vor falschen Freunden. Liebe: In einer Gruft wartet eine Überraschung.

Adler:
Chancen: Wenn Sie jemandem eine Aufgabe übertragen, seien Sie präzise in Ihren Erwartungen. Warnung: Ein verlockendes Angebot der Blutbank kann einen hohen Preis haben. Liebe: Lassen Sie niemanden leiden, der für Sie blutet.

Eidechse:
Chancen: Zeigen Sie Mut zur Offenheit und erinnern Sie sich an Phönix. Warnung: Spitze Gegenstände können Ihnen zum Verhängnis werden. Liebe: Auch ein gebrochenes Herz verliert nicht seinen Wohlgeschmack.

So wie die Vampire abweichende Sternzeichen haben – logischerweise orientieren sie sich nicht am Sonnenlauf –, so ist das Wissen um die genauen Sonnen- bzw. Mond- Auf- und Untergangszeiten für sie von existentieller Bedeutung. Als nahezu selbstverständliche Serviceleistung drucken daher leserorientierte Verlage diese Laufzeile in ihre Bücher – was wir mit Respekt vor unserer vampirischen Leserschaft hier ebenfalls tun.

Eng mit der Astrologie sind andere unterdrückte Wissenschaften verknüpft. Das Goethesche Farbsystem erfreut jedes Vampirauge; die antiken Lehren vom Gallensaft lesen sie als kulinarische Verheißungen; und mit Wehmut betrachten sie die Abbildungen von früheren Zeitgenossen. So vieles, das früher von ihnen abgelenkt hat, als Jahrmarktswunder, Dorftrottel oder Hassobjekt, wird heute dank medizinischer Kunst geheilt. Der moderne Arzt ist nicht der genuine Freund des Vampirs...

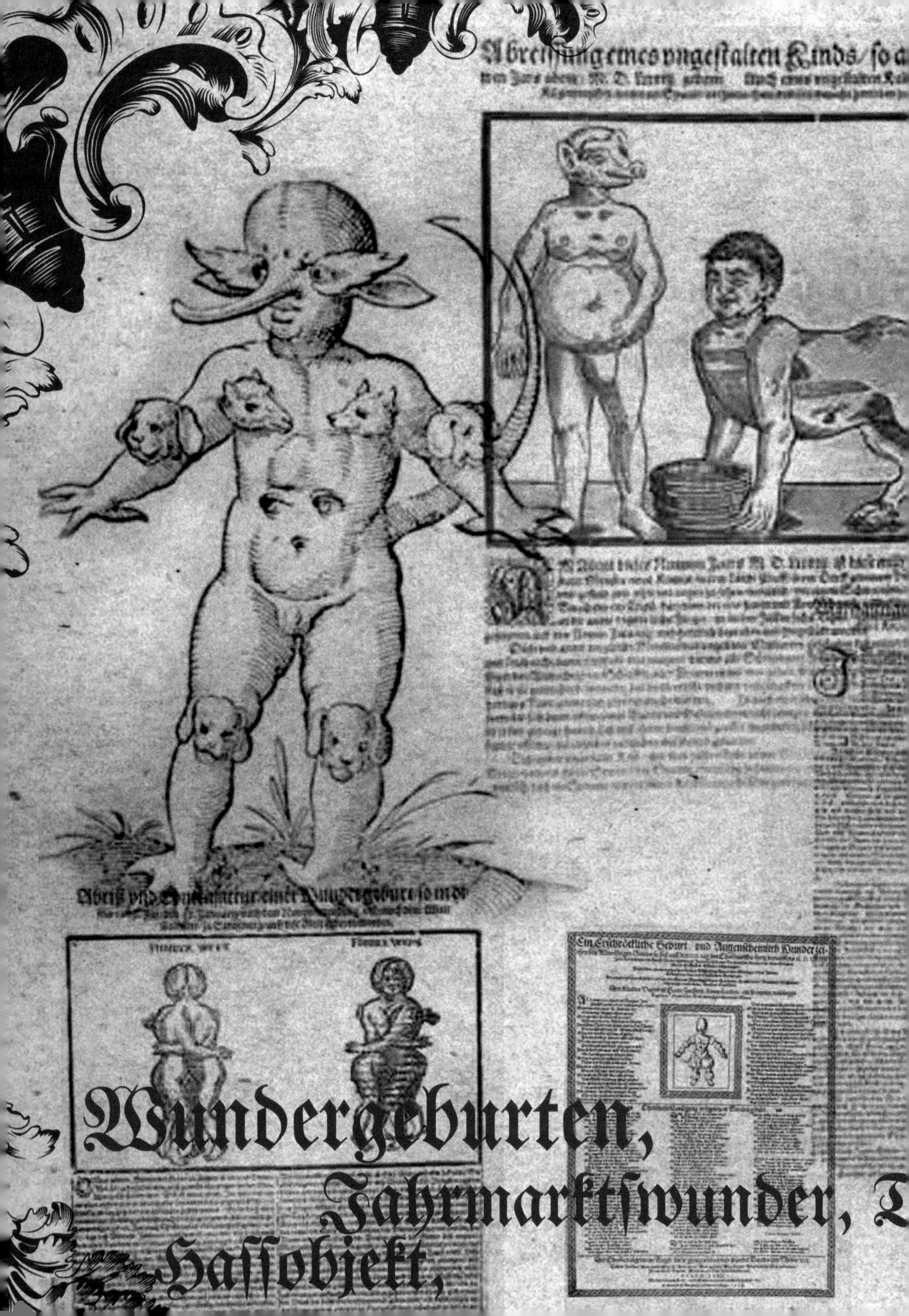

Wundergeburten,
Jahrmarktswunder, T
Hassobjekt,

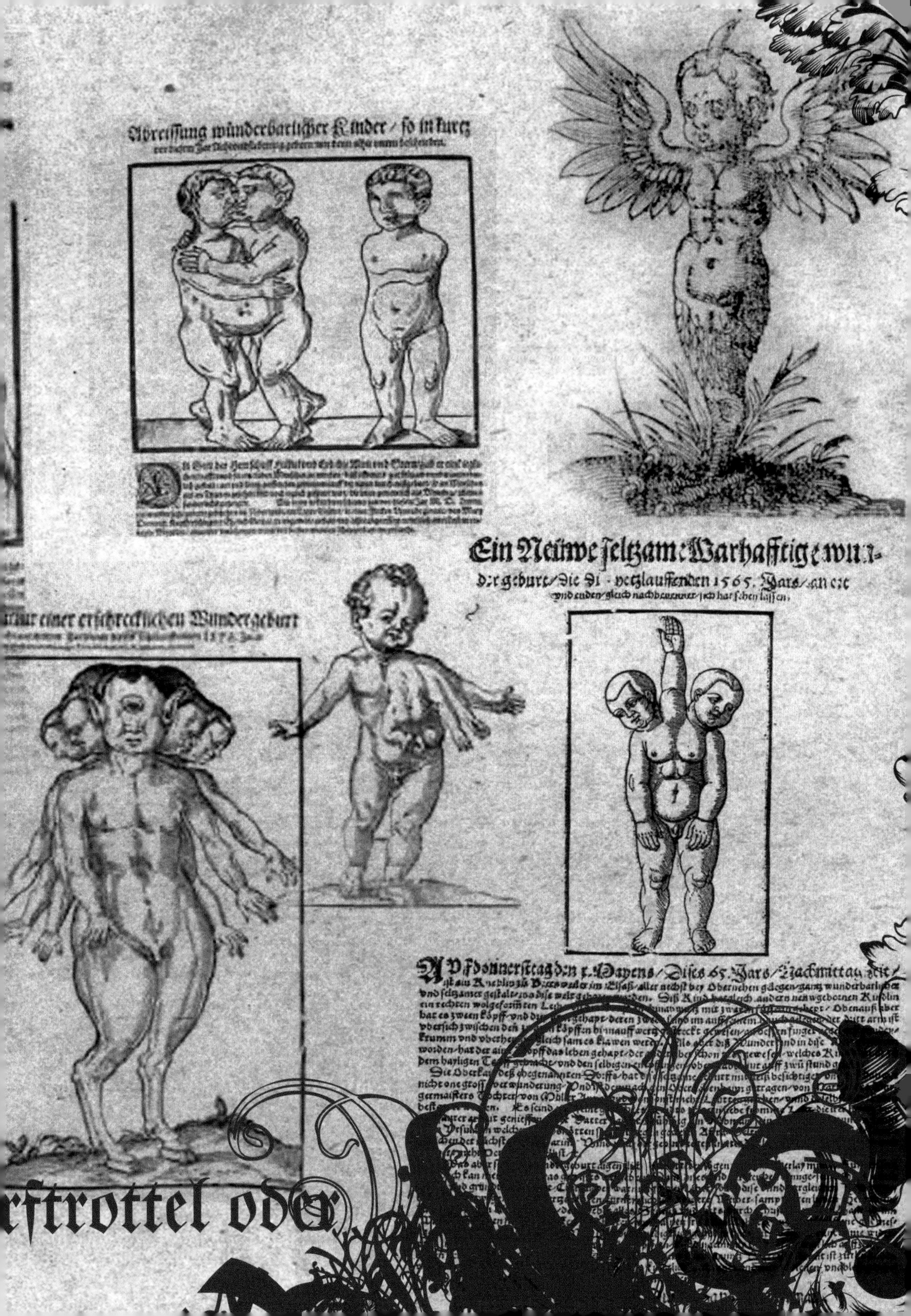
Abreissung wunderbarlicher Kinder / so in kurtz
Ein Neuwe seltzam: Warhafftige wun-
der geburt / die di - verlauffenden 1565. Jars / an ort
vnd enden / gleich nach benenter / sich hat sehen lassen.
einer erschrecklichen Wundergeburt
rftrottel oder

Ein Vampir – Nr. 1
von Stephen King

Bis heute nacht. Bis zu dieser Nacht, in der Matt herausfand, daß keine einzige der alten Ängste überwunden war. Nur weggeschoben waren sie, verwahrt in kleinen Kindersärgen, mit einer wilden Rose am Deckel.

Er zündete kein Licht an. Er stieg die Stufen hinauf, eine nach der andern, und vermied die sechste, weil sie knarrte. Er umklammerte das Kruzifix; seine Handflächen waren klebrig und feucht.

Oben angekommen, wandte er sich leise um und blickte den Gang entlang. Die Tür zum Gästezimmer stand offen. Als er fortgegangen war, hatte er sie geschlossen. Von unten hörte er den gleichmäßigen Tonfall von Susans Stimme.

Matt ging vorsichtig, um jedes Knarren zu vermeiden, bis zur Tür. Die Basis aller menschlichen Ängste, dachte er: eine angelehnte Tür, nur ein wenig geöffnet.

Er stieß die Türe auf.

Mike Ryerson lag auf dem Bett.

Mondlicht floß durch das Fenster und versilberte das Zimmer, machte es zu einem schimmernden See der Träume. Matt schüttelte den Kopf, als wolle er klarer sehen. Beinahe schien es ihm, als habe er sich in der Zeit zurückbewegt, als sei dies wieder die vergangene Nacht. Er würde sogleich hinunter gehen und Ben anrufen, denn Ben war noch nicht im Spital –

Mike schlug die Augen auf.

Einen Augenblick lang glänzten sie im Mondlicht, silbergerändert und rot. Sie waren leer wie eine gewaschene Schultafel. Kein menschlicher Gedanke, kein menschliches Gefühl war in ihnen. Die Augen sind die Fenster der Seele, hatte Wordsworth gesagt. Wenn dem so war, dann schauten diese Fenster aus einem leeren Raum.

Mike setzte sich auf, das Leintuch glitt von seiner Brust, und Matt sah die groben Nähte des Pathologen, der die Spuren der Autopsie zugenäht hatte.

Mike lächelte, seine Eckzähne waren weiß und spitz. Das Lächeln selbst war nur ein Muskelreflex; es erreichte nicht die Augen. Die behielten vielmehr ihre tote Leere.

„Sieh mich an", sagte Mike sehr deutlich.

Matt sah Mike an. Ja, die Augen waren völlig ausdruckslos. Aber sehr tief. Beinahe konnte man sich in diesen Augen spiegeln, konnte darin versinken, konnte die Welt vergessen, alle Ängste vergessen –

Matt trat einen Schritt zurück und schrie: „Nein! Nein!"

Und hielt das Kruzifix in die Höhe.

Was Mike Ryerson gewesen war, zischte, als habe man heißes Wasser in sein Gesicht geschüttet. Die Arme schossen hoch, als wollten sie einen Schlag abwehren. Matt kam einen Schritt näher, Ryerson wich einen Schritt zurück.

„Verschwinde!“ krächzte Matt. „Ich widerrufe meine Einladung!“

Ryerson stieß einen Schrei aus, einen heulenden Schrei voll von Haß und Schmerz. Ryerson wich weiter zurück, bis er das Fenster erreichte.

„Ich werde dich schlafen sehen wie einen Toten, Lehrer!“

Er fiel rückwärts in die Nacht hinaus, die Hände über dem Kopf erhoben, wie ein Kunstspringer auf einem hohen Trampolin. Der blasse Körper schimmerte marmorgleich, und die schwarzen Stiche, die wie ein Y über den Torso verteilt waren, bildeten dazu einen harten, bösen Kontrast.

Matt stöhnte auf, stürzte zum Fenster und schaute hinaus. In der monddurchfluteten Nacht war nichts zu sehen – unter dem Fenster, im Licht, das aus dem Wohnzimmer fiel, tanzten Mücken, als wären sie Sonnenstaub. Sie drehten sich, formten ein Muster, das etwas erschreckend Menschenähnliches hatte, und lösten sich in Nichts auf.

ENZYKLOPÄDIE:

Finanzamt: Staatliche Institution zur Eintreibung und Umverteilung von Steuern. Finanzbeamte werden (oft fälschlich) im Volksmund gerne als Blutsauger oder Vampire bezeichnet. Das Finanzamt blickt auf eine lange Tradition zurück (siehe Lukas-Evangelium Kap. 19, in dem vom Zöllner, d. h . Steuereintreiber Zachäus berichtet wird; nach seiner Bekehrung möchte er vierfach zurückerstatten, was er zuviel gefordert hat...), die in den ältesten staatlichen Gebilden belegt ist. Vlad, der Stammvater der Dracula-Legende, galt als besonders erbarmungslos im Eintreiben ausständiger Tributzahlungen.

Projektion und Spiegelbild –
Das Unterbewusstsein meldet sich zu Wort

Für einen Menschen, der zum Vampir wird, ist der Verlust des Spiegelbildes einer der schwierigsten Momente. In diesem Augenblick wird ihm bewusst, dass er unwiderruflich aus der Gemeinschaft ausgestoßen ist, dass er erst in seinem endgültigen Tod wieder dahin zurückfinden darf. Doch alles in seinem neuen Wesen wird sich gegen diesen Tod wehren. Das nennt man das Vampir-Dilemma.

Die Aufklärung hat es gewußt
Die Menschen wollen Gespenster haben

Wie sollte es dem Teufel möglich sein, einen Cörper, der des Lebens beraubet ist, wiederum zu beseelen, ihn aus dem Sarge durch das dicke Erdreich heraus und wieder hinein zu bringen, ohne daß weder Sarg noch Grab geöffnet würde? Von den andern ungereimten Dingen, die dabey vorkommen, nicht zu gedencken. Gleichwohl ist diese wunderliche Meynung von den Griechen auf andere Nationen kommen, und hat sonder Zweifel auch zu unseren schmatzenden Todten Gelegenheit gegeben. Von dem gemeinen Volck in Istria schreibt der Baron Valvasor in „Topographie Carniloae", wie es in dem Wahn stünde, daß es gewisse Zauberer gebe, die den Kindern das Blut aussaugen: Einen solchen nennen sie Strigon, ingleichen auch Vedarez. Wenn ein Strigon stirbt, so soll er um Mitternacht herum gehen und an die Häuser klopfen. Aus dem Hause aber, wo er angeklopft, muß bald darauf einer sterben. Geschieht es denn, so sagen die Bauern, der Strigon habe ihn gefressen. Sie glauben auch, diese verstorbenen Zauberer machten sich des Nachts-Zeit an die Weiber, welche sie würcklich beschliefen. Solchem Uebel zu steuern, öffnen sie nach Mitternacht das Grab, schlagen dem todten Cörper einen Pfahl von Dornholz durch den Bauch, worauf das Blut hervorrinnen, der Leichnam sich krümmen und liegen soll, als ob er lebte, und die Schmerzen fühlte. Alsdenn verschütten sie das Grab mit Erde und lauffen davon.

In Pohlen weiß man auch von solchen Todten vieles zu erzählen, die in ihren Gräbern noch fressen, als Gespenster herumwandern und die Leute in der Nachbarschaft umbringen sollen. Sie werden daselbst Upierz und Upierzyca genennet.

In Schlesien, und zwar in einem Dorfe Hozeplo genannt, sollen die Menschen nach dem Todte sehr oft zu den ihrigen zurückkommen, um mit ihnen essen und trincken, ja gar mit ihren hinterlassenen Weibern sich fleischlich vermischen. Wenn reisende Leute zu der Zeit, da sie aus den Gräbern herauskommen, durch das Dorf passiren, lauffen sie ihnen nach und hucken auf ihre Rücken. (Bericht in „Eines Weimarischen Medici muthmaßliche Gedancken von denen Vampyren"). Alle diese Länder sind den Griechen am nächsten; darum ist es augenscheinlich, daß sie ihre fressenden und würgenden Todten denselben zu dancken haben. Weil aber die Meinung, daß die todten Cörper aus dem Grabe hervor gehen und also die Menschen umbringen sollen, sehr grob ist, so haben es andere, insbesonders unsere Teutschen, etwas subtiler machen wollen. Sie lassen die todten Cörper immer im Grabe liegen, aber wacker schmatzen, und ihre Leichengeräthe, Hände und Füsse zufressen und dadurch ihre Freunde und Anverwandten umbringen. Man siehet das letztere noch für ungereimter an, weil gar nicht zu ergründen stehet, was das Schmatzen und Fressen der Todten den Lebendigen schaden sollte. Das Vorgeben der Griechen von der Unverweslichkeit der excommunicirten Cörper ist nicht nur ein Aberglaube, sondern es steckt auch darunter ein Interesse ihrer Popen oder Priester. Ein gewisser Griechischer Abt, welcher vor einiger Zeit Europa durchreiste, gab dem Herrn Rector Steuß auf die Frage: Wie es komme, daß der Bann, da man auch auf die Leiber einen so abscheulichen Fluch leget, in Griechenland so oft gebraucht werde? zur Antwort: Es müsse derselbe oft gebraucht werden, weil er in Streitsachen, Vergleichen, Schuldforderungen, Diebshändeln, bey falschen Zeugnissen und dergleichen Fällen (immaßen sie mit keinen Processen vor Türckische Gerichte kommen dürften), an statt eines Eydes sey. Wer sich diesen Fluch auflegen ließe und den Kläger nicht befriedige, der müsse solchergestalt Unrecht haben. Wenn aber nach dem Tode sein Cörper bey der gewöhnlichen Untersuchung, dieses Fluches wegen, aufgeblasen und verhärtet angetroffen werde, und die Anverwandten denselben von dem Fluche wollten gelöset haben., so müßten sie Satisfaction thun, wovon sonder Zweifel die Geistlichkeit auch ihr Theil empfangen wird. Also ist der Griechischen Clerisey an solchen Vergehen gar zu viel gelegen, als daß sie diesen Aberglauben sollten erkennen und abschaffen. Weil auch die Unverweslichkeit der todten Cörper seine natürlichen Ursachen haben kann, so dass man sie nicht dem Bann zuschreiben, auch daraus kein Wunder machen. Zur Aufhebung des Bannes mag auch nicht zuwege bringen, daß die Cörper alsbald in Staub und Asche zerfallen verfallen, sondern es gehet ganz natürlich zu, daß einige Cörper noch gantz zu seyn scheinen, aber durch ein geringes Anrühren zu Asche werden, wovon die Ursache genugsam bekannt ist. Wir kommen nunmehr zu den Vampyren und wollen noch die Umstände erwegen, die sich dabey ereignet haben. Die Unverweslichkeit der Cörper ist das erste, warum man sie für Vampyren gehalten. Allein wer folgende Ursachen bedenkt, die einen todten Cörper eine Zeitlang unverweslich erhalten können, wird dieselbige nicht für ein Kennzeichen eines Vampyres annehmen. Ein menschlicher Cörper ist schon mehr zur Fäulung geneigt als der andere. Wovon man ein Beispiel beim Ammiano Marcellino findet. Der Persische König Sapor belagerte die Stadt Amida und verlohr davor dreißigtausend Mann. Hernach fand sich unter den Todten ein großer Unterschied. Die Leiber der Römischen Soldaten verfauleten bald und zerfielen; Derer Perser aber wurden dürre wie ein Stock und blieben ohne Fäulniß. Solches soll daher kommen seyn, weil die Perser sparsamer gelebt und in einem hitzigen Land geboren worden. Villeicht werden auch die Leiber der Griechen durch das strenge Fasten und einfache Speisen sehr ausgetrocknet, daß sie daher nicht so geschwinde verfaulen, als andere Cörper, die blutreich und voller Saft sind. Solches kann auch von der Krankheit herrühren, woran ein Mensch stirbt. Sintemahl diejenigen, welche an einer auszehrenden und ausdörrenden Krankheit sterben, nicht so leicht als das an-

ENZYKLOPÄDIE:

Flügelreiter: Als die Türken 1683 Wien belagerten und es schien, als würde die Stadt fallen, da stiegen von den Höhen der umliegenden Berge die Entsatzheere der europäischen Verbündeten herab. Unter sie hatten sich die Ritter der Vampire gemischt. Im Kleid der polnischen Flügelreiter, mit riesigen Schwingen auf dem Rücken verbreiteten sie Angst und Schrecken.
Zu anderen Schicksalsstunden der österreichischen Geschichte berichtet Johannes Sachslehner ausführlich in seinen beiden Büchern SCHICKSALSORTE 1 & 2, beide erschienen im Styria Verlag.

dere verfaulen. Ein hohes, sandiges, steiniges und salpeterreiches Erdreich kann auch die Leiber eine Zeitlang für Fäulung schützen; Nicht weniger auch die Kälte dazu viel beytragen, und was dergleichen Ursachen mehr sind, wodurch die Cörper natürlicherweise unverweset erhalten werden. Das lebhafte Ansehen und Geblüte, so sich bey den Vampyren gefunden, ist auch von der Beschaffenheit nicht, daß man daraus etwas Sonderbares schließen müßte. Weil die Cörper noch unverweset waren, so war ihr Ansehen freylich lebhaffter als der anderen, die schon zu faulen anfingen, und eben deswegen gaben sie auch keinen sonderlichen Todten-Geruch von sich. Was das bey ihnen gefundene Blut anlangt, so berichten die Arzney-Verständigen, daß verschiedene Cörper entweder gleich oder einige Stunden nach ihrem Tode geblutet haben. Sie setzen hinzu, es könne solches vielmehr geschehen, wenn todte Cörper vierzig Tage oder länger im Grab gelegen und zu faulen angefangen. Das Wachsen der Haare und Nägel an Händen und Füßen könnte auch wohl natürlich zugehen. Jedoch ist lieber dem gelehrten Weimarischen Medico in seinen muthmaßlichen Gedanken von den Vampyren beyzustimmen, welcher dafür

Enzyklopädie:

Fluch der Kleinstadt: Die Veränderung der Sozialstrukturen hat dazu geführt, dass viele Vampire in die Städte gezogen sind. In der Anonymität der Großstädte allerdings war es ihnen nicht möglich, ihr Clansystem aufrecht zu halten, da die „Weideplätze" bald überfüllt waren. So zogen viele in kleine Städte (siehe Stephen King).

hält, es schiene nur, als ob Haare und Nägel gewachsen, in der That aber wären sie nicht gewachsen, sondern die Sache verhalte sich also: Weil nach dem Tode der Umlauff des Geblütes aufhört und kein Geblüt mehr zu der Oberfläche des Cörpers geführt wird, so wird die Haut, und die darunter liegenden fleischlosen Theile, nach und nach weich, fallen zusammen und schwinden gleichsam, daß nachmahls nicht nur die Haare, sondern auch die Nägel an den todten Cörpern, bis auf die Wurzel sich unseren Augen zeigen. Es kann auch seyn, daß manche Cörper mit langen Haaren und Nägeln begraben worden und weil man nicht darauf acht gehabt, hat man geglaubt, sie müssen erst nach dem Tode gewachsen seyn. Das Vorgeben der Lebendigen, wie sie von den Vampyren im Schlaf ergriffen, gedrückt, und ihnen das Blut ausgesogen würde, ist eine blosse Einbildung dieser furchtsamen Leute gewesen, und ihr Todt nicht durch die Vampyren, sondern durch eine ansteckende Krankheit, die unter ihnen damals grassiret, befördert worden. Setzt man ferner, daß sich bey solcher Krankheit der Incubus oder das sogenannte Alpdrücken als ein Symptoma befunden, so hat man auch eine natürliche Ursache des Drückens und Würgens. Man darf sich nicht wundern, wenn die einfältigen Leute diess Drücken den Vampyren zugeschrieben, da es unter uns Leute giebt, die aus dem Alp einen bösen Geist machen, der ihnen durch Hexerey auf den Leib gebannet worden. Die meisten Meynungen, z. E. des Putonei, des belobten Weimarischen Medici in dem muthmaßlichen Gedanken und Dr. Johann Wilhelm Albrecht im „Tractat de Effectibus Mulices in corpum animatum", gehet dahin: Es habe unter denen Leuten eine ansteckende Krankheit grassieret, wodurch die Menschen plötzlich dahingerissen. Weil aber solche Krankheit auch ihre Phantasie verwirret oder der Alp sich dabei gefunden, so sind sie auf die Einbildung geraten, als würden sie von den Verstorbenen gedrückt und ihnen das Blut ausgesogen. Zumahl da sie nach der Lehre der Griechischen Kirche alle plötzliche Todes-Fälle gewissen verstorbenen Cörpern zuzuschreiben pflegen. Diese Meynung ist die sicherste und beste. Denn wenn man von einer Begebenheit natürliche Ursachen angehen kann, muß man dabey bleiben und nicht die Geister oder verborgene Eigenschaften mit ins Spiel mengen.

JOHANN WOLFGA

Die Braut von Korinth

Goethe, Tagebuch: **4. Juni 1797:**
Anfang des Vampyrischen Gedichtes.
Abends zu Schiller.

Goethe, Tagebuch: **5. Juni 1797:**
Das Ende des Vampyrischen Gedichtes.
Abends bei Schiller.

Goethe, Tagebuch: **6. Juni 1797:**
Das Vampyrische Gedicht abgeschrieben
und Schillern abends gegeben.

NG VON GOETHE

Nach Korinthus von Athen gezogen
Kam ein Jüngling, dort noch unbekannt.
Einen Bürger hofft‘ er sich gewogen;
Beide Väter waren gastverwandt,
Hatten frühe schon
Töchterchen und Sohn
Braut und Bräutigam voraus genannt.

Aber wird er auch willkommen scheinen,
Wenn er teuer nicht die Gunst erkauft?
Er ist noch ein Heide mit den Seinen,
Und sie sind schon Christen und getauft.
Keimt ein Glaube neu,
Wird oft Lieb‘ und Treu‘
Wie ein böses Unkraut ausgerauft.

Und schon lag das ganze Haus im Stillen,
Vater, Töchter; nur die Mutter wacht;
Sie empfängt den Gast mit bestem Willen,
Gleich ins Prunkgemach wird er gebracht.
Wein und Essen prangt,
Eh‘ er es verlangt:
So versorgend wünscht sie gute Nacht.

Aber bei dem wohlbestellten Essen
Wird die Lust der Speise nicht erregt;
Müdigkeit läßt Speis und Trank vergessen,
Daß er angekleidet sich aufs Bette legt;
Und er schlummert fast,
Als ein seltner Gast
Sich zur offnen Tür herein bewegt.

Denn er sieht, bei seiner Lampe Schimmer
Tritt, mit weißem Schleier und Gewand,
Sittsam still ein Mädchen in das Zimmer,
Um die Stirn ein schwarz und goldnes Band.
Wie sie ihn erblickt,
Hebt sie, die erschrickt,
Mit Erstaunen eine weiße Hand.

„Bin ich“, rief sie aus, „so fremd im Hause,
Daß ich von dem Gaste nichts vernahm?
Ach, so hält man mich in meiner Klause!
Und nun überfällt mich hier die Scham.
Ruhe nur so fort
Auf dem Lager dort,
Und ich gehe schnell, so wie ich kam.“

„Bleibe, schönes Mädchen!“ ruft der Knabe,
Rafft von seinem Lager sich geschwind:
„Hier ist Ceres‘, hier ist Bacchus‘ Gabe;
Und du bringst den Amor, liebes Kind!
Bist vor Schrecken blaß!
Liebe, komm und laß,
Laß uns sehn, wie froh die Götter sind.“

„Ferne bleib‘, o Jüngling! bleibe stehen;
Ich gehöre nicht den Freuden an.
Schon der letzte Schritt ist, ach! geschehen
Durch der guten Mutter kranken Wahn,
Die genesend schwur:
‚Jugend und Natur
Sei dem Himmel künftig untertan.‘

„Und der alten Götter bunt Gewimmel
Hat sogleich das stille Haus geleert.
Unsichtbar wird einer nur im Himmel,
Und ein Heiland wird am Kreuz verehrt;
Opfer fallen hier,
Weder Lamm noch Stier,
Aber Menschenopfer unerhört.“

Und er fragt und wäget alle Worte,
Deren keines seinem Geist entgeht:
Ist es möglich, daß am stillen Orte
Die geliebte Braut hier vor mir steht?
„Sei die Meine nur!
Unsrer Väter Schwur
Hat vom Himmel Segen uns erfleht.“

„Bin ich“, rief sie aus, „so fremd im Hause,
Daß ich von dem Gaste nichts vernahm?
Ach, so hält man mich in meiner Klause!
Und nun überfällt mich hier die Scham.
Ruhe nur so fort
Auf dem Lager dort,
Und ich gehe schnell, so wie ich kam.“

Die Verwandlung – Von Franz Kafka

Als Gregor Samsa eines Morgens aus unruhigen Träumen erwachte, fand er sich in seinem Bett zu einem ungeheueren Ungeziefer verwandelt. Er lag auf seinem panzerartig harten Rücken und sah, wenn er den Kopf ein wenig hob, seinen gewölbten, braunen, von bogenförmigen Versteifungen geteilten Bauch, auf dessen Höhe sich die Bettdecke, zum gänzlichen Niedergleiten bereit, kaum noch erhalten konnte. Seine vielen, im Vergleich zu seinem sonstigen Umfang kläglich dünnen Beine flimmerten ihm hilflos vor den

„Bleibe, schönes Mädchen!“ ruft der Knabe,
Rafft von seinem Lager sich geschwind:
„Hier ist Ceres‘, hier ist Bacchus‘ Gabe;
Und du bringst den Amor, liebes Kind!
Bist vor Schrecken blaß!
Liebe, komm und laß,
Laß uns sehn, wie froh die Götter sind.“

Augen. »Was ist mit mir geschehen?«, dachte er. Es war kein Traum. Sein Zimmer, ein richtiges, nur etwas zu kleines Menschenzimmer, lag ruhig zwischen den vier wohlbekannten Wänden. Über dem Tisch, auf dem eine auseinandergepackte Musterkollektion von Tuchwaren ausgebreitet war – Samsa war Reisender – hing das Bild, das er vor kurzem aus einer illustrierten Zeitschrift ausgeschnitten und in einem hübschen, vergoldeten Rahmen untergebracht hatte. Es stellte eine Dame dar, die mit einem Pelzhut und einer Pelzboa versehen, aufrecht dasaß und einen schweren Pelzmuff, in dem ihr ganzer Unterarm verschwunden

„Ferne bleib‘, o Jüngling! bleibe stehen;
Ich gehöre nicht den Freuden an.
Schon der letzte Schritt ist, ach! geschehen
Durch der guten Mutter kranken Wahn,
Die genesend schwur:
‚Jugend und Natur
Sei dem Himmel künftig untertan.‘

war, dem Beschauer entgegenhob. Gregors Blick richtete sich dann zum Fenster, und das trübe Wetter – man hörte Regentropfen auf das Fensterblech aufschlagen – machte ihn ganz melancholisch. »Wie wäre es, wenn ich noch ein wenig weiterschliefe und alle Narrheiten vergäße«, dachte er, aber das war gänzlich undurchführbar, denn er war gewöhnt, auf der rechten Seite zu schlafen, konnte sich aber in seinem gegenwärtigen Zustand nicht in diese Lage bringen. Mit welcher Kraft er sich auch auf die rechte Seite warf, immer wieder schaukelte er in die Rückenlage zurück. Er versuchte es wohl hundertmal, schloß die Augen,

„Und der alten Götter bunt Gewimmel
Hat sogleich das stille Haus geleert.
Unsichtbar wird einer nur im Himmel,
Und ein Heiland wird am Kreuz verehrt;
Opfer fallen hier,
Weder Lamm noch Stier,
Aber Menschenopfer unerhört."

Und er fragt und wäget alle Worte,
Deren keines seinem Geist entgeht:
Ist es möglich, daß am stillen Orte
Die geliebte Braut hier vor mir steht?
„Sei die Meine nur!
Unsrer Väter Schwur
Hat vom Himmel Segen uns erfleht."

„Mich erhältst du nicht, du gute Seele!
Meiner zweiten Schwester gönnt man dich.
Wenn ich mich in stiller Klause quäle,
Ach! in ihren Armen denk an mich,
Die an dich nur denkt,
Die sich liebend kränkt;
In die Erde bald verbirgt sie sich."

„Nein! bei dieser Flamme sei's geschworen,
Gütig zeigt sie Hymen uns voraus;
Bist der Freude nicht und mir verloren,
Kommst mit mir in meines Vaters Haus.
Liebchen, bleibe hier,
Feire gleich mit mir
Unerwartet unsern Hochzeitschmaus!"

Und schon wechseln sie der Treue Zeichen;
Golden reicht sie ihm die Kette dar,
Und er will ihr eine Schale reichen,
Silbern, künstlich, wie nicht eine war.
„Die ist nicht für mich;
Doch, ich bitte dich,
Eine Locke gib von deinem Haar!"

Eben schlug die dumpfe Geisterstunde,
Und nun schien es ihr erst wohl zu sein.
Gierig schlürfte sie mit blassem Munde
Nun den dunkel blutgefärbten Wein;
Doch vom Weizenbrot,
Das er freundlich bot,
Nahm sie nicht den kleinsten Bissen ein.

Der Sprung über die Jahrhunderte

Von Goethes Hit zu Twilight-Stars

Die Verleihung der **Teen Choice Awards 2010** wurde zu einem Triumph der „Twilight"-Stars. In den folgenden Kategorien konnten sie die Fans mit ihren Fähigkeiten überzeugen und ein „Surfbrett" mit Nachhause nehmen:

- Actor Drama - Robert Pattinson
- Fantasy Movie - „New Moon"
- Actress Fantasy - Kristen Stewart
- Actor Fantasy - Taylor Lautner
- Villain - Rachelle Lefevre
- Liplock - Robert Pattinson und Kristen Stewart
- Chemistry - Robert Pattinson und Kristen Stewart
- Scene Stealer Male - Kellan Lutz
- Scene Stealer Female - Ashley Greene
- Movie - „Eclipse"
- Movie Star Male - Robert Pattinson
- Movie Star Female - Kristen Stewart
- Male Hottie - Taylor Lautner
- Red Carpet Icon Male - Taylor Lautner
- Smile Presented by Invisalign Teen - Taylor Lautner
- Most Fanatic Fans - Twilight Cast

Bei diesem in den USA höchst aufsehenerregenden Event voten ausschließlich Jugendliche zwischen 13 und 18 Jahren.

Ungeziefer

Bauch

Bettdecke

kein Traum

Rückenlage

Pelzmuff

melancholisch

zappelnde

Beine

Aufregungen

um die zappelnden Beine nicht sehen zu müssen, und ließ erst ab, als er in der Seite einen noch nie gefühlten, leichten, dumpfen Schmerz zu fühlen begann. »Ach Gott«, dachte er, »was für einen anstrengenden Beruf habe ich gewählt! Tag aus, Tag ein auf der Reise. Die geschäftlichen Aufregungen sind viel größer, als im eigentlichen Geschäft zu Hause, und außerdem ist mir noch diese Plage des Reisens auferlegt, die Sorgen um die Zuganschlüsse, das unregelmäßige, schlechte Essen, ein immer wechselnder, nie andauernder, nie herzlich werdender menschlicher Verkehr. Der Teufel soll das alles holen!« Er fühlte ein leichtes Jucken oben auf dem Bauch; schob sich auf dem Rücken langsam näher zum Bettpfosten, um den Kopf besser heben zu können; fand die juckende Stelle, die mit lauter kleinen weißen

Und dem Jüngling reichte sie die Schale,
Der, wie sie, nun hastig lüstern trank.
Liebe fordert er beim stillen Mahle;
Ach, sein armes Herz war liebekrank.
Doch sie widersteht,
Wie er immer fleht,
Bis er weinend auf das Bette sank.

Und sie kommt und wirft sich zu ihm nieder:
„Ach, wie ungern seh' ich dich gequält!
Aber, ach! berührst du meine Glieder,
Fühlst du schaudernd, was ich dir verhehlt.
Wie der Schnee so weiß,
Aber kalt wie Eis,
Ist das Liebchen, das du dir erwählt."

Heftig faßt er sie mit starken Armen,
Von der Liebe Jugendkraft durchmannt:
„Hoffe doch, bei mir noch zu erwarmen,
Wärst du selbst mir aus dem Grab gesandt!
Wechselhauch und Kuß!
Liebesüberfluß!
Brennst du nicht und fühlest mich entbrannt?"

Liebe schließet fester sie zusammen,
Tränen mischen sich in ihre Lust;
Gierig saugt sie seines Mundes Flammen,
Eins ist nur im andern sich bewußt.
Seine Liebeswut
Wärmt ihr starres Blut,
Doch es schlagt kein Herz in ihrer Brust.

Unterdessen schleichet auf dem Gange
Häuslich spät die Mutter noch vorbei,
Horchet an der Tür und horchet lange,
Welch ein sonderbarer Ton es sei:
Klag- und Wonnelaut
Bräutigams und Braut
Und des Liebestammelns Raserei.

Unbeweglich bleibt sie an der Türe,
Weil sie erst sich überzeugen muß,
Und sie hört die höchsten Liebesschwüre,
Lieb' und Schmeichelworte, mit Verdruß:
„Still! der Hahn erwacht!" -
„Aber morgen Nacht
Bist du wieder da?" Und Kuß auf Kuß.

Die Verwandlung

Länger hält die Mutter nicht das Zürnen,
Öffnet das bekannte Schloß geschwind:
„Gibt es hier im Hause solche Dirnen,
Die dem Fremden gleich zu Willen sind?“
So zur Tür hinein.
Bei der Lampe Schein
Sieht sie - Gott! sie sieht ihr eigen Kind.

Und der Jüngling will im ersten Schrecken
Mit des Mädchens eignem Schleierflor,
Mit dem Teppich die Geliebte decken;
Doch sie windet gleich sich selbst hervor.
Wie mit Geists Gewalt
Hebet die Gestalt
Lang und langsam sich im Bett‘ empor.

„Mutter! Mutter!“ spricht sie hohle Worte:
„So mißgönnt Ihr mir die schöne Nacht!
Ihr vertreibt mich von dem warmen Orte.
Bin ich zur Verzweiflung nur erwacht?
Ist‘s Euch nicht genug,
Daß ins Leichentuch,
Daß Ihr früh mich in das Grab gebracht?

Aber aus der schwerbedeckten Enge
Treibet mich ein eigenes Gericht.
Eurer Priester summende Gesänge
Und ihr Segen haben kein Gewicht;
Salz und Wasser kühlt
Nicht, wo Jugend fühlt;
Ach! die Erde kühlt die Liebe nicht.

Dieser Jüngling war mir erst versprochen,
Als noch Venus‘ heitrer Tempel stand.
Mutter, habt Ihr doch das Wort gebrochen,
Weil ein fremd, ein falsch Gelübd‘ Euch band!
Doch kein Gott erhört,
Wenn die Mutter schwört,
Zu versagen ihrer Tochter Hand.

Aus dem Grabe werd‘ ich ausgetrieben,
Noch zu suchen das vermißte Gut,
Noch den schon verlornen Mann zu lieben
Und zu saugen seines Herzens Blut.
Ist‘s um den gescheh‘n,
Muß nach andern geh‘n,
Und das junge Volk erliegt der Wut. -

Schöner Jüngling! kannst nicht länger leben;
Du versiechest nun an diesem Ort.
Meine Kette hab‘ ich dir gegeben;
Deine Locke nehm‘ ich mit mir fort.
Sieh sie an genau!
Morgen bist du grau,
Und nur braun erscheinst du wieder dort. -

Höre, Mutter, nun die letzte Bitte:
Einen Scheiterhaufen schichte du;
Öffne meine bange kleine Hütte,
Bring in Flammen Liebende zur Ruh‘!
Wenn der Funke sprüht,
Wenn die Asche glüht,
Eilen wir den alten Göttern zu.“

Pünktchen besetzt war, die er nicht zu beurteilen verstand; und wollte mit einem Bein die Stelle betasten, zog es aber gleich zurück, denn bei der Berührung umwehten ihn Kälteschauer.

(...)

»Gregor«, rief es – es war die Mutter –, »es ist dreiviertel sieben. Wolltest du nicht wegfahren?« Die sanfte Stimme! Gregor erschrak, als er seine antwortende Stimme hörte, die wohl unverkennbar seine frühere war, in die sich aber, wie von unten her, ein nicht zu unterdrückendes, schmerzliches Piepsen mischte, das die Worte förmlich nur im ersten Augenblick in ihrer Deutlichkeit beließ, um sie im Nachklang derart zu zerstören, daß man nicht wußte, ob man recht gehört hatte. Gregor hatte ausführlich antworten und alles erklären wollen, beschränkte sich aber bei diesen Umständen darauf, zu sagen: »Ja, ja, danke Mutter, ich stehe schon auf.« Infolge der Holztür war die Veränderung in Gregors Stimme draußen wohl nicht zu merken, denn die Mutter beruhigte sich mit dieser Erklärung und schlürfte davon ... (weiter Seite 242)

Sind Träume Schäume?
Deutungsangebote...

Eine populäre Website bietet Traumdeutungsvorschläge an. Interessanterweise fehlt zum Stichwort Knoblauch ein Eintrag. Dafür verdient der unter „Grab“ besonderes Interesse...

Fledermaus
Derartige Tiere sollten Sie als Warnung sehen. Die Fledermaus symbolisiert dunkle Schichten Ihrer Persönlichkeit. Ihr seelisches Gleichgewicht ist gestört, Sie fühlen sich verfolgt und sollten Angstzuständen ernsthaft nachgehen. Sehen Sie viele Fledermäuse, brauchen Sie sich wegen Ihrer Schulden keine Sorgen machen, Ihre finanzielle Situation wird sich bessern. Eine weiße Fledermaus zu sehen gilt als sicheres Todessymbol, oftmals stirbt daraufhin ein Kind.

Grab
Steigen Sie im Traum aus dem Grab, werden Sie sich enorm weiterentwickeln, Sie erneuern sich. Eine Krise ist zu Ende. Es kann sein, dass das Grab als Zeichen für fehlenden Lebenswillen gedeutet werden muss. Der Traum zeigt möglicherweise, dass Sie einen Persönlichkeitsanteil getötet und vor der äußeren Welt verborgen haben.

Kreuz
Richtungs- und Ordnungssymbol. Einheit der vier Himmelsrichtungen, Temperamente, Elemente usw. Der Schnittpunkt in der Mitte des Kreuzes gilt in vielen Überlieferungen auch als Quintessenz, als die wesentliche fünfte Kraft. Jedes Kreuz steht für die Manifestation des Geistes in der Materie. Während die Seele sich vom Symbol des Schwertes zu dem gleicharmigen Kreuz, weiter zum Kreuz des Leidens, zur Kreuzigung und schließlich zum Tao der Perfektion bewegt, lernt sie durch Erfahrung, die Hindernisse auf dem Weg der spirituellen Entwicklung zu überwinden. Die vier, in die entgegengesetzten Richtungen weisenden Arme symbolisieren Konflikt, Schmerz und Leid, doch wer sie durchlebt, erreicht Vollkommenheit.

Pfahl
Bei einem Plan werden Sie Unterstützung finden. Wenn Sie sich in einer bestimmten Sache mehr anpassen, dann wird ein lang gehegter Wunsch bald in Erfüllung gehen. Spitzen von Pfählen ist die Vorbereitung zu einem nützlichen Geschäft. Pfähle einrammen, verspricht ein erfolgreiches Geschäft, Sie legen den Grundstein zu einem gesicherten Glück.

Sarg
Ein solches Traumsymbol dient dazu, die Vergangenheit zu begraben, damit Sie unbeschwert das weitere Leben gestalten können. Wenn er verschlossen ist, steht der Abschied von einem Menschen oder auch von einer beruflichen Stellung bevor. Schwimmt er wie ein Boot auf dem Wasser, wird etwas hinweggeschwemmt, das Sie ängstigte. Wer eine Leiche im Sarg sieht, möchte vielleicht in einer Freundschaft oder sogar in der Liebe einen Trennungsstrich ziehen, das kann auch auf eine Ehescheidung hinweisen. Liegen Sie selbst darin, kann das Glück ankündigen, auf das Sie sich aber nicht zu sehr verlassen dürfen. Der leere Sarg weist auf unnötige Sorgen hin. Bewegt sich der Sarg von selbst, liegen Krankheit und Heirat dicht beieinander, Freud und Leid wechseln sich ab.

Vampir

Der blutsaugende Vampir ist ein so furchterregendes Wesen, dass er gemeinhin als Verkörperung des Bösen angesehen wird. Altindische Traumbücher verstehen ihn als Warnung vor eigener Gutmütigkeit, die von anderen ausgenutzt wird. Als Traumsymbole deuten Vampire und Fledermaus auf dunkle, bedrohliche Gedanken und Vorstellungen hin. Es handelt sich bei ihnen um Bilder für unverarbeitete und verdrängte seelische Inhalte. Die Angst vor emotionalen oder sexuellen Beziehungen kann sich in einem Traum von Vampiren äußern. Sie laufen Gefahr, in die Netze eines Ausbeuters zu geraten. Werden Sie von einem gebissen oder angegriffen, müssen Sie sich vor falschen Freunden in Acht nehmen. Kämpfen Sie mit ihm oder können ihn mit einem Pflock töten, besiegen Sie jemanden, der Ihnen gegenüber schlechte oder schädliche Absichten hegt. Ist ein guter Bekannter der Vampir, sollten Sie sich vor den Absichten dieser Person hüten.

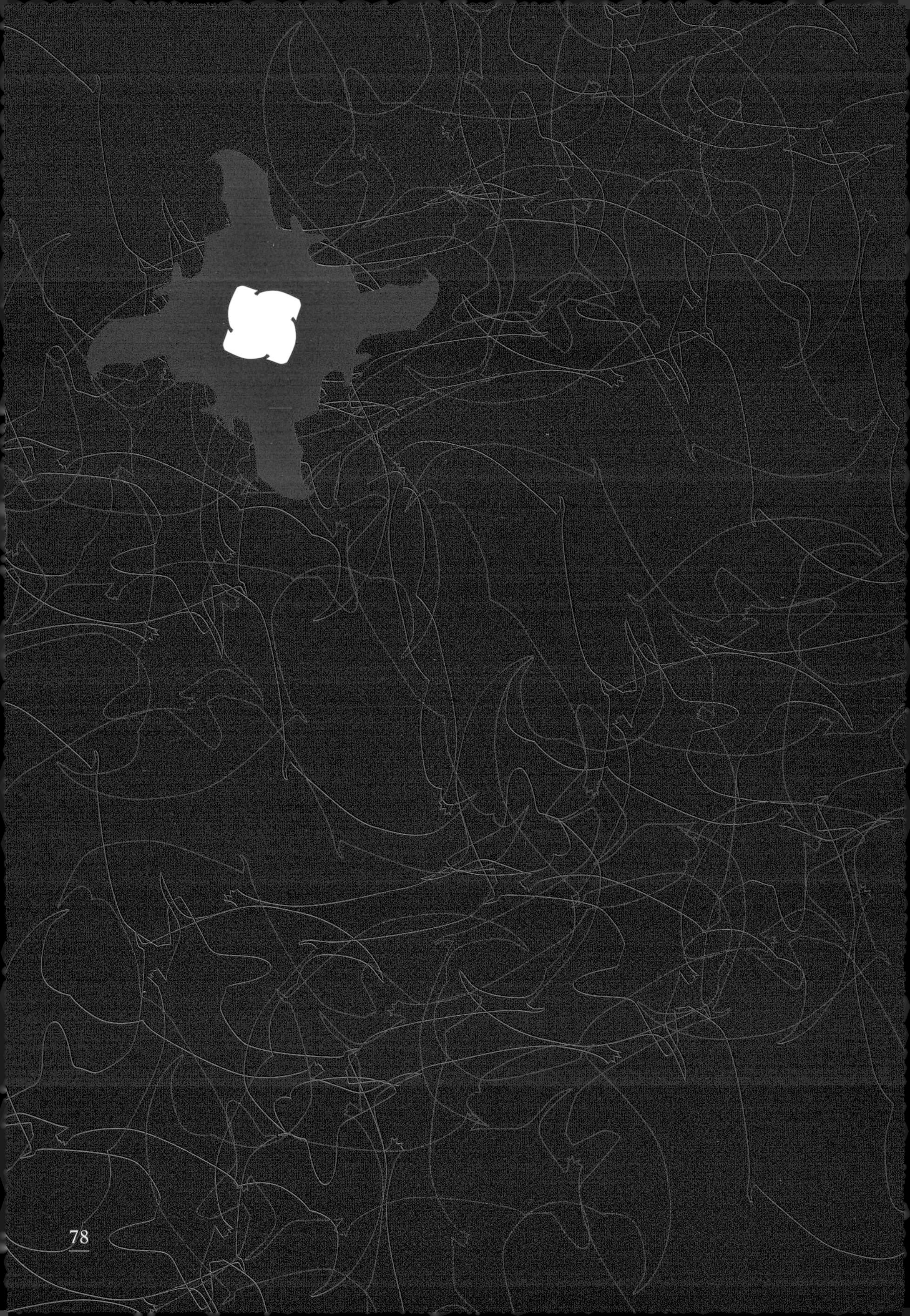

Die Fledermaus, die Fledermaus –
der Vampir in der Musik und anderen Künsten

„Wie eiskalt ist dies Hälschen" – gern gesungene Puccini-Abwandlung in gebildeten Vampirkreisen.

Verführung ist ein Zentralmotiv der Musik. Das ist seit Jahrhunderten so. „Sie spielen unser Lied" – wer kennt nicht die Situation... Musik untermalt. Wenn Wolken über den Vollmond ziehen und Arvo Pärt-Streicher erklingen, dann – nein dann kommt nicht der Vampir, sondern der Mörder im Fernseh-„Tatort" geht seinem blutigen Handwerk nach. Musik erzeugt Situationen, malt Bilder, schafft Stimmung. Das weiß auch der Vampir. Und dem letzten Schluck folgt bald der erste...

Der Pfiff der Fledermaus
Spielt, Musikanten!

Was tut man nicht alles, um aufzufallen. Das ist nicht neu, liegt in der Natur der Sache. Zum eines ist es die Auflehnung gegen das Vorgefundene, also Eltern, Lehrer, Autoritäten jedweder Art. Zum anderen ist es die Lust an der Tabu-Verletzung, am Spiel mit dem Verbot, mit der Ertastung, Erkundung, Erforschung, Ausbeulung bis hin zur Sprengung von Grenzen. Früher war das noch einfach. Da haben halblange Haare genügt, eine alte Militärjacke und ein bisschen amerikanischer Kaugummislang, und schon hattest du sie alle am Hals: die Eltern, die Lehrer, die Autoritäten. Und du konntest zusehen, wie sie langsam rot wurden im Gesicht, sich in Rage redeten, gar keine Argumente hatten als die ewig gestrigen. Und mit der Musik. Das hat immer geklappt. Hillbilly gegen Rock'n'Roll (die amerikanische Version). Auftrittsverbote für Elvis Presley. Skandale um Buddy Holly. Sie haben mit den Hüften gewackelt... Volksmusik gegen deutschen Schlager, deutscher Schlager gegen Rock'n'Roll (die deutsch-österreichische Version). Und erst die Beatles. Kreischen. Ohnmächtige Mädchen. Die Pet Shop Boys. Fliegende Teddybären. Mindestens. Tokyo Hotel. Vampirblasser geht's nicht. Mädchenumschwärmter auch nicht.

Radiokulturen werden gegeneinander ausgespielt, Radiowellen bedrohen das Abendland. Immer in der Konnotation der Angst vor dem Fremden, vor dem anderen. Vor dem Jungen, dem Vitalen. Vor dem, was nach dem greift, was einem heilig ist. Ein ideales Umfeld für Vampire, wenn man in einer so aufgeladenen Situation ein klein wenig die Schreck-Schraube dreht, dann fallen einem die einen richtig rein und die richtigen zu Füßen.

Ab den siebziger Jahren tauchten sie auf: große Namen wie Kiss, Alice Cooper, Meat Loaf. Ten Years After. Suzie Quatros Stromschlagfrisur zum Leder-Outfit. Masken nach Horrorfilmvorbildern, die schnell zu Markenzeichen wurden, hinter denen sich bequem die wahre Existenz als gut verdienender Musikunternehmer führen ließ. Wie noch nie zuvor berührten sich Film- und Musikwelt. Außenseiter wie „Rocky Horror Picture Show“ räumten mit guter Laune, Schwung und erstklassiger Musik die Bühnen ab. Ein bisschen wie „Die Fledermaus“, und die Geschichte ist auch nicht schräger.

Bislang war die Musik den Bildern untertan gewesen, hatte Lieder beigesteuert, Stimmung erzeugt. Nun vermischten sich die Bildersysteme, es entstand ein permanenter Austausch zwischen den verschiedenen Kulturpartikeln, die längst nicht mehr in Schichten gegliedert waren. Für den Normalbürger wurde der Horror genauso selbstverständlich wie sein Cousin der Pornofilm. Und alles musste noch größer, härter, dicker werden im Showbusiness. Im Pornogeschäft sowieso. Die Bühnen wuchsen ins Gigantische, die Kostümshows übertrafen die Laufstege von Paris und London. Und immer hielt die Musik wacker mit. Auf die Kommunikationsform, wie man sie kannte, wurde gepfiffen, Klangteppiche wurden ausgebreitet, auf denen das Hirn stundenlang surft, immer neue Reize braucht, um überhaupt noch etwas spüren zu können. Und dann kamen sie allmählich wieder aus den Randbereichen ins Zentrum. Die Vampire, die Gothics und wie sie alle heißen mögen, die sich ihren Kick aus der Morbidität der Ausblutung holen, aus der Begegnung mit den nicht sterbenden Toten.

Es ist eine seltsam spielerische Koexistenz, die friedlich nebeneinander her die verschiedenen Formen der Weltabgewandtheit zelebriert – für die einen ist es ein inszeniertes Wochenendvergnügen, für andere bitterer Ernst. In Fußgängerzonen und Bahnhofsbereichen lassen sich die wirklichen Vampire aufspüren – die anderen ihren Willen, ihre Drogen aufdrängen, die sich mästen wenn schon nicht am Blut, so an der Existenz anderer, Schwächerer.

Wenn eine Bayreuther „Lohengrin"-Inszenierung 2010 mit dem Bild der wimmelnden Ratten spielt, so ist das kein Zufall. Kein deutscher Regisseur von solchem Rang kann die Murnau-Nosferatu-Bilder vergessen, sie sind Teil des kollektiven Bildgedächtnisses, und sei es nur durch hundertfache Wiederholung.

Falco hat in seinem „Wiener Blut"-Video auch für den Vampir einen Auftritt geschaffen, der unvermutet und direkt ins Gesicht springt...

Die „Twilight"- und „True Blood"-Erfolge haben durchaus einiges dem musikalischen Umraum zu verdanken, in denen die Helden ihr Wesen treiben. Diese Filmmusiken sind suggestiv, betörend, schaffen unterschwellige Erzählebenen, auf denen das Gesehene nicht nur begleitet wird, sondern auch mehrfach konterkariert, relativiert wird, eine andere Geschichte erzählt als die auf der Leinwand.

Aber es funktioniert auch noch im Detail:

Die japanische Gruppe „Aural Vampire" spielt in ihren Auftritten mit Inszenierungen aus Horror- und Vampirfilmen. Die beiden Künstler treten als Teil eines großen Rollenspiels auf, der Sänger Raveman und die Sängerin Exo-Chika orientieren sich an japanischen Vorbildern, aber auch an den Filmen der 60er- und 70er-Jahre. Auf die Frage in einem Interview 2008, wie sie auf die Idee gekommen sei, als Vampir aufzutreten, antwortete Exo-Chika:

„Weil ich mir als Kind Vampirfilme angesehen habe. Ich habe mich sehr für das wolllüstige Image, die Kleidung und die scharfen Eckzähne von Vampiren interessiert, die etwas Giftiges haben, das Menschen nicht besitzen. Ich bin immer der Meinung, dass Schönheit alleine nicht ausreicht, also möchte ich eine Blume werden, die Dornen hat – wie eine Rose. Der Grund, warum Aural Vampire als gothic eingeordnet werden, beruht zum Grossteil auf meinem Aussehen."

Etwas Giftiges, das Menschen nicht besitzen. Der Vampir Rose. Die Rose Vampir. Ist es nicht schön, wie so viele Kulturformen aus einem Thema Nahrung saugen...

Der Vampir als Opernheld
Oder doch als Schurke?

Im 19. Jahrhundert, noch lange vor Bram Stokers DRACULA, war der Vampir ein wohligschauriges Thema, bei dem es unverhohlen auch um das eine ging...

So schrieb der heute weitgehend – und durchaus zu Unrecht – vergessene Heinrich August Marschner 1827 die Oper DER VAMPYR, die am 29. März 1828 am Stadttheater in Leipzig uraufgeführt wurde.
Das Libretto stammt von Wilhelm August Wohlbrück und basierte auf dem Melodram „Le Vampire" von Pierre Francois Adolphe Carmouche, Charles Nodier und Achille Frnacois Eléonore Marquis de Joffroy d'Abbans von 1820 und dem Schauspiel „Der Vampir oder Die Totenbraut" von Heinrich Ludwig Ritter von 1821. Der Einfluß der Byron/Polidor-Erzählung „Der Vampir" (siehe Seite 16ff.) ist auch nicht zu übersehen...

Schon die Besetzungsliste liest sich wie ein Schauerroman. Sir Humphrey, Lord von Davenaut – Malwine, seine Tochter – Edgar Aubry – Lord Ruthwen – Sir Berkeley – Janthe, seine Tochter – Georg Diddin, in Davernauts Diensten – Emmy – Tom Blunt – James Gadshill – Richard Scrop – Robert Green – Suse, Blunts Frau – Der Vampyrmeister – Chor der Hexen und Geister – Chor der Landleute
Und es geht dann auch gleich richtig los:

Erster Akt.
(Chor der Hexen und Geister, abenteuerliche Gestalten, flackernde Fackeln, heller Mondschein, usw.)

CHOR DER HEXEN UND GEISTER:
Ihr Hexen und Geister
Schlingt frölich den Reih'n
Bald wird unser Meister hier unter uns sein.
Wegen grauser Freveltaten
Drum wird er von uns gesucht,
Dass wir uns auf ihm beraten.
Lichtscheu in der Mitternacht
Wenn nur Angst und Bosheit wacht
Schleichen wir beim Mondenschein
In die finstre Kluft hinein.
Schlange, Natter hör ich zischen,
Irrlicht flackert froh dazwischen.
Molche, Kröten, schwarze Katzen,
Kobold, Hexen, Teufelsfratzen,
Kommt und schlingt den muntern Reih'n.
Eul' und Uhu, ihr sollt schrei'n.
Joho, hoho ...
Dort nahet der Meister
In fahlem Feuerschein.

DER MEISTER (spricht)
Dieser hier, der schon verfallen
Unsrem Dienste ist,
Wünscht noch eine kurze Frist
Unter den freien Menschen zu wallen.
Sein Begehren sei bewilligt,
Wenn er seinen Schwur erfüllt,
Wenn er bis Mitternacht
Drei Opfer für uns gebracht:

Für drei Bräute, zart und rein
Soll dem Vampyr ein Jahr bewilligt sein.

LORD RUTHVEN
Bei der Urkraft alles Bösen
Schwör' ich euch, mein Wort zu lösen.
Doch fliehet diesen Aufenthalt
Denn eins der Opfer naht sich bald.
(Der Meister verschwindet, der Mond scheint wieder.)

CHOR DER HEXEN UND GEISTER
Leise, leis' beim Mondenschein
Husch in die Erde, husch hinein.
Tausend Spalten, tausend Ritzen
Dienen uns zum Aufenthalt.
Lasst uns brütend unten sitzen
Bis die Mitternacht erschallt.
(Sie verstieben. Es schlägt eine Uhr.)

No. 2
LORD RUTHVEN
Ha, noch einen ganzen Tag,
Überlang ist diese Zeit.
Zwei Opfer sind mir schon geweiht
Und das dritte ist leicht gefunden.
Ha, welche Lust aus schönen Augen
An blühender Brust neues Leben
In wonnigem Beben
Mit einem Kusse in sich zu saugen.
Ha, welche Lust, in liebendem Kosen
Mit lüsternem Mut
Das süsseste Blut
Wie Saft der Rosen
Von purpurnen Lippen
Schmeichelnd zu nippen!
Und wenn der brennende Durst sich stillt,
Und wenn das Blut dem Herzen entquillt,
Und wenn sie stöhnen, voll Entsetzen,,
Ha, ha, welch' Ergötzen, Welche Lust!
Mit neuem Mut
Durchglüht mich ihr Blut,
Ihr Todesbeben
Ist frisches Leben.
Armes Liebchen, bleich wie Schnee,
Tat dir wohl im Herzen weh.
Ach, einst fühlt' ich selbst die Schmerzen
Ihrer Angst im warmen Herzen,
Die den Himmel frech verhöhnen.
Ich verstehe euern Ruf!
Ha, welche Lust.

Man sieht, es geht gleich zur Sache. Hier reißt sich einer darum, zum Vampir zu werden. Drei Mädchenmorde als Aufnahmeprüfung, das ist höchstens ein organisatorisches Problem. Dazu muss man sich die Musik vorstellen: stimmungsmalend, dramatisch. Filmmusik aus dem frühen 19. Jahrhundert.
Dann lernen wir Janthe kennen, ein junges Mädchen aus gutem Hause. Sie trifft sich heimlich mit Lord Ruthven; man schwört sich ewige Treue und zieht sich in eine Höhle zurück. Bald hört man die Rufe der Suchmannschaften.

CHOR
Wo kann sie sein?
Janthe! Janthe!

BERKLEY
Weh, mein Kind!
In welcher Wildnis mag es irren?
In später Nacht vermisst ich sie im Hause,
Sicher haben Räuber sie entführt.
...
(um sich blickend)
Doch wehe, welchen Ort betraten wir!
Hier hausen böse Geister seit Jahrhunderten,
Die Vampyrhöhle nennt ihn das Volk.

CHOR
Weh, die Vampyrhöhle!
Schnell hinweg mit leisem Tritt.
Armer Vater!

JANTHE (hinter der Scene)
Weh' mir!

RUTHVEN (hinter der Scene)
Ha, ha!

(Der CHOR stürzt zurück.)

CHOR
Welch' Geschrei!
Dort kam es her!

JANTHE
Weh!

BERKLEY
Das war meines Kindes Stimme,
Rettet mir ihr teures Leben.
(Einige eilen in die Höhle.)
Weh mir, meine Kräfte schwinden.
Angst und Freude macht mich beben.
Wie werd' ich sie wiederfinden?
(Er ermannt sich und will in die Höhle; da kommen ihm einige Diener und Ruthven entgegen.)

BERKLEY (zu Ruthven)
Frecher Räuber meines Kindes
Hier nimm deiner Taten Lohn!
(Er stößt Ruthven das Schwert in die Brust. Ruthven stürzt zu Boden.)

CHOR (in der Höhle)
Sie ist tot!

BERKLEY
Wie, mein Kind ermordet?
(Er will in die Höhle, bestürzt kommen die Diener ihm entgegen.)

DIENER (allein)
Armer Vater, weh, Entsetzen!
Brust und Nacken deiner Tochter
Sind voll Blut.
Gift'ger Zähne Spuren
Verraten das Entsetzliche:
Sie ward zum Opfer dem Vampyr!

CHOR
Ein Vampyr! Weh!
(Alle stürzen fort.)

RUTHVEN (allein)
Weh mir, meine Kräfte weichen,
Müßig wird die Zeit verstreichen,
Kann ich nicht die Höh' erreichen,
Um dort sterbend mit den Augen
Mondesstrahlen einzusaugen,
Die mir neue Kräfte geben
Zum Leben.
Schrecklich, Allgerechter!
Alles tot und leer,
Grause Stille rings umher;
Nur der Hölle Hohngelachter
Muss ich hören.

Was man daran gut sehen kann: wie sehr das Wissen um Vampire, die Angst, auch die Lust daran schon verbreitet war. Andernfalls hätte eine solche Oper niemals funktionieren können. Text und die darauf abgestimmte Musik brauchen das Einverständnis mit dem Publikum, das gemeinsame Wissen, worum es hier geht.

03

Der sterbende Ruthven wird von seinem Freund Audry gefunden, der ihn auf seine Bitte auf einem Felsen ins Mondlicht bettet und sich entfernt. Die Mondstrahlen erfüllen den Vampir mit neuem Leben. Er steht auf und geht geheilt davon.

Mit der schönen Liedstrophe von Ruthven
Grinsend blicket er nach oben,
Freut er sich des Bösen Macht
endet der erste Akt, in dem sich Ruthven noch unter falschem Namen an die Freundin Audrys herangemacht hat. Sie ist als drittes Opfer vorgesehen.
Auch der zweite Akt führt schnurstracks ins Zentrum des Geschehens. Eine ländliche Hochzeit ist geplant, Emmy wartet auf ihren Bräutigam. Sie ist Opfer Nummer 2, quasi die Zwischenmahlzeit.
Zum Zeitvertreib singt sie das fröhliche Lied vom Vampir.

EMMY
Sieh, Mutter, dort den bleichen Mann
Mit seelenlosem Blick!
Kind, sieh den bleichen Mann nicht an,
Sonst ist es bald um dich getan,
Weich schnell von ihm zurück!
Schon manches Mägdlein jung und schön
Tat ihm zu tief ins Auge sehn,
Mußt' es mit bittern Qualen
Und seinem Blut bezahlen,
Denn still und heimlich sag ich dir:
Der bleiche Mann ist ein Vampyr!
Bewahr' uns Gott auf Erden,
Ihm jemals gleich zu werden.

CHOR
Bewahr' uns Gott auf Erden,
Ihm jemals gleich zu werden!

EMMY
Das Mägdlein folgt dem bleichen Mann,
Es lockte sie sein Blick!
Hört nicht der Mutter Warnen an
Und bald war es um sie getan,
Nie kehrte sie zuruck!
Ein Opfer ward sie seiner Lust.
Mit blut'ger Spur an Hals und Brust
Fand man den Leichnam wieder.
Sie fuhr zur Hölle nieder.
Nun geht sie selber, glaubt es mir,
Herum als grausiger Vampyr.
Bewahr' uns Gott auf Erden,
Ihr jemals gleich zu werden.

Emmy weiß zwar alles, aber das nützt ihr nichts, denn wenig später kommt Lord Ruthven und macht dem Landmädchen schöne Augen. Sie erliegt seinem Charme.

EMMY
Ihr wollt mich nur beschämen,
So eitel bin ich nicht
Um für Ernst es anzunehmen,
Was euer Mund nur spricht.

RUTHVEN
Nein, liebe, süße Kleine,
Glaub' mir, ich scherze nicht.
Deine Schönheit ist's alleine,
Die so mein Herz besticht.

Emmy läßt ihren Bräutigam stehen und eilt in die Arme des Vampyrs. Ihr Ende ist nah...

RUTHVEN
Ha, wie mein Herz vor Freude bebet,
Nun ist das dritte Opfer mein!
Die ihr mich unsichtbar umschwebet
Jubelt! Jubelt! bald wird sie Euer sein.

Im folgenden Schlußakt soll es endlich zum finalen Biß kommen, damit Ruthven ein vollwertiger Vampir werden darf. Sein früherer Freund Aubry, der die Wahrheit ahnt, versucht es zu verhindern. Doch Ruthven verspottet ihn, indem er ihm seine Geschichte enthüllt. Er war einst ein angesehener Mann, doch dann hat er einen Meineid geschworen – ein Verbrechen, das selbst Gott nicht vergibt. So wurde seine Seele wieder auf die Erde geschickt.

RUTHVEN
Doch es naht die Zeit heran,
Wo bei tausend Schlangenbissen
Dir die Seele wird entrissen.
Vor den Richter, bang und schwer
Tritt sie, und der Strenge spricht:
„Reue sühnet Meineid nicht.
Kehre du zurück mit Graus
In das kaum verlassne Haus."
Nun gehst du, ein grausiger Leichnam umher,
Bestimmt, dich vom Blute derer zu nähren,
Die dich am meisten lieben und ehren.
Im Innern trägst du verzehrende Glut,
Bei deinem Leben has du's geschworen:
Was durch dich lebt, ist durch dich verloren.
Der Gattin, der Söhne, der Töchter Blut,
Es stillet zuerst deine scheußliche Wut,
Und vor ihrem Ende erkennen sie dich
Und fluchen dir und verfluchen sich!
Doch was dir auf Erden das Teuerste war,
Ein liebliches Mädchen mit lockigem Haar,
Schmiegt bittend die kleinen Händchen um dich
Die Tranen ins helle Äuglein ihr treten.
Sie lallet: „Vater, verschone mich,
Ich will auf Erden für dich beten!"
Du siehst ihr ins unschuldig fromme Gesicht,
Du möchtest gern schönen
Und kannst es doch nicht.
Es reizt dich der Teufel,
Es treibt dich die Wut!
Du mußt es saugen,
Das teure Blut!
So lebst du, bis du zur Hölle fährst,
Der du auf ewig nun angehörst.
Selbst dort noch
Weichet vor deinem Blick
Die Schar der Verworf'nen
Mit Schaudern zurück,
Denn gegen dich sind sie engelsrein,
Und der Verdammte bist du allein!

Mit aller Mühe verzögert Aubry die Hochzeit seiner Braut mit Ruthven. Himmlisches Eingreifen klärt die Situation endgültig.

RUTHVEN
Zermalmung bebt durch meine Glieder
Gottes Donner wirft mich nieder
Wehe mir!
(Es schlägt Eins.)

AUBRY (mit höchster Kraft)
Dies Scheusal hier
Ist ein Vampyr!

ALLE
Weh!
(Der Blitz zerschmettert Ruthven, aus der Erde schlagen Flammen, er versinkt in die Erde. Alle stürzen betäubt nieder.)

Das Ungeheuer ist verschwunden, Aubry und seine Braut kriegen sich. Oder, wie der Rheinländer sagen würde: Et het noch mal jot jejanje.

Der blutleere Vampir

Blutleere Noten

Eine andere Vampir-Oper war „Der Vampyr" von Peter Joseph von Lindpaintner (1791-1856). Er war Schüler von Peter von Winter, dem Schöpfer der „zweiten Zauberflöte". Lindpaintner war ab 1819 Stuttgarter Hofkapellmeister. Er muß ein rechter Miesepeter gewesen sein, der mit den Zeitgenossen nicht gut auskam und überall Intrigen witterte – die schlimmste ist wohl die, die ihn in der Vergessenheit versinken ließ. So ist es eigentlich nur folgerichtig, dass seine große Oper „Der Vampyr" überschattet wurde vom Erfolg der Marschner-Oper. Und schon den Zeitgenossen galt sie als blutleer. Was in diesem Zusammenhang durchaus doppelte Bedeutung haben mag...

Die Fledermaus, die Fledermaus
Von Rollenspiel und Rache

Die berühmteste aller Vampir-Musiken ist keine. Aber schon gar keine, auch wenn sie den Titel „Die Fledermaus“ hat. Johann Strauß schrieb diese weltberühmte Operette 1874; mitten in einer Zeit der Depression, nach der großen (Welt)wirtschaftskrise von 1873, war es wichtig, sich nach Leibeskräften amüsieren zu dürfen. Wie erinnerlich: es gab noch kein Kino, geschweige denn Radio oder Fernsehen. Wer sich amüsieren wollte, musste es zu Hause tun oder eine geeignete Stätte aufsuchen. Also das Theater.

Und in diesen Theatern war so vieles erlaubt, was sonst verboten war, verpönt, versagt. Das Amüsement. Die Leichtigkeit. Das Spiel mit der Frivolität. Der indiskrete Umgang. Das Rollenspiel. Die Befreiung von Konvention. Von der Geschlechteridentität. Auch wenn man nur zuschaute. Auch wenn die da oben auf der Bühne stellvertretend agierten und auslebten. Auch wenn die nur so taten als ob. So sprang doch die Empfindung über und ergriff. Riss mit.

Naja also doch. Das ist nicht so weit weg von heute, wie man zunächst meinen mag. Im Horrorfilm passieren Dinge, die wir alle sicher nie erleben wollen, wenn die Untoten durch die Haustür kommen und irrwitzige Fingernägel nach Teenagern greifen, um ihnen mindestens das Herz aus dem Leib zu reißen.

Dann hat plötzlich die Operette doch etwas mit unserem Thema zu tun. Denn im französischen Ursprung hieß sie noch *Le Reveillon*, also „das ausgelassene Fest“ oder so ähnlich zu übersetzen. Und jetzt, mit einem Male, „Die Fledermaus“. Motiv und Motor der Operette ist die Rache der Fledermaus, eines Mannes, eines Herren der bürgerlichen Gesellschaft, der im Fledermaus-Kostüm bei Tageslicht hatte nach Hause gehen müssen. Bei Tageslicht! Wenn der Vampir der Verderbnis geweiht ist! Physisch überlebt er es natürlich, aber er stirbt einen kleinen gesellschaftlichen Tod. In einer Zeit, in der Ehre nur mit Blutvergießen wiederhergestellt werden konnte, in der das Duell noch gang und gäbe war, ist das nicht gering zu schätzen. Daher die subtile Rache, um seine Blamierer zu blamieren.

Es ist hier nicht Ort und Sinn, die „Fledermaus“ nachzuerzählen. Die Handlung ist auch zu verdreht, doch: Wir sind noch in der Zeit vor Bram Stoker und dem „Dracula“ aus Transsylvanien, noch gelten die Vorbilder um den von Polidori & Co ausgelösten Hype.

In diesen 1870er-Jahren war Vampir und Fledermaus gleichgesetzt, es gab keinen Batman. Das heißt, wenn sich jemand für ein Kostümfest als Fledermaus verkleidete, war es nicht beliebig, als hätte er sich als Froschkönig oder Waschbär kostümiert. Nein, nein, es war schon so gemeint. Fledermaus. Vampir. Mit allen Konnotationen von Unheimlichkeit und Ängsten...

Und so stellt sich heraus, dass die berühmteste aller Vampir-Musiken genau das ist. Eine Vampir-Musik. Und wie. Eine, zu deren Klängen einer dem anderen die Ehre aus dem Leibe saugt. Ihn zu vernichten trachtet. Zu deren Klängen hinter der Maske des Ehrenmannes eiskalt die Rechnung präsentiert wird. Zu deren Klängen die Fassade der Liebenwürdigkeit mit aller Sorgfalt errichtet wird, um wenig später krachend wieder niedergerissen zu werden. Da ist es nur noch ein kleiner Schritt zu Christopher Lee, wenn er die Zähne ausfährt und seine Opfer ihren Irrtum erkennen ...

Doch in der Operette fließt kein Blut. Da wird noch ein anderer Saft als besonders gepriesen, gefeiert, besungen. Er wird zum Feuerstrom, der mit einem Tralala die Sinne betört, die Realität vergessen macht, die Menschen verschlingt...

Johann Strauß

Im Feuerstrom der Reben, trala, la la la la la la,
Sprüht ein himmlisch Leben, trala, la la la la!
Die Könige, die Kaiser,
Sie lieben Lorbeerreiser,
Doch lieben sie daneben
Den süßen Saft der Reben.
Stoßt an, stoßt an und huldigt im Vereine
Dem König aller Weine!

Die Majestät wird anerkannt rings im Land,
Jubelnd wird Champagner der Erste sie
genannt.

Der Mönch in stiller Zelle, trala, la la la la la la,
Labt sich an dem Quelle, trala, la la la la la!
Zu netzen seine Lippen,
Muß viel und oft er nippen
Und holt sich aus dem Glase
Rubinen auf die Nase.
Stoßt an, stoßt an und huldigt im Vereine
Dem König aller Weine!

Dir huldigen Nationen, trala, la la la la la la,
Bis zu den fernsten Zonen, trala, la la la la la!
Champagner schwemmt mitunter
Gar mancherlei hinunter.
Drum lassen weise Fürsten
Die Völker niemals dürsten.
Stoßt an, stoßt an und huldigt im Vereine
Dem König aller Weine!

Vampires are alive
Auch beim Song-Contest

Der erfolgreiche Sänger DJ Bobo trat 2007 beim Eurovisions Song Contest für die Schweiz an. Natürlich mit einem Vampir-Lied:

Vampires are alive
Oh they just have to survive
Will never come undone
And we will be forever young.
Vampires, get alive
I am a vampire, I'm a slave
I sleep through the daylight hell's my grave
In the darkness in the shadows, here I am
I want you to be forever mine
Together until the end of time
Like a nightmare never ending, let me change
your world.

Vampires are alive
Oh they just have to survive
Will never come undone
And we will be forever young.

Tonight is the night live 1'000 years
Don't be scared don't drown in tears
Free your spirits after midnight, sell your soul
From heaven to hell enjoy the ride
You're here to surrender with your life
Precious victims, my desire, live eternally

Vampires are alive
Oh they just have to survive
Will never come undone
And we will be forever young.

03

Ich ben ene Vampir
Ein Lied der Höhner

Ich ben ene Vampir,
ich ben ene Vampir.
Komm her! Ich beiß dir in den Hals.
Komm her! Ich beiß dir in den Hals.
Ich bin ene Vampir,
ich bin ene Vampir.
Komm her! Ich beiß dir in den Hals,
in den Hals - ohne Salz.

Im Jet nach Köln saß akkurat
ein totenbleicher Bürokrat .
Die Stewardess goß stümperhaft
mir auf mein Hemd Tomatensaft.
Da schlug mein Nachbar mir auf´s Knie
und sagte laut: Gestatten Sie?

Ich ben ene Vampir,
ich ben ene Vampir.
Komm her! Ich beiß dir in den Hals.
Komm her! Ich beiß dir in den Hals.
Ich bin ene Vampir,
ich bin ene Vampir.
Komm her! Ich beiß dir in den Hals,
in den Hals - ohne Salz.

Im Video-Shop da stand ein Mann
und sah sich die Kassetten an.
Mit leerem Blick nahm er sich bloß
die schärfsten Horrorvideos.
Ich sagte: Mensch! Da fließt doch nur Blut!
Er rief: Das find ich gerade gut!

Ich ben ene Vampir,
ich ben ene Vampir.
Komm her! Ich beiß dir in den Hals.
Komm her! Ich beiß dir in den Hals.
Ich bin ene Vampir,
ich bin ene Vampir.
Komm her! Ich beiß dir in den Hals,
in den Hals - ohne Salz.

Ein kleiner Mann sorgte für Stress
bei einem Zahnärztekongress.
Er sprach: Es wird, auch wenn ihr schweigt,
Zeit, dass man Euch die Zähne zeigt.
Ich sage das ganz unverblümt
denn dafür bin ich ja berühmt.

Ich ben ene Vampir,
ich ben ene Vampir.
Komm her! Ich beiß dir in den Hals.
Komm her! Ich beiß dir in den Hals.
Ich bin ene Vampir,
ich bin ene Vampir.
Komm her! Ich beiß dir in den Hals,
in den Hals - ohne Salz

Der Siegesflug geht weiter
Das Musical als musikalische Plattform

Mit „Tanz der Vampire" hat ein österreichisches Musical seinen veritablen Erfolgsflug um die Welt angetreten. Das Stück beruht auf dem Film von Roman Polanski, der im Deutschen denselben Titel hatte (gegenüber dem ungleich poetischeren USA-Titel „The Fearless Vampire Killers bzw. The Fearless Vampire Killers or Pardon Me, But Your Teeth Are in My Neck…"). Michael Kunze schrieb den Text, Jim Steinman die wirkungsvolle Musik. Und es war auch tatsächlich Roman Polanski, der viele Jahre nach seinem Film-Welterfolg nun auch das Musical inszenierte und am 4. Oktober 1997 im Wiener Raimund Theater zur Uraufführung brachte.

Seither ist es nicht tot zu spielen, das Publikum will es, der Vampire-Film-Boom gibt ihm immer wieder einen Vitalisierungsschub. Stuttgart, Hamburg, Berlin haben es schon gesehen, in New York lief es ebenso erfolgreich wie in Warschau und Budapest, ab Herbst 2010 kommt es in Antwerpen auf die Bühne, aber auch in Estland und Tokio wurde es schon gestürmt.

2005 gab es eine Umfrage im deutschen Fernsehen in Verbindung mit Fan-Organisationen, und das Lied „Totale Finsternis" wurde prompt zum „Größten Musical-Hit aller Zeiten" gewählt. Es ist müßig zu diskutieren, ob das damit zu tun hat, dass ein heutiges Musical-Publikum „West Side Story" oder „My Fair Lady" nicht mehr kennt, oder ob hier eine ästhetische Generationenablösung wahrnehmbar wird. Tatsache ist, dass eine bis ins kleinste Detail durchgeplante und konsequent durchgehaltene Vermarktungsstrategie die Show in wenigen Jahren als einen der Klassiker des Genres zu etablieren vermochte.

Hingegen sind mehrere Versuche der letzten Jahre, sich mit „Dracula"-Musicals dem Trend anzuschließen, gescheitert.

Die Musikfolge im Musical TANZ DER VAMPIRE
gibt ein gutes Bild von der Verwandtschaft des Musicals, das ja wiederum seine Abstammung vom Polanski-Film „Tanz der Vampire“ nicht verleugnen kann, mit dem Roman. Bei aller dichterischen Freiheit, die in den einzelnen Bearbeitungen und Stoffweiterentwicklungen stattfindet – die Namen haben doch eine Art von ikonografischer Bedeutung erhalten.

- Ouverture, *Orchester*
- He, Ho, He, *Alfred*
- Knoblauch, *Rebecca, Magda, Chagal, Dorfbewohner*
- Bitte,meine Herren! *Chagal, Abronsius, Alfred, Sarah*
- Eine schöne Tochter ist ein *Segen, Chagal*
- Nie geseh‘n, *Alfred, Sarah, Chagal, Rebecca, Magda*
- Gott ist Tot, *Graf von Krolock, Ensemble*
- Alles ist hell, *Chagal, Rebecca, Magda*
- Wahrheit, *Professor Abronsius*
- Du bist wirklich sehr nett, *Sarah und Alfred*
- Einladung zum Ball, *Graf von Krolock*
- Draußen ist Freiheit, *Sarah und Alfred*
- Stärker als wir sind, *Sarah, Graf von Krolock*
- Das Gebet, *Sarah, Magda, Rebecca, Dorfbewohner*
- Trauer um Chagal *Rebecca, Professor Abronsius, Alfred, Dorfbewohner*
- Tot zu sein ist komisch, *Magda, Chagal, Abronsius, Alfred*
- Durch die Wildnis zum Schloss, *Orchester*
- Vor dem Schloss (1. Finale),
  Alfred, Professor Abronsius, Graf von Krolock, Herbert, Ensemble
- Totale Finsternis, *Graf von Krolock, Sarah und Vampire*
- Carpe Noctem! – Fühl die Nacht!, *Nightmare Vampire*
- Ein perfekter Tag, *Alfred und Professor Abronsius*
- Für Sarah, *Alfred*
- In der Gruft, *Alfred, Professor Abronsius, Chagal und Magda*
- Bücher, Bücher!, *Alfred und Professor Abronsius*
- Noch mehr Bücher!, *Alfred und Professor Abronsius*
- Wenn Liebe in Dir ist, *Herbert und Alfred*
- Sie irren, Professor!, *Graf von Krolock*
- Ewigkeit, *Vampire*
- Die unstillbare Gier, *Graf von Krolock*
- Tanzsaal, *Graf von Krolock, Sarah und Vampire*
- Draußen ist Freiheit (Reprise), *Sarah und Alfred*
- Der Tanz der Vampire (2. Finale), *Abronsius, Magda, Herbert, Nightmare Vampire*

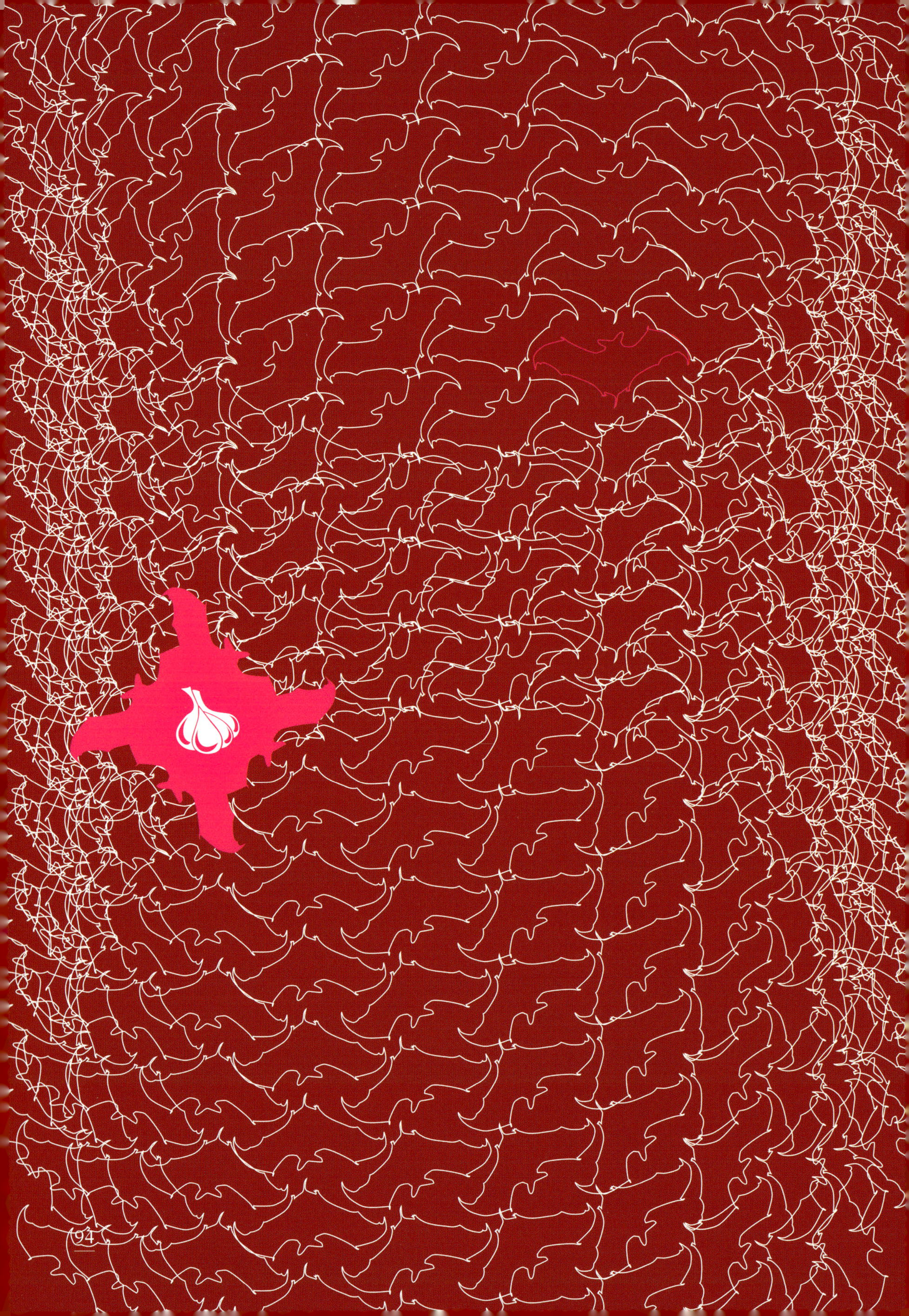

Hilft Knoblauch wirklich –
die besten Rezepte für und gegen Vampire

Man nehme einen gut abgehangenen Vampir, lege ihn in den Sarg (Achtung! Dichtheit überprüfen!) und fülle mit Gemüsesuppe auf. Kräuterwerk und einige Rüben, zwei große Zwiebeln werden beigegeben. Der Sarg wird bei geschlossenem Deckel in den vorgeheizten Backofen geschoben. Bei 250 Grad so lange braten, bis der Vampir weich ist. Zwischendurch mit einem kleinen zugespitzten Holz (oder Spicknadel) überprüfen, bei Bedarf Suppe nachgießen.

Abwehrmittel und Glücksbringer

Aber wer ist denn schon abergläubisch...

Die Literatur ist voller Hinweise, was gegen Vampire hilft. Gleichzeitig ist sie auch voller Widersprüche: was gut ist gegen den einen Vampir, bringt den anderen zum Gähnen. Und was wiederum gegen den dritten hilft, verursacht beim vierten einen Lachanfall. In einem sind sich fast alle einig: Der Vampir kommt nicht uneingeladen ins Haus. Ein Rest von Höflichkeit oder Schüchternheit, wer weiß das schon...

Die folgende Liste ist eine sicherlich nicht vollständige Auswahl von Dingen, die man dem Vampir entgegenhalten kann oder auch zum Beißen hinhält. Manchmal hilft ja ein kleiner Zeitgewinn...

- Ahornbäume
- Amulette
- Beschwörungsformeln
- Beten
- Betteln
- Bitten
- Cocktails anbieten
- Eichen
- Ertränken
- Feuer
- Freund
- Freundin
- Gebet
- Gegenstände im Sarg
- Geweihte Kugeln
- Glücksklee
- Glücksschwein
- Horusauge
- Hufeisen
- Hund
- Katze
- Kitzeln (bei Jungvampiren)
- Knoblauchpastillen
- Knoblauchspray
- Knoten
- Köpfen
- Kreuze aller Art, je größer desto besser
- Lachen
- Lochmünzen
- Pfefferspray
- Pilgerzeichen
- Reißnägel
- Reliquien
- Rosenkranz
- Sarg aufmachen
- Scheiterhaufen
- Silber
- Skarabäus
- Sonnenlicht
- Spitzer Pfahl
- Weihwasser
- Weinen
- Zählzwang ausnützen
- Zauberformeln

Knoblauch gibt es in allen Sprachen

Weil es überall Vampire gibt.

ALBANISCH: Hudhër e rëndomtë, Hudhra; ALTGRIECHISCH: Aglis, Skorodon; AMHARISCH: Nctch Shinkurt; ARABISCH: Thoum, Thum, Fum; ARMENISCH: Skhdor, Sxtor; ASSAMESISCH: Rosun, Nohoru; AZERI: Sarımsaq; BASKISCH: Baratzuri, Baratxuri; BENGALI: Rasun; BULGARISCH: Chesnov luk, Chesun; BURMESISCH: Chyet-thon-phew, Kesumphiu; CHINESISCH (KANTONESISCH): Syun tauh, Suen tau; CHINESISCH (MANDARIN): Da suan; DÄNISCH: Hvidløg; ENGLISCH: Garlic; ESPERANTO: Ajlo; ESTNISCH: Küüslauk Fante; FARSI: Sir, Cire; FINNISCH: Valkosipuli; FRANZÖSISCH: Ail, Thériaque des pauvres; FRIESISCH: Knyflok; GÄLISCH: Gairgean; GALIZISCH: Allo; GEORGISCH: Niori; GRIECHISCH: Skordo; GUJARATI: Lasan; HAUSA: Tafarnuwa, Tafaranoa; HEBRÄISCH: Shum; HINDI: Lahsun, Lahsan; INDONESISCH: Bawang putih, Kesuna; IRISCH: Gairleog; ISLÄNDISCH: Hvítlaukur; ITALIENISCH: Aglio; JAPANISCH: Ninniku, Garikku; JIDDISCH: Knobl; KANNADA: Ulli, Bellulli, Lashuna; KASACHISCH: Sarımsaq; KASHMIRI: Romahn; KATALANISCH: All; KOREANISCH: Kallik Manul; KROATISCH: Češnjak, Bijeli luk; KAOTISCH: Van mahakan, Phak thiem; LATEINISCH: Alium, Allium; LETTISCH: Ķiploki; LITAUISCH: Česnakas; MAITHILI: Lasun; MAKEDONISCH: Luk; MALAYALAM: Poondu, Veluth-ulli; MALAYSISCH: Bawang putih; MALTESISCH: Tewm; MARATHI: Lasun; NEPALI: Lasun; NEWARI: Lava, Labha; NIEDERLÄNDISCH: Knoflook; NORWEGISCH: Hvitløk; ORIYA: Rasuna; OSSETISCH: Papiamento Konofló, Konoflok; PROVENÇALISCH: Aiet, Aïo; PASHTO: Seer; POLNISCH: Czosnek pospolity; PORTUGIESISCH: Alho; PUNJABI: Lasun, Lasan; RUMÄNISCH: Usturoi; RUSSISCH: Chesnok; SANSKRIT: Lashuna; SCHWEDISCH: Vitlök; SERBISCH: Beli luk, Češnjak, Češan luk, Češanj; SINHALA: Sudulunu; SLOWENISCH: Česen; SLOWAKISCH: Cesnak kuchynský; SPANISCH: Ajo; SRANAN: Kunofroku; SWAHILI: Kitunguu saumu; TAGALOG: Bawang; TAJIKISCH: Sirpiyoz, Sir, Sarimsok; TAMIL: Vellai pundu, Vellai poondu; TELUGU: Tellagadda, Vellulli; THAI: Gratiem, Katiem; TIBETISCH: Sgog pa, Gogpa; TIGRINYA: Shegurti tseda; TSCHECHISCH: Česnek; TÜRKISCH: Sarımsak, Sarmısak; TÜRKMENISCH: Sarymsyk; UKRAINISCH: Chasnyk, Chasnyk horodni; UNGARISCH: Fokhagyma; URDU: Lahsun, Lassun, Sir; UZBEKISCH: Sarimsoq; VIETNAMESISCH: Cây tỏi, Ti.

PHARMAZEUTISCH: *Bulbus Allii sativi*

Rezepte

04

Aus dem Kochbuch von Tante Adelheid

»Teenagerfilet« mit gebratenen Zucchini

5 Portionen, Zubereitungszeit 1 Stunde

1000 g Teenagerfilet (junger Hirsch),
in 200 g Stücke geschnitten.
Das Fleisch soll mindestens zwei Wochen abgelegen sein. Wir nehmen Hirsch, da heutzutage das Verschwinden von Teenagern meistens Suchaktionen auslöst. Aber der wahre Gourmet muss den Aufwand nicht scheuen ...
4 Fenchelknollen
Salz und Pfeffer (aus der Mühle).

Bei Mühle fällt mir die reizende Anekdote ein, als ich noch jünger war als heute (noch jünger!). Da ging ich eines Tages spazieren, als mich großer Durst überfiel. Also suchte ich das nächstgelegene Ausflugscafé auf, wo mich alsbald ein junger Mann ansprach. Ich gefiel ihm, er roch gut, also was soll ich euch sagen – ich ging mit ihm mit. Er war Müller! So romantisch! Ich habe dann mit seinem Blut ein großes rotes Herz ins weiße Mehl gemalt. Das hat sehr schön ausgesehen und seinen Verwandten sicher Freude gemacht. Ja damals gab es noch höfliche junge Männer. Die sind heute immer schwerer zu finden.

300-400 ml Obers
1 Zweiglein Rosmarin
1 Zweiglein Thymian
3 EL Butter
Olivenöl
Muskat nach Geschmack

Das Fleisch rechtzeitig vom Dachboden holen und langsam auf Zimmertemperatur bringen. Den benötigten Teil herausschneiden und den restlichen Hirsch wieder auf den Dachboden bringen. Die Reste sind auch noch gut zu verwerten.

Würzen, mit Küchenkordel in Form binden – da lassen sich allerlei reizende Varianten ausprobieren, es wird Ihre Gäste erfreuen. In einer entsprechenden Pfanne in dem Olivenöl scharf anbraten. Auf ein Gitter setzen und bei 180 Grad rasten lassen.

Während dessen können Sie schon die Getränke vorbereiten.

Die Zucchini werden in Würfel geschnitten, mit einer Handvoll von dem, was die Katze ins Haus gebracht hat, vermischt und kurz durchgebraten. Durchrühren, mit einer leichten Sauce vom Vortag auffüllen. Sehr heiß über die Filets gießen und servieren.

Ihre Gäste werden begeistert sein.

Al tertio dente
Schmackhaftes für den älteren Vampir

Vampire haben ein demografisches Problem, das sich mit dem ihres Paralleluniversums, also der westlichen Menschenwelt, durchaus deckt: die Überalterung. Aus einer Kausalitätskette, wie man sie beispielsweise in dem Beitrag DER LETZTE VAMPYR VON TYROL nachlesen kann, entsteht eine Situation, in der immer weniger junge Vampire immer mehr ältere nicht nur erhalten, sondern auch bei Laune halten müssen.
Da spielt natürlich die Qualität des Essens eine entscheidende Rolle. So bietet Tante Adelheid hier einiges aus ihrem Kochbuch an, was im Zusammenleben mit älteren Vampiren eben dieses durchaus erleichtern mag.

1. **Scharf.** Prinzipiell mögen Vampire scharfes Essen. Das heißt, sie würzen gerne mit der einen oder anderen Chili-Schote nach. Das überdeckt ja auch ganz gut den Hautgout, sollte das Wild doch schon zu lange auf dem Dachboden gelegen sein. Auf dem liebevoll gedeckten Tisch darf also das Schüsselchen mit den Schoten nicht fehlen.
2. **Viel.** Prinzipiell mögen es Vampire, wenn mehr auf dem Tisch ist, als sie essen können. Faustregel: Lieber ein großer Mensch zuviel als ein kleiner zuwenig. Bei solchen Sprüchen breitet sich wehmütiges Lächeln auf den blassen Vampirlippen aus – das waren Zeiten… Heutzutage sind sie froh, wenn die Schüssel groß ist.
3. **Weich.** Der ältere Vampir gibt es ja nicht gerne zu. Aber das mit dem Beißen war schon einmal bisser. Besser. Na ja. Die spezialisierten Zahnärzte werden auch weniger, dafür teurer. Wer soll das denn bezahlen.

Hier also ein Lieblingsgericht älterer Vampire:
Penne all'arrabbiata,
also „Nudeln auf zornige Art". Schön scharf, schön weich. Und schön viel.

Portion für einen durchschnittlichen Vampir
400 g Penne
10 Peperoncini
Keine Knoblauchzehen!
500 g geschälte Tomaten
6 EL Olivenöl
Salz und Pfeffer
1 EL gehackte Petersilie
100 g frisch geriebener Pecorino
4 frische Blutstropfen zur Verfeinerung

Peperoncini entkernen und fein würfeln. Die Tomaten abtropfen lassen und mit einer Gabel zerdrücken. Das Öl erhitzen, Peperoncini anschwitzen, Tomaten zufügen und würzen. Bis zur gewünschten Konsistenz einkochen lassen. Die Pasta in reichlich Salzwasser al tertio dente kochen, abgießen, mit dem Sugo vermengen und mit der Petersilie bestreuen. Pecorino und Blutstropfen getrennt streuen bzw. gießen.

Viele weitere köstliche Rezepte finden Vampire und ihre Gäste in der kulinarischen Schatzkiste Pasta-Box. 33 Klassiker der italienischen Küche. Von Ria Lottermoser

Vom süßen Zahn

Das vampirische Schleckermäulchen

Von der asiatischen Verwandtschaft hat der europäische Vampir ja einiges gelernt. Früher ging es da vor allem um Kampftechniken, Sprung- und Flugphänomene, das konnte man in den Clan-Auseinandersetzungen alles gut brauchen. Später ging es dann um Philosophie. Viele europäische Vampire sind für Zen-Meditation sehr empfänglich, die Nächte sind im Winter lang, viele Vampire hausen doch abseits größerer Siedlungen – da kann man schon ins Grübeln geraten über den Sinn der Welt und die Schönheit der Nacht und das Fernsehprogramm, in dem die Verwandtschaft immer, aber auch immer! verzerrt dargestellt wird. Irgendwann wird die Wahrheit bekannt werden, das weiß der Vampir, aber bis dahin muss er sich noch ein wenig trösten. Dabei helfen ihm vor allem Süßigkeiten.

Ganz weit vorne in der Gunst liegt natürlich alles, was mit Himbeersaft übergossen werden kann. Nein, nicht lachen – mit Blut hat das gar nichts zu tun (als könnte das der Vampir nicht unterscheiden!), und auch nicht mit der Farbe. Nein, es ist ganz einfach: Vampire sind Himbeersaftjunkies. Für ein Glas Himbeersaft schmeißt der Vampir fast alles weg, und wenn dicker Sirup über den Milchreis fließt, gibt es kein Halten mehr.

Aber irgendwie ist es ihnen doch wichtig, dass Rot dabei ist. Weil Rot ist schön. Also kommt jetzt hier ein asiatisches Rezept. Mit Rot.

Pfannkuchen mit roten Bohnen

200 g glattes Mehl
150 ml Milch
(könnte auch ersetzt werden durch... na ja)
50 g Zucker
5 Eier
½ Würfel Germ (Hefe)
Butter zum Backen
100 g Azuki-Bohnen
200 g Zucker

Die Bohnen werden über Nacht in kaltem Wasser eingeweicht, abgegossen, mit kaltem Wasser aufgefüllt und gekocht. Das dauert Stunden, aber der Vampir hat Zeit. Die gekochten Bohnen werden abgeseiht und mit dem Zucker im Mörser zerstampft.
Aus Mehl, Milch, Zucker und Germ wird ein Teig angerührt. Die steif geschlagenen Eier werden vorsichtig eingerührt.
Der Teig wird in der Pfanne goldgelb gebacken und mit der Bohnenpaste gefüllt.

Viele weitere köstliche asiatische Rezepte finden Vampire und ihre Gäste in DIE ASIATISCHE KÜCHE. Die 350 besten Rezepte zwischen Orient und Fernost. Von Sohyi Kim und Christoph Wagner.

Cocktail Rezepte

Johannes Engelberg

Bloody Vampire

(Aperitiv)

8 cl Tomatensaft
4 cl Paprikasaft
6 cl Brauner Tequila
1 Dash Piripiri
1 Dash Angostura
Brauner Rohrzucker
Gurkenstripes
Eiswürfel

Zubereitung:
In einem Boston-Shaker Gurke mit Rohrzucker leicht zerdrücken, mit Tequila, Angostura und Piripiri auffüllen, mit Eiswürfeln shaken, ins vorgekühlte Glas geben und mit Tomatensaft und Paprikasaft auffüllen. Mit Stirrer servieren.

Vampire's Victim

(als Ausklang)

2 cl Kirschwasser
6 cl Kirschsaft
2 Dash Cassis
Eiswürfel
Brombeere

Zubereitung:
2 Dash Cassis ins Martiniglas geben und dann im Mixer Kirschsaft und Kirschwasser mit Eiswürfeln mixen. Die halbgefrorene Flüssigkeit langsam ins Glas hinzugeben, mit Cassis vorsichtig am Glasrand floaten. Die Brombeere als Deko an den Glasrand stecken.

Das Auge trinkt mit: auf einem Teller wird Cassis mit Zucker vermengt, so dass eine am Glasrand haftende Masse entsteht. Den Glasrand vor dem Eintauchen mit einer halben Zitronenscheibe beidseitig ausreiben. Die Bluttropfen rinnen langsam hinab ...

Zählzwang
Haben Vampire eine Störung?

Zählzwang gehört in die Kategorie Zwangsstörungen. Man geht davon aus, dass ca. 2 % der im deutschsprachigen Raume lebenden Menschen von einer Zwangsstörung belastet sind. Zu Zählzwang gilt wie für jedes Muster von Zwängen, dass das Maß entscheidet. Während leichte Zwänge oft unbewusst ablaufen oder in den Bereich nichtstörende Marotten eingeteilt werden können, stellen massive Zwänge auch eine entscheidende Beeinträchtigung der Lebensqualität des Betroffenen dar.

Zwänge, zu welchen auch das Thema „Zählzwang" gehört, haben meistens eine zugrundeliegende Angst als Antreiber. Sie entwickeln sich im frühen Erwachsenenalter und sind in 85 % der Fälle bis zum 35. Altersjahr voll ausgeprägt. Auch gibt es eine ungleiche Aufteilung der Zwangssymptomatik zwischen Mann und Frau, so sind bei Frauen eher Waschzwänge überwiegend, währenddem die männliche Spezies bei den Kontrollzwängen führend ist. Je nach Leidensdruck eines Zwangs wie z. B. Zählzwang muss zuerst abgeschätzt werden, mit welchen Prozessen eine Veränderungsarbeit angegangen werden kann. Ab einer gewissen Schwere der Störung ist in jeden Fall die psychiatrische / medizinische Intervention indiziert – dabei wird auch häufig mittels medikamentöser Therapien (Antidepressiva, Neuroleptika) zuerst eine Eigenhandlungsfähigkeit des Patienten wiederhergestellt und erst dann eine allfällige Veränderungsarbeit in Angriff genommen. Bei leichten und mittelschweren Fällen im Umfeld von „Zählzwang" kann mit den Methoden von psychologischer Beratung, Coaching und Hypnose eine markante Verbesserung erreicht werden.

Bei manchen Vampiren wurde im Lauf der Jahrhunderte immer wieder ein Zählzwang festgestellt. Der Vampir kann nicht widerstehen, wenn Zählbares vor ihm auftaucht. Es bedeutet sichere Rettung oder zumindest einen kleinen Vorsprung, wenn man auf der Flucht vor einem bloßzahnigen Vampir zum Beispiel eine Streichholzschachtel ausleert. Er wird sich bücken und sie zählen, ehe er wieder hintergesaust kommt. Noch effizienter sind beispielsweise Reissnägel, denn dann hat man die Zusatzchance, dass er draufsteigt und vor Schmerz den Hunger vergisst. Es ist allerdings nicht auszuschließen, dass der Schmerz ihn zusätzlich zu hungrig auch noch sehr, sehr wütend werden lässt ...

Diese Hoffnung auf den Zählzwang der Vampire hat sich tief ins kollektive Gedächtnis eingegraben und eine letzte öffentliche Performation im Zusammenhang mit Hochzeitsfeiern bewahrt: Wer das Brautpaar mit Reis bewirft bzw. ihm Reis streut, der legt einen effizienten Schutzkreis um die beiden.

Blut ist ein besonderer Saft – *Splatter und Grenzbereiche*

Es schmeckt wie Kupferpennys. Es ist heiß, heißer als man erwartet und zuerst sehr feucht, aber es verklumpt, während es einem in den Hals strömt. Es verklebt einem den Hals, aber man schluckt es herunter, man kann es sämig und dunkel im Rachen spüren, aber man zwingt es herunter, um Platz für mehr zu machen, noch einen Mundvoll, und dann noch einen.

(D. Wellington)

Blut & andere Lebensmittel
Bluteigenschaften

Jeden gesunden Erwachsenen durchströmen ca. 5 bis 6 Liter Blut (ungefähr 8-10% des Körpergewichts), welches die unterschiedlichsten Aufgaben zu erfüllen hat.

Das Blut ist ständig in Bewegung und täglich wird die vorhandene Blutmenge etwa eintausendmal durch den Körper gepumpt.

Rote Blutkörperchen (Erythrozyten) übernehmen den Sauerstofftransport. Der durch die Lungen aufgenommene lebensnotwendige Sauerstoff wird durch sie zu allen Organen transportiert. Auch der Abtransport des verbrauchten Sauerstoffs, des Kohlendioxids, ist die Aufgabe der roten Blutkörperchen.

Blutplättchen (Thrombozyten) sind die kleinsten, aber sehr wichtige Blutzellen. Sie sind für die Blutgerinnung und Blutstillung verantwortlich. Wunden werden durch die Plättchen verklebt und die Blutung kommt zum Stillstand. 60-70% der Thrombozyten zirkulieren ständig im Blutkreislauf, der Rest befindet sich in der Milz.

Weiße Blutkörperchen (Leukozyten) werden oft als „Gesundheitspolizei" bezeichnet, weil sie in der Lage sind, Bakterien, Viren und andere Krankheitserreger im Körper zu erkennen und abzuwehren. Leukozyten können sich bewegen, weil sie in der Lage sind, ihre Zellgestalt zu verändern. Krankheitserreger werden so umschlossen und anschließend chemisch abgebaut.

Blutplasma besteht zu ca. 90 % aus Wasser, in dem die verschiedensten Inhaltstoffe, wie Traubenzucker, Fette, Eiweiße, Salze, Vitamine, Hormone und Abfallstoffe gelöst sind.

Den im Plasma gelösten Eiweißen und Proteinen kommt eine besondere Bedeutung zu, denn sie sind für vielfältigste Steuerungsfunktionen, zum Beispiel für Blutgerinnung, den Stofftransport oder die Infektionsabwehr verantwortlich.

Blutgruppen

Jeder Mensch gehört einer besonderen, vererbten Blutgruppe an. Biochemische Merkmale auf der Oberfläche der roten Blutkörperchen und Antikörper bestimmen, zu welcher Blutgruppe ein Mensch gehört. Das ABo-Blutgruppensystem wurde vor mehr als 100 Jahren entdeckt (▶ Landsteiner). Dabei unterscheidet man vier Blutgruppen: 0, A, B und AB. Die Blutgruppen sind unterschiedlich verteilt:

Blutspenden

Blutspenden ist nicht schädlich. Die gespendete Blutmenge ist im Verhältnis zur Gesamtblutmenge des Körpers so gering, dass der Verlust vom Organismus schnell wieder ausgeglichen wird.

Durch die Entnahme von 450 ml Blut bei der Spende kommt es zu einer kurzzeitigen Verringerung der Gesamtflüssigkeitsmenge im Blutkreislaufsystem. Gleichzeitig ist durch die Blutspende auch die Anzahl der roten Blutkörperchen (Erythrozyten) reduziert, die für den Sauerstofftransport im menschlichen Körper verantwortlich sind. Flüssigkeitsreduzierung und Reduktion der roten Blutkörperchen werden von einem gesunden Menschen problemlos vertragen.

Wenn der Spender nach der Blutspende genügend trinkt (ca. ½ - 1 Liter Flüssigkeit, keinen Alkohol), dann wird der Flüssigkeitsverlust ausgeglichen und dem Körper genügend Zeit gegeben, sich an die verringerte Anzahl roter Blutkörperchen anzupassen. Die Nachbildung der gespendeten roten Blutkörperchen dauert bei einem gesunden Menschen etwa drei Wochen.

Blutspender

1) Lebensretter im Nicht-Vampir-Universum. Ernst gemeint: Geht hin, Leute!

2) Steht in von Vampiren frequentierten Lokalen auf der Speisekarte gerne unter Tagesgericht.

3) Erfrischungsautomat in Lokalen, die man nicht ohne Halsschutz betreten sollte.

Blutverlust

Häufige Ursache für Depressionen bei Vampiren. Mit diesem Ausdruck wird das Missgeschick umschrieben, wenn ein potentielles Opfer sich durch Knoblauch (siehe S. 96/97) oder andere Abwehrmaßnahmen vor dem Biss geschützt hat.

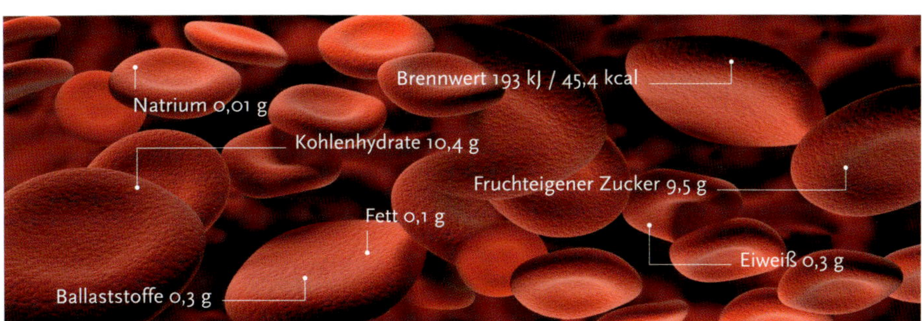

Hat Dracula ein Immunsystemproblem?

Porphyrie – eine seltene Krankheit

Porphyrie – Enzymdefekt mit Folgen

Die Krankheit ist selten und hat vielfältige Ausprägungen. Sie kann akut oder chronisch verlaufen, geringe oder lebensbedrohliche Symptome hervorrufen und die unterschiedlichsten Organe befallen. Die Diagnose ist deshalb oft nicht einfach zu stellen.

Wie entsteht diese Krankheit?

So unterschiedlich die Formen sind, haben sie doch eines gemeinsam: Immer ist die Bildung von Porphyrinen gestört.

Porphyrine sind chemische Verbindungen, meist mit Metallen. Sie sind für die Farbe von Eiweißen verantwortlich, so z. B. dem grünen Chlorophyll in Pflanzen und der roten Farbe von Blutkörperchen und Muskeln. Porphyrine sind ein wichtiger Bestandteil im Organismus von Mensch und Tier, werden dort in der Leber über Zwischenstufen abgebaut und geben dann der Gallenflüssigkeit ihre grünliche Farbe. An diesem Ein-, Um- und Abbau sind verschiedene Enzyme vor allem im Knochenmark und in der Leber beteiligt. Sind eines oder mehrere davon nicht vorhanden oder funktionieren nicht richtig, ist dieser Prozess gestört. Solch ein Enzymdefekt kann vererbt oder erworben (z. B. nach Bleivergiftungen) sein.

Welche Formen gibt es?

Es gibt nicht nur eine Einteilung, sondern mehrere, die nach verschiedenen Kriterien vorgenommen werden. So unterscheidet man nach Herkunft (angeboren - erworben), Ort der Enzymbildung (Knochenmark - Leber) und Verlaufsform (akut - chronisch). Je nachdem, wo die betroffenen Enzyme vorwiegend gebildet werden, werden die

- erythropoetische Form

(Störung im blutbildenden Knochenmark) und

- hepatische Form (Störung in den Leberzellen)

sowie eine Kombination dieser beiden

- (erythrohepatische Form) unterschieden.

Ist z. B. der Einbau in Blutkörperchen oder Muskeleiweiß gestört, steigt die Konzentration von Porphyrinen und ihren Vorstufen im Blut an; der Fachmann spricht dann von Porphyrinämie. Bei gestörtem Umbau lagern sich diese eher in Haut und anderen Geweben ab und schädigen diese. Auch die Konzentration im Harn (Porphyrinurie) oder Stuhl kann erhöht sein.

Wie äußert sich die Krankheit?

Die Beschwerden hängen davon ab, welches Enzym betroffen ist. In der Praxis hat sich die Einteilung in Formen mit plötzlichem Beginn (Porphyria acuta) und mit chronischem Verlauf (Porphyria chronica) bewährt, da sie mit typischen Symptomen einhergehen. Bei akuten Formen treten Bauchschmerzen, Herz-Kreislauf-Beschwerden, neurologische Störungen und psychische Auffälligkeiten wie Depressionen auf, Kennzeichen der chronischen Porphyrien sind dagegen Veränderungen der Haut, wenn diese Licht ausgesetzt wird.

Zwei wichtige Formen im Überblick

Mit Abstand am häufigsten ist die

- Porphyria cutanea tarda (PCT), eine chronische Form, die wahrscheinlich vererbt oder erworben sein kann. Typisches Kennzeichen ist die Blasenbildung an lichtexponierter Haut, z.B. dem Handrücken oder Nacken. Es kommt zu verstärkter Pigmentation und Haarwuchs. Meist tritt auch eine Schädigung der Leber auf. Der ausgeschiedene Urin dunkelt unter Lichteinfluss rosa oder braun nach.
- Die Porphyria acuta intermittens (AIP) ist eine erbliche, lebensbedrohliche Form. Sie zeigt sich meist erstmalig im frühen Erwachsenenalter. Bestimmte Faktoren wie Infektionen und Medikamente, aber auch Stress, Alkohol und Hunger können einen akuten Anfall auslösen. Die Symptome sind vielfältig. Das Spektrum reicht von Bauchkoliken mit Übelkeit und Erbrechen über Fieber, Herzrhythmusstörungen und erhöhtem Blutdruck bis hin zu psychischen und neurologischen Veränderungen wie Lähmungen, Gefühlsstörungen, Krampfanfälle und Bewusstseinsstörungen. Es können sogar Atemlähmungen auftreten. Deshalb muss der Betroffene bei einer akuten Attacke auf einer Intensivstation betreut werden. Auch bei dieser Form dunkelt der Urin nach.

Wie wird die Diagnose gestellt?

Entscheidend sind zunächst Krankengeschichte und das Beschwerdebild mit der Mischung von Symptomen. Die endgültige Diagnose und das Differenzieren der Form erfolgt mittels Bestimmung von Porphyrinen und ihren Vorstufen im Blut, Urin und Stuhl. Evtl. werden auch genetische Untersuchungen durchgeführt.

Welche Therapie gibt es?

Bei allen Formen ist das Wichtigste, die Auslöser zu meiden. Bei der PCT können unterstützend Lichtschutzsalben aufgetragen werden. Durch Einnahme des Malariamittels Chloroquin kann versucht werden, die Porphyrine aus dem Gewebe zu lösen. Allerdings ist diese Behandlung zeitlich begrenzt. Auch Aderlässe werden eingesetzt. Bei der AIP werden im akuten Anfall die Symptome intensivmedizinisch behandelt. Der Verlauf hängt von der Form ab und davon, ob die Auslöser zu vermeiden sind. Eine Heilung ist bisher noch bei keiner Porphyrie möglich.

ENZYKLOPÄDIE:

Gartenzaun: Als Aneinanderreihung von spitzen Pfählen von manchen für einen wirksamen Schutz gegen Vampire gehalten. Da lacht der Vampir und geht durch die Gartentür.

Hämatom 1: Medizinische Bezeichnung für eine Blutansammlung aus verletzten Blutgefäßen, wobei Blut austritt in das umliegende Körpergewebe.

Hämatom 2: In Vampirkreisen Bezeichnung für ein kleines Glas (vergleichbar dem österreichischen Stamperl oder dem deutschen Kurzen).

Hinrichtung: Die Menschen haben in den letzten Jahrhunderten viel Zeit und Phantasie aufgewendet, einander vom Leben zum Tode zu bringen. Die Entvervollständigung spielt dabei eine Rolle, die ungenügend untersucht scheint. Dabei spielt wohl etwas zutiefst Archaisches hinein: zerlege deinen Gegner, damit er nicht mehr wiederkommt. Hau ihm den Kopf ab wie der Hydra, zerteile ihn, wirf ihn in die Winde, entstoffliche ihn. Seit Sophokles, also seit mehr als 2.500 Jahren, sieht man gebannt der Antigone zu, wenn sie die göttliche Verpflichtung, ihren Bruder zu beerdigen, der Erde zurückzugeben, höher stellt als das menschliche Gesetz dagegen. Vielleicht sollte man auch heute nicht unterschätzen, welche Rolle es spielt, ob es in der Beerdigungskultur darum geht, das Angedenken eines Menschen buchstäblich in alle Winde zu zerstreuen, oder doch Gedächtnisorte zu schaffen, Grabstellen, die bezeichnet sind, die auch Nachfolgenden die Gelegenheit bieten, von dem zu wissen, der gewesen ist.

Die Wahrheit über den Knutschfleck

Ein Schlückchen in Ehren...

Von irgendetwas muss der Vampir ja schließlich auch leben. Sieht man von den wenigen bekannten „vegetarischen" Vampiren ab, die sicherlich seit dem Welterfolg von Edward Cullen und seiner Familie mehr Respekt genießen werden – vielleicht setzt sich das ja genauso durch wie der Vegetarismus bei den Menschen, wo das vegetarische Restaurantangebot mittlerweile das Spektrum „Knödel mit Ei oder Salatplatte?" deutlich überschreitet –, so bleibt das klassische Grundnahrungsmittel des Vampires Blut. Menschenblut. Und weil der Vampir ja nicht blöd ist und es mit den abgelegenen Schlössern und den freudig herbei eilenden und Hals hinhaltenden Jungfrauen auch nicht mehr so recht klappen will, bleibt ihm nicht anderes übrig, als mit aller Geduld und Sorgfalt Beziehungen zu Menschen aufzubauen. Früher hätte so eine Beziehung mit einem jähen Biss geendet, das ist in all den alten Vampirgeschichten nachzulesen. Heute ist das ein BISSchen anders.

Der klassische Knutschfleck ist häufig nichts anderes als das Zeichen einer kleinen Vampirmahlzeit, quasi eines Schlucks zwischendurch. Satt wird man davon nicht, aber was soll man machen... Das Opfer hält's für Liebe und Leidenschaft, Lust und Laster – wahr ist hingegen...

Nun ja, man liest ein Buch wie dieses nicht ohne Illusionsverlustgefahr, doch ist die Chance, dass es sich gerade in Ihrem Fall, lieber Leser, schöne Leserin, um die reine Leidenschaft handelt, intakt. Dafür spricht schon die Statistik und die unterdurchschnittliche Ausbreitung der Vampire. Doch sicherheitshalber – wir empfehlen, dass Sie bei passender Gelegenheit, am besten also bei Tiefschlaf, vorsichtig die Lippen Ihrer/Ihres Liebsten anheben und die Eckzähne einer eingehenden Prüfung unterziehen. Sollte sich das doch als allzu schwierig oder beziehungsgefährdend herausstellen, versuchen Sie, sich mit dem Zahnarzt Ihres/Ihrer Liebsten zu verbünden. Sollte dieser unter Berufung auf die ärztliche Schweigepflicht jede Aussage verweigern, ist das als übles Zeichen zu werten. Denn klassischerweise besuchen Vampire nur vampirische oder zumindest sympathisierende Zahnärzte (übrigens niemals Zahnärztinnen)...

Zurück zum Thema.

Für den Vampir ist es ganz wichtig, den Heilungsprozess des Hämatoms, also des Blutergusses einschätzen zu können. Dieser Heilungsprozess verläuft in mehreren Stadien:

- Keine Färbung. Klar zum BISS
- Rote Färbung (Bluteintritt ins Gewebe, Rot durch Hämoglobin)
- Dunkelrot-Blau (Blutgerinnung)
- Braun-Schwarz (Abbau des Hämoglobins)
- Dunkelgrün (Hämoglobin zu Biliverdin)
- Gelb-Braun (Hämoglobin zu Bilirubin)
- Keine Färbung. Klar zum BISS

So kann die nahezu symbiotische Beziehung zwischen Vampir und Nichtvampir lange währen. Frischer geht es nicht...

Bastard

Von Richard Dehmel

Nun weißt du, Herz, was immer so
in deinen Wünschen bangt und glüht,
wie nach dem ersten Sonnenschimmer
die graue Nacht verlangt und glüht,
und was in deinen Lüsten
nach Seele dürstet wie nach Blut,
und was dich jagt von Herz zu Herz
aus dumpfer Sucht zu lichter Glut.

In früher Morgenstunde
hielt heut mein Alb mich schwer umstrickt:
aus meinem Herzen wuchs ein Baum,
o wie er drückt! er schwankt und nickt;
sein seltsam Laubwerk thut sich auf,
und aus den düstern Zweigen rauscht
mit großen heißen Augen
ein junges Vampyrweib – und lauscht.

Da kam genaht und ist schon da
Apoll im Sonnenwagen;
es flammt sein Blick den Baum hinan,
die Vampyrbraut genießt den Bann
mit dürstendem Behagen.
Es sehnt sein Arm sich wild empor,
vier Augen leuchten trunken;
das Nachtweib und der Sonnenfürst,
sie liegen hingesunken.

Es preßt mein Herz die schwere Last
der üppigen Sekunden,
es stampft auf mir der Rosse Hast –
er hat sich ihr entwunden.
Schon schwillt ihr Bauch von seiner Frucht,
hohl fleht ihr Auge: bleibe!
Er stößt sie sich vom Leibe,
von Ekel zuckt des Fußes Wucht,
hin ras't des Wagens goldne Flucht.

Es windet sich im Krampfe
und stöhnt das graue Mutterweib,
mit ihren Vampyrfingern gräbt
sie sich den Lichtsohn aus dem Leib,
er ächzt – ein Schrei – Erbarmen: ich,
mich hält der dunkle Arm umkrallt,
da bin ich wach – – doch hör'ich,
wie noch ihr Fluch und Segen hallt:

Drum sollst du dulden dies dein Herz,
das so von Wünschen bangt und glüht,
wie nach dem ersten Sonnenschimmer
die graue Nacht verlangt und glüht,
und sollst in deinen Lüsten
nach Seele dürsten wie nach Blut,
und sollst dich mühn von Herz zu Herz
aus dumpfer Sucht zu lichter Glut!

(Von Richard Dehmel)

Der letzte Vampyr von Tyrol
Eine traurige Geschichte

Es war im 18. Jahrhundert, als ein Clan von Vampiren aus Transsilvanien in Richtung Westen aufbrach. Dort sollte es schön sein, hörten sie, dort lebten Menschen mit dickem rotem Blut, dort gab es Platz und frische Luft und Sonnenschein. Und keinen Lärm. Denn Vampire sind lärmempfindlich. Und so wanderten die Vampire geduldig, suchten nachts zeitgerecht eine Höhle oder eine abgelegene Almhütte, in der sie ihre Särge aufstellen konnten, um die Tage in Ruhe zu verbringen.

Zuletzt landeten sie in Tirol. Und hier war es perfekt. Hier herrschte die ideale Kombination von kleinen Siedlungen, abgelegenen Tälern, steilen unzugänglichen Felswänden mit kleinen verlassenen Burgen drauf. Der besondere Bonus aber war, dass inmitten der kehligen Tiroler Sprachlandschaft, in der ein Tal das andere nur mühsam verstand, ihre eher unübliche Sprechweise niemandem auffiel. Wenn doch einer nachfragte, lud man ihn zum Gastmahl. Irgendwann haben die Verwandten dann regelmäßig die Suche aufgegeben. Schließlich stürzt immer wieder jemand in den Bergen ab...

Und es brach das 19. Jahrhundert an. Die Vampire hielten nichts von der Politik. Sie war ihnen herzlich egal, sie hatten schon so viele Herrscher kommen und gehen gesehen, hatten Schwache aufsteigen und Starke stürzen erlebt, hatten gesehen, wie Reiche entstanden und wieder vergingen, wie Kurzlebiges von Dauer wurde und Unendliches zerfiel.

Der Vampir ist gerne integriert. Und weil man damals Tirol mit y schrieb, also Tyrol, beschlossen die Tiroler Vampire, sich hinfort Tyroler Vampyre zu nennen. Als Referenz vor ihren Mitbewohnern, als kleine Verbeugung ins ferne Wien, wo der sagenhafte Kaiser regierte. Also saßen die Vampyre auch gerne im Tyroler Wirtshaus, tranken den guten Rotwein – quasi ersatzhalber –, kosteten vom Speck (aber das wäre denn doch ein wenig zu viel der Integration gewesen), sehnten sich nach einem Bergwanderer, den keiner vermissen würde und führten sonst ein im allgemeinen unauffälliges, beschauliches Dasein. Doch dann kam ihnen die Politik in die Quere.

Mit der Begehrlichkeit der bayerisch-französischen Verbündeten nach dem Land Tirol kam es zu Unruhen, später zu Kämpfen. Manchem Vamypr wurde im auflodernden Patriotismus seine mangelnde Kampfeslust zum Vorwurf gemacht. Bald kam das Gerücht auf – das seien ja Fremde, vielleicht gar: Spione? Und allmählich wendete sich das Blatt der Freundlichkeit und Integration, der legendäre Aufruf des Andreas Hofer wurde auch als gegen die aus Transsilvanien verstanden. Es wurde ungemütlich.

05

Seufzend, doch ohne zu klagen, zogen die Vampyre weiter hinauf. Dort wo die Bäume nur noch vereinzelt stehen, vom Wind gebeugt, vom Regen gezaust. Dort wo das Murmele pfeift. Alsbald lebten sie wieder ungestört, nahmen nicht weiter Notiz von dem, das da unten passierte. Gelegentlich kam einer vorbeigelaufen, auf der Flucht vor wem auch immer, fragte nach Quartier, das man ihm stets willig und umstandslos einräumte. Waren die Abstände dieser Flüchtlinge kurz, so hatte der zweite Glück und konnte ungeschoren, vielleicht sogar beschenkt seiner Wege ziehen. Es gibt kaum etwas Friedlicheres als einen satten Vampyr...

Die Jungen allerdings... Die Jungen begannen sich bald zu langweilen. In den Bergen ist es einsam, erst recht im Winter, und mancher sann nach Möglichkeiten, woanders hin zu gehen. Und selbst den Preis einer Nahrungsumstellung war mancher zu zahlen bereit. So fürchterlich einsam war es da droben, wenn der Wind heulte und der Steinschlag prasselte. Und so kam es, dass die Vampyre von Tyrol immer weniger wurden. Gleichzeitig stiegen die Touristen immer häufiger nicht nur als Einzelwanderer den Berg hinauf, sondern organisierten sich in größeren, per se schon wehrhaften Gruppen. Seufzend zogen auch die älteren Vampyre weiter, die die bleiben wollten. Sie gingen nicht horizontal fort, sondern vertikal. Leerstehende Adlerhorste wurden ausgebaut zu Vampyrhäuschen, in denen sie in Ruhe den Tag verschlafen konnten, ehe die Nachtsonne wieder ihr mildes Licht über Gerechten und Ungerechten scheinen ließ. Und in den Vollmondnächten flogen sie mit den Steinadlern um die Wette, warfen milchweiße Schatten und ließen es sich gut gehen. Sie hatten ein schönes Leben, die Vampyre in Tyrol.

Mit der Bildung hielt die Zeitung Einzug, auch im schönen Tiroler Land. Immer öfter wurden Fragen gestellt, wenn ein Wanderer nicht zurück kam. Da nützte es auch nicht viel, wenn die Vampyre sich freiwillig meldeten für Gemeinschaftsaufgaben – Wegemarkierung, Steigsicherung. Die Fragen wurden lauter, wurden häufiger. Suchmannschaften kamen mit leeren Händen nach Hause.

Dazu kam: die Verlockung. Immer mehr Vampyrfrauen hatten genug von dem einsamen, kargen Leben. Sie entsagten dem Vampyrsein, kleideten sich schick; wurden das Vorbild für manche städtische Vamps. Es war das Unklare, das Geheimnisvolle an ihnen, das reizte, das lockte, das verführte. Die Freier standen Schlange, auch ernst zu nehmende Anträge blieben nicht aus – kurz, sie machten sich davon, stellten ihre Ernährung um, ließen sich die Zähne reparieren und waren weg. Zunächst kamen noch Grußkarten, zu Geburtstagen und Weihnachten, bald wurden sie seltener; schließlich blieben sie ganz aus.

05

Die letzten Vampyre von Tyrol scharten sich um das Herdfeuer ihrer Erinnerungen. Manch einer wurde unachtsam, wurde erwischt, als er sich über Wanderer hermachte, endete mit einem Pfahl im Herzen; andere übersahen den Alkoholspiegel ihrer Mahlzeit, stürzten im Vollrausch den Abgrund hinunter – dort stand einsam eine kleine Fichte mit stolz gerecktem Stamm… Der Schmerz ist kurz, der Tod ist ewig.

So blieb nur noch einer. Er, der letzte Vampyr von Tyrol. Er wanderte von einem verlassenen Horst zum anderen, stets auf der Suche, denn er konnte es nicht glauben, dass aus dem stolzen Geschlecht keiner mehr da war als er. Längst war es ihm zu mühsam geworden, mit den Adlern um die Wette zu fliegen. Zu seiner Schwermut gesellte sich die Schwerhörigkeit. Einsam saß er Nacht für Nacht da, betrachtete den Mond und die Sterne und beneidete das Einhorn.

Und eines Nachts geschah es. Der Vampyr hatte nicht mitbekommen, dass im Zuge des weiteren Ausbaus der touristischen Einrichtungen und Attraktionen eine Bahn gebaut wurde, eine Bahn von Jenbach bis zum Achensee. Er wußte nichts von Lokomotiven und Fahrplänen, nichts von Dampfmaschinen und nichts vom Stolz der Schaffner. So gelangte der Vampyr auf seiner Wanderschaft zur Bahntrasse und betrachtete voll Verwunderung die schimmernden Schienen, auf denen sich das Mondlicht spiegelte. Er setzte sich auf die Geleise und sah melancholisch den Berg hinauf, über dem ein voller Mond stand. Er wußte auch nichts davon, dass just in dieser Nacht zum ersten Mal eine Nachtfahrt stattfand, von Jenbach hinauf zum Achensee. Als er über die Schulter blickte, sah er fasziniert, dass ein zweiter Mond den Berg heraufwuchs. Wie kann das sein? dachte er. Der zweite Mond wurde sehr groß und pfiff. Wurde sehr groß und pfiff sehr laut. Der Vampyr mochte dieses Pfeifen nicht.

Pffft. So endete der letzte Vampyr von Tyrol auf den Schienen. Es war in einer Vollmondnacht.

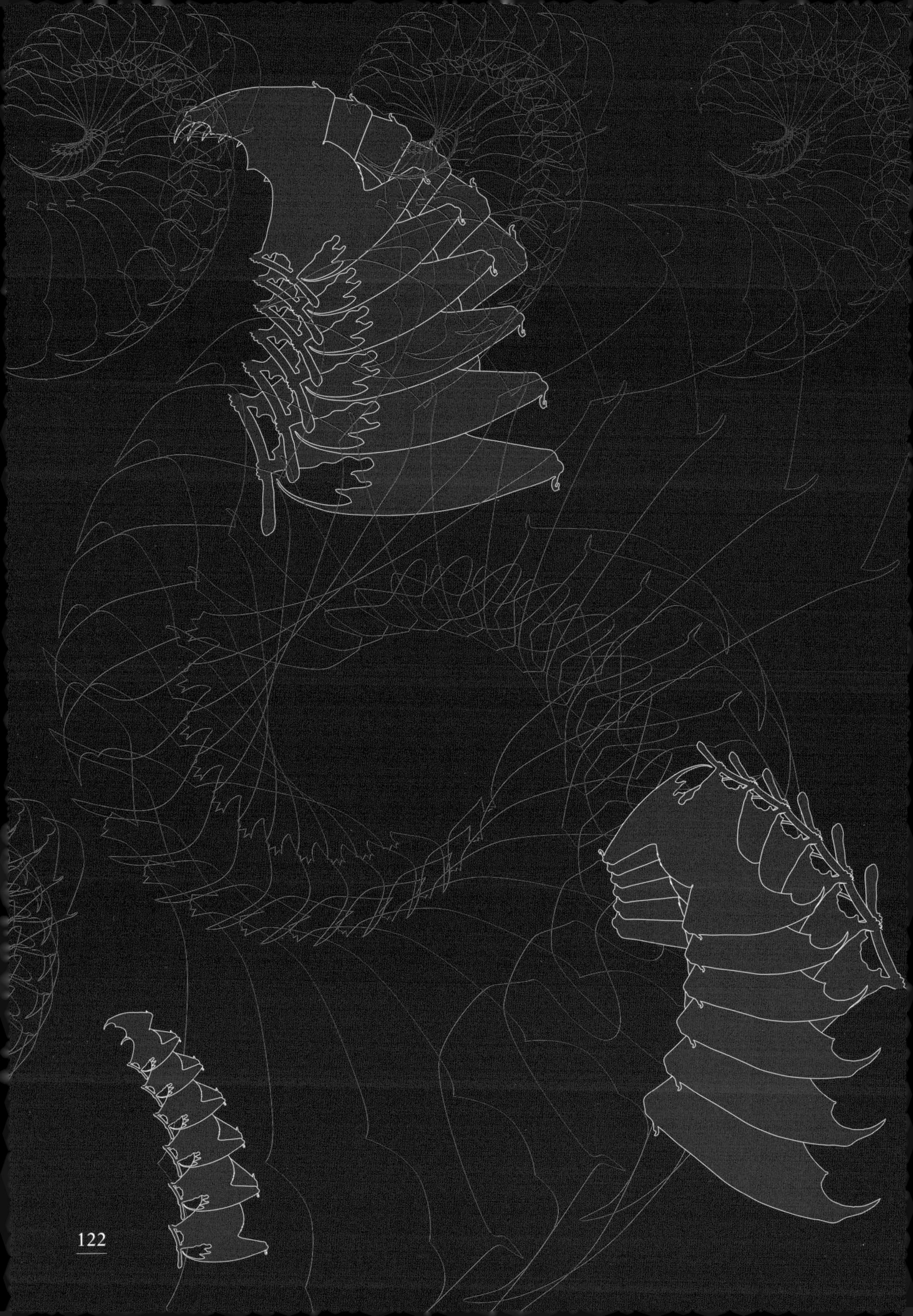

Der Dot.Vampir –
im Internet geht die Post ab

RollenspielCommunityCapeSchmuckTattooSpielzeugParfumDraculaVampir
BlutVampyrBeissenVampireTranssilvanienVampyreProhibited.at.de.eu.net.com
RollenspielCommunityCapeSchmuckTattooSpielzeugParfumDraculaVampir
BlutVampyrBeissenVampireTranssilvanienVampyreProhibited.at.de.eu.net.com

Im Internet entwickelt sich eine komplette Subkultur des Vampirismus; Wissenschaft und Menschenfischer existieren hier friedlich nebeneinander, die Grenzen verwischen, der eine schaut dem anderen über die Schulter, Communityjargon und ernsthafte Auseinandersetzung schöpfen durchaus aus gleichem Brunnen.

Vampir, was ist dein Name

Jede Liste bleibt unvollständig...

In der Vampirliteratur gibt es zahllose Namen, Sonderformen, Überliefertes, Erfundenes. Da mischen sich seriöse Forschung und Volksetymologie, Übersetzungsfehler paaren sich mit flüchtig Abgeschriebenem. Allein die unterschiedlichen Schreibweisen in der englischen und deutschen Literatur oder die verschiedenen Transkriptionsweisen slawischer Sprachen (suchen Sie einmal in einem Literaturlexikon nach dem Verfasser der Theaterstücke „Die Möwe" oder „Der Kirschgarten". Der eine wird nach dem Band T greifen und unter Tschechow nachblättern. Der andere sucht bei C nach Cechov. Und beide haben recht.) Und so ist es natürlich auch in der angewandten Vampirkunde. Man könnte auch sagen: er tarnt sich durch Sprache.

Zusendungen zu Namen, Etymologie und inhaltlicher Erklärung sind sehr willkommen: info@vampirhandbuch.at

Abchanchu – Bolivien
Abere – Melanesien
Acheri – Afrika
Adze – Ghana und Togo
Agogwe – Tansania
Agta – Philippinen
Akhkaru – Assyrien
Algul – Iran
Alqul – Saudi-Arabien
Alnwick Castle – England
Alp – Deutschland
Aluka – Syrien und Israel
Andilaveris – Kithos, Griechenland
Angiak – Alaska
Animalite – Spanien
Aniukha – Sibirien
Antoine Leger – Versailles, Frankreich
Apotamkin – Native American
Asanbosam – Afrika
Asema – Südamerika
Asiman – Westafrika
Aswang – Philippinen
Ataru – Westafrika
Atraiomen – Karibik
Aufhocker – Deutschland
Azeman – Surinam
Baital – Indien
Bajang – Malaysia
Baka – HooDoo-Tradition
Bantu – Indien: drei Hauptarten:
Bantu Dugong
Bantu Parl
Bantu Saburo
Baobhan Sith – Schottisches Hochland
Bas – Malaysia
Bebarlang – Philippinen
Bela Kiss – Budapest, Ungarn
Berwick Vampire – England, 12. Jhdt.
Bhauangkara – Tibet
Bhūta – Indien
Bibi – Balkan
Blutsauger – Deutschland
Brahmaparush – Indien
Breslauer Vampir – Polen, 17. Jhdt.
Bruja – Spanien und Mittelamerika
Bruxa – Portugal
Buckinghamshire Vampire – England 1196
Cadaver Sanguins – England im Mittelalter
Callicantzaro – Griechenland
Camazotz – Maya Mythologie

Canchus – Peru
Catacano, Kathakano – Kreta
Cihuateteo – Azteken Mythologie
Chedipe – Indien
Chordewa – Bengal
Chupacabra – Puerto Rico, Chile, Mexico, USA
Churel – Indien
Cihuacoatl – Azteken
Cihuateteo – Mexico
Corwin Familie – Vermont, USA
Croglin Grange –England, 1900
Dachnavar – Armenien
Dala-Kumara Yaka – Sri Lanka
Danag – Philippinen
Dearg-due – Irland
Dhampire – slawische Mythologie
Dila – Philippinen
Djadadjii – Bulgarien
Doppelsauger – Deutschland
Draugr – Norwegen
Edimmu – Irak
Empusia – griechische Antike
Eretik – Russland
Estrie – jüdische Tradition
Fealaar – Schottland
Fifollet – USA
Florencio Rouqe Fernadez – Argentinien
Francois Bertrand – Frankreich 1840
Fritz Haarmann – Deutschland 1879-1925
Gabrielle de Launay – Frankreich 1760
Gayal – Indien
Ghul, Ghoul – Arabien, Japan, Philippinen
Gilles de Rais – Frankreich 1404-1440
Gilles Garnier – Frankreich
Glastig – Schottland
Gräfin Elga – Karpaten
Grando the Carniola Vampir – Balkan 1689
Hannya – Japan
Haubui – Norwegen
Hidam Vampir – Ungarn
The Highgate Vampire – London
Hisi-Hsua-Kuei – China
Impundulu – Cape of Africa
Inkubus – Mittelalter, in Europa verbreitet
Inovercy – Russland
Ivan Vasilli – Russland 1897

Jaracaca – Brasilien
Jenglot – Indonesien and Malaysia
Jiang Shi – China
Jigarkhwar – Indien

John George Haigh – England 1910-1949
Joseph Vacher – Frankreich 1869–1898
Jure Grando – starb 1656 und wurde 1672 als Vampir enthauptet
K'uei – China
Kalu-Kumara Yaka – Sri Lanka
Kappa – Japan
Kawako – Japan

ENZYKLOPÄDIE:

Inquisition: Die Inquisitionszeit war für die Vampire nicht ungefährlich und sie waren vom Aussterben bedroht. Man warf ihnen – mal mehr, mal weniger zu Unrecht – verschiedene Dinge vor. Hauptsächlich wurden sie aber für das Verschwinden von Wanderern verantwortlich gemacht. Nun ja... Die normalen Hinrichtungsarten störten sie nicht weiter; nach einer Anstandsfrist erhoben sie sich aus den Gräbern und gingen wieder nach Hause. Die lodernden Scheiterhaufen hingegen – da half gar nichts...

Kasha – Japan
Kataknana – Kreta
Kichkandi – Nepal
Kephn – Burma
Kozlak – Dalmatien
Krvopijac – Bulgarien
Kudlak – Tschechien
Kuzlak – Dalmatien
Kukudhi – Albanien
Kyuuketsuki – Japan
La Llorona – Zentralamerika und USA
Lamia – Libyen
Lampire – Bosnien
Langsuir – Malaysia
Lapps – Lappland
Leanashe – Irland
Lemures – antikes Rom
Leanhaum-shee – Irland
Liebava – Mähren
Lidérc – Ungarn
Lilith – Mesopotamien
Lobishomen – Brasilien und Portugal
Loogaroo – Karibik / Mauritius
Manananggal – Philippinen
Mandurugo – Philippinen
Mara – Slawonien
Masan – Indien
Mati-Anak – Malaysia
Mau-Mau – Kenya 1950
Martin Dumollard – Frankreich 1888
The Melrose Vampire – England
Melusine – Frankreich
Mercure Galant – Frankreich 1693
Michel Beheim – Deutschland 1463
Mykonos Vampir – Griechenland 1702
Mmbyu – Indien
Muroni – Rumänien
Nachtzehrer – Deutschland
Nelapsi – Slowakei
Nora – Ungarn
Nosferatu – Rumänien
Obayifo – West Afrika
Obur – Bulgarien
Ohyn – Polen
Ol' Higue – Jamaica
Opyrb – Slawisch
Pacu Pati – Indien
Pelesit – Malaysia
Penanggalan – Malaysia
Peter Plogojowitz – Serbien
Peuchen – Chile
Pichal Peri – Indien
Pichas – Nepal
Pishtaco – Südamerika, Peru
Rakasahas – Indien
Ramanga – Madagaskar
Revenants – England

ENZYKLOPÄDIE:

Landsteiner: Der österreichische Arzt Karl Landsteiner (1868-1943) entdeckte 1901 das System der Blutgruppen (AB0) und 1940 den Rhesusfaktor. Damit gelangen entscheidende Schritte in der Medizin. 1930 erhielt er den Nobelpreis.

Lola: Als der „blaue Engel" ebenso liebenswürdig wie falsch bezeichnet, ist Lola in der Darstellung von Marlene Dietrich zu einem der Prototypen des Vamptums geworden. Ein anständiger Vampir will von derlei Verirrungen nichts wissen.

Richmond Vampire –
Richmond, Virginia, USA
Riri Yaka – Sri Lanka
Sava Savanović – Serbien
Shtriga – Albanien
Soucouyant – Trinidad
Strega – Italien
Strigoi – Rumänien
Strix – antikes Rom
Strzyga – Slawisch
Suangi – Neuguinea
Sukuyan – Karibik
Succubus – Antike
Sybaris – Griechenland
Talamaur – Australien

Thayé – Burma
Tlahuelpuchi – Mexico
Ubour – Bulgarien
Upier – Polen
Upir – Ukraine
Upyr – Russland
Uruku – Mesopotamien
Ustrel – Bulgarien
Utukku – Mesopotamien
Vapir – Bulgarien
Vârcolac – Rumänien
Vârkolak – Bulgarien
Vendalla – Äthiopien
Vetalas – Indien
Vhlk'h dlaka – Griechenland
Vjesci – Deutschland
Vampir – Slowenien
Vourdalak – Russland
Vrykolakas – Griechenland
Vrykolatios – Santorin
Wak Wak – Philippinen
Wurdulac – Russland
Yama – Tibet, Nepal und Mongolei
Yara-ma-yha-who – Australien
Yaka – Sri Lanka
Yaksha – Sri Lanka, Indien
Zaloznye Pokojniki – Russland
Zorfabio – Neuseeland
Zaolas – Brasilien

ENZYKLOPÄDIE:

Nosferatu: Max Schreck schrieb mit ihm Filmgeschichte. Als Bühnendarsteller war er erfolgreich, er drehte über 40 Filme – und doch bleibt sein Name mit dem einen großen Film verknüpft, in dem er, „halb verwest", Schrecken verbreitete und ein Genre prägte.

Pfahl: Darüber wird in einer anständigen Familie nur ungern gesprochen. Schließlich hat schon der eine oder andere Verwandte damit sehr unliebsame Bekanntschaft gemacht.

Amerikanische Träume
Aus einer Leihbibliothek

Es ist ziemlich schräg. Jede Menge neuer Vampirromane spielt in amerikanischen Kleinstädten. Weil dort irgendwie die Zeit stehen zu bleiben scheint, weil durch die latente Fremdenfeindlichkeit von vornherein klar ist, wer die Guten sind und wer die Bösen; weil das Leben in so einer kleinen Stadt vielleicht sehr schön ist, vielleicht aber auch eine Vorstufe zur Hölle, wo man für jede Abwechslung dankbar ist. Selbst wenn sie einem den Hals aufbeißt.

Das gleiche gilt für die Teenager-Horror-Filme: immer irgendwo im Hinterwald... Die folgende Aufstellung gibt Einblick in das Angebot einer US-Kleinstadt-Bibliothek. Inklusive Texttafel am Regal.

Vampire in der Bibliothek
Von frühen Lagerfeuererzählungen bis zu den Groschenromanen des 19. Jahrhunderts haben die Vampire immer ihr Publikum fasziniert. Bram Stoker brachte seinen „Dracula"-Klassiker 1897 heraus. Im 20. Jahrhundert waren die Vampire so populär, dass die Autoren begannen, mit dem Stereotyp des nächtlichen Blutsaugers zu spielen und neue Formen zu entwickeln. In den heutigen Romanen finden wir gute Vampire, Vampirjäger, romantische Vampire, witzige Vampire und Vampire als Opfer eines Virus. Vampirromane neigen zur Serienbildung, also achtet auf die Anfangsbücher eines vielbändigen Romanzyklus. In Vampirgeschichten steckt oft eine Menge Sex und Gewalt. Eltern sind zur Wachsamkeit aufgerufen!

Traditionelle Vampire
Das sind die mit den besonderen Zähnen. Sie werden dich aussaugen.

Bücherliste
Brite, Poppy Z. Lost Souls
Brownworth, Victoria A. (Ed.). Night Bites: Vampire Stories by Women
Clegg, Douglas. The Priest of Blood (first of the Vampyricon series)
Codrescu, Andrei. Blood Countess
Golden, Christopher. Of Saints and Shadows (first of the Shadow Saga)
Hinton, S.E. Hawkes Harbor
Huff, Tanya. Blood Price (first of the Blood Ties series)
Kostova, Elizabeth. The Historian
Laymon, Richard. The Traveling Vampire Show
Le Fanu, Joseph. Sheridan Carmilla
Lukyanenko, Sergei. Nightwatch (first of the Night Watch series)
Matheson, Richard. I Am Legend

McKinley, Robin. Sunshine
Rice, Anne. Interview with the Vampire (first of the Vampire Chronicles series)
Saberhagen, Fred. The Dracula Tape (first of the Dracula series)
Somtow, S.P. Vampire Junction
Stoker, Bram. Dracula
Strieber, Whitley. The Hunger
Thurlo, David. Second Sunrise (first of the Lee Nez series)
Wellington, David. 13 Bullets: A Vampire Tale
Yarbro, Chelsea. Hotel Transylvania (first of the Saint-Germain series)

Romantische Vampire

Verliebe dich, lass dir dein Blut aussaugen, vielleicht erwischst du ja sogar einen Untoten. Oder zwei.

Bücherliste

Armintrout, Jennifer. The Turning (the first of the Blood Ties series)
Banks, L.A. Minion (first of the Vampire Huntress Legends series)
Bite [anthology]
Blue, Lucy. My Demon's Kiss (first of the Bound in Darkness series)
Brite, Poppy Z. (Ed.). Love in Vein: Twenty Original Tales of Vampiric Erotica
Brite, Poppy Z. (Ed.). Love in Vein II: Eighteen More Original Tales of Vampiric Erotica
Chance, Karen. Touch the Dark (first of the Cassandra Palmer series)
Cravings [anthology]
Elrod, P.N. (Ed.). My Big Fat Supernatural Wedding
Feehan, Christine. Dark Prince (first of the Carpathians series)
Hamilton, Laurell K. Guilty Pleasures (first of the Anita Blake: Vampire Hunter series)
Hays, Clark. The Cowboy and the Vampire
Immortal Bad Boys [anthology]
Love at First Bite [anthology]
Kenyon, Sherrilyn. Night Pleasures (first of the Dark-Hunter series)
MacAlister, Katie. A Girl's Guide to Vampires (first of the Dark Ones series)
Meyer, Stephenie. Twilight (first of the Twilight series)
Roberts, Nora. Morrigan's Cross (first of the Circle trilogy)
Russe, Savannah. Beyond the Pale (first of the Darkwing chronicles)
Sands, Lynsay. Single White Vampire (first of the Argeneau series)
Sizemore, Susan. I Burn for You (first of the Primes Romances series)
Sparks, Kerrelyn. How to Marry a Millionaire Vampire (first of the Love at Stakes series)
Viehl, Lynn. If Angels Burn (first of the Darkyn series)
Ward, J.R. Dark Lover (first of the Black Dagger Brotherhood series)

Humorvolle Vampire

Die leichtere Variante der „romantischen Vampire“. Hier gibt es Platz für Ironie im Umgang mit den Untoten.

Bücherliste

Acevedo, Mario. Nymphos of Rocky Flats (first of the Felix Gomex series)
Davidson, Maryjanice. Undead and Unwed (first of the Undead series)
Fox, Andrew. Fat White Vampire Blues (first of the Fat White Vampire series)
Harris, Charlaine. Dead Until Dark (first of the Southern Vampire series)
Harris, Charlaine & Toni L.P. Kelner (Ed.). Many Bloody Returns
Moore, Christopher. Bloodsucking Fiends: A Love Story (first of the Vampire Love Stories series)
Sosnowski, David. Vamped

Gezeichnete Bücher

Illustrierte Geschichten können doppelt so schaurig sein!

Bücherliste

Feehan, Christine. Dark Hunger
Hamilton, Laurell K. Anita Blake, Vampire Hunter, Vol.1: Guilty Pleasures
Judal. Vampire Game. Vol. 1
Kagesaki, Yuna. Chibi Vampire. 1
Lee, So-Young. Model. Volume One.
Schreiber, Ellen. Vampire Kisses. Volume 1, Blood Relatives)
Tome, Kei. Lament of the Lamb. Vol. 1
Whedon, Joss. Buffy the Vampire Slayer, Season Eight, Volume 1: the Long Way Home
Whedon, Joss. Fray

Vampir-Sachbücher

Hier gibt es Informationen über die Vampire in Kunst, Literatur und im Volkswissen.

Bücherliste

Barlett, W.B. Legends of Blood: the Vampire in History and Myth
Barber, Paul. Vampires, Burial, and Death: Folklore and Reality
Hoyt, Olga. Lust for Blood: the Consuming Story of Vampires
Phillips-Summers, Diana. Vampires: a Bloodthirsty History in Art and Literature
Skal, David J. V. is for Vampire: the A-to-Z Guide to Everything Undead

The Vampire

von Rudyard Kipling

Der Autor des „Dschungelbuchs“ hat viel mehr geschrieben; das meiste ist bei uns unbekannt. Mit „The Vampire“ leistete auch er seinen Beitrag...

A fool there was and he made his prayer
(Even as you and I!)
To a rag and a bone and a hank of hair
(We called her the woman who did not care),
But the fool he called her his lady fair
(Even as you and I!)
Oh the years we waste and the tears we waste
And the work of our head and hand,
Belong to the woman who did not know
(And now we know that she never could know)
And did not understand.
A fool there was and his goods he spent
(Even as you and I!)
Honor and faith and a sure intent
But a fool must follow his natural bent
(And it wasn‘t the least what the lady meant),
(Even as you and I!)
Oh the toil we lost and the spoil we lost
And the excellent things we planned,
Belong to the woman who didn‘t know why
(And now we know she never knew why)
And did not understand.
The fool we stripped to his foolish hide
(Even as you and I!)
Which she might have seen when she threw him aside –
(But it isn‘t on record the lady tried)
So some of him lived but the most of him died –
(Even as you and I!)
And it isn‘t the shame and it isn‘t the blame
That stings like a white hot brand.
It‘s coming to know that she never knew why
(Seeing at last she could never know why)
And never could understand.

Haus und Clan
Zwischen Rollenspiel und Realität

Clan Malkavian – Der Clan des Mondes
In vergangenen Zeiten waren die Malkavianer ein von Intrigen zerrütteter Clan, ähnlich wie die Ventrue. Doch dann wurden sie wahnsinnig – wie, weiß niemand mit Bestimmtheit zu sagen. Manche Clans sagen, dass die Malkavianer mit etwas beschenkt wurden, das niemand haben will.

Nichts desto trotz liegt im Wahn Weisheit, und die Malkavianer haben oft Einblick in Dinge, die sie eigentlich weder wissen können noch dürften. Es ist nicht so, dass alle Malks sabbernde Idioten sind. Sie sind auf den ersten Blick für gewöhnlich nicht verrückter als alle anderen auch, aber hin und wieder, aus bestimmten Anlässen oder in gewissen Zeitabständen, klinken sie völlig aus – oft für längere Zeit. Malkavianer haben Freude daran, anderen ihren „Wahnsinn" näher zu bringen bzw. sie am besten auch gleich verrückt zu machen.Wenige Malks kümmern sich ernsthaft um ihre Stellung in der Gesellschaft, aber es gibt natürlich welche – und die setzen auch ihren Wahnsinn ein. Für die Malks bedeutet die Störung mehr die Erlösung von der Realität, die eigentlich ja gar keine ist, sondern von der wir uns einbilden, dass sie echt ist. So werden sie auch für gewöhnlich nur aus den Menschen rekrutiert, bei denen die Existenz als Kainit keinen allzu großen Umbruch bedeutet. Entweder sie sind schon verrückt – dann haben sie noch mal Glück gehabt – oder sie haben Pech, sind „gesund" und werden erst von den Malk in den Wahnsinn getrieben. Malkavianer sind oft hochintelligent und gebildet, seltener Kämpfer auf physischer Ebene. Jeder Clan hat Nachteile. Bei den Malks ist ihr Wahnsinn der Nachteil: Ihre Geistesstörung werden sie immer behalten, egal, wie gut ihr Psychiater ist.

Die Clandisziplinen der Malkavianer sind Auspex, Dominate und Obfuscate.

Haus und Clan Tremere
Anders als die anderen Clans haben die Tremere keinen traditionellen Namen. Im Mittelalter gab es einst sieben Magier, die erfolgreich ein Ritual vollzogen, das sie zu Vampiren machte. Einer dieser sieben, Tremere genannt, erschlug Saulot (einen Kainiten der 3. Generation) und wurde dadurch mächtiger als die anderen Magier. Die Tremere werden von den Kainiten für gewöhnlich verachtet, da sie ja keine „echten" Vampire sind, doch da sie eine nicht zu unterschätzende Blutmagie entwickelt haben, über die die wildesten Gerüchte kursieren, werden sie ebenso gefürchtet. Die Tremere sind so straff organisiert wie kein anderer Clan. Es gibt in jeder größeren Stadt ein Versammlungshaus der Tremere, die Chantry.Von den Tremere wird absoluter Gehorsam gegenüber dem Clan gefordert, jeder muß seinen Platz kennen. Der Clannachteil der Tremere besteht darin, dass jeder Neonate von den sieben Eldern

(Ältesten) trinken muß und so den ersten Schritt zum Blutsbund macht. Die Clandisziplinen der Tremere sind Auspex, Dominate und Thaumathurgie.

Clan Nosferatu – Der Clan der Verborgenen

Die Nosferatu werden durch das Blut ihres Clangründers nach ihrem Embrace („Geburt" als Vampir, auch Kuß genannt) immer weiter entstellt, was auch ihren traditionellen Namen erklärt. Die Entstellung bezieht sich nicht einfach nur auf ein schlechtes Hautbild, sondern geht bis zur Deformation der Gliedmaßen. Die Transformation zieht sich über mehrere Wochen hin und ist sehr schmerzhaft; jedoch nicht so schmerzlich wie die Auswirkungen, die diese Veränderungen auf die Umwelt haben. Sowohl Menschen als auch Vampire sind von ihnen abgestoßen.

Da sie nicht in Gesellschaft anderer sein können, sind die Nosferatu untereinander sehr familiär. Sie haben gelernt, auf die inneren Werte zu achten und sich nicht von Äußerlichkeiten beeindrucken zu lassen. Doch haben sie einen Weg gefunden, sich unter den Menschen bewegen zu können: Mithilfe ihrer Disziplin können sie im Bewusstsein anderer ihr Äußeres verändern. Trotzdem versuchen sie sich so weit wie möglich von der Gesellschaft fern zu halten. Sie sind einfach nicht in der Lage, in dieser zu interagieren, was mit der Zeit auch auf den Umgang mit anderen Vampiren abfärbt. Obwohl sie sich fast nie in der Menge aufhalten, wissen sie erstaunlich gut über die Zustände in der Stadt Bescheid und tauschen ihr Wissen untereinander aus. Wenn man eine Information braucht, an die man nicht ohne weiteres rankommt, braucht man nur einen Nosferatu zu fragen. Es werden nur Außenseiter embraced, da die Veränderung für jeden gesellschaftlich involvierten Menschen einfach zu grausam wäre.

Die Nosferatu versuchen, mit dem Embrace den entstellten, obdachlosen oder geisteskranken Menschen eine Art zweite Chance zu geben. Man ist überrascht, wie oft das klappt. Sie halten sich oft dort auf, wo sie nicht von den normalen Leuten gefunden werden können, Kanalisationen, Abbruchhäuser und ähnliches sind ihre Heime. Der Clannachteil der Nosferatu ist unschwer erkennbar ihre Hässlichkeit.

Ihre Clandisziplinen sind Animalism, Obfuscate und Potence.

Der Clan der Könige

Der Name des Clans rührt daher, dass nur die Edelsten ausgesucht wurden, mit ewigem Leben beschenkt zu werden. Da der Adel heutzutage stark an Bedeutung verloren hat, werden seit einiger Zeit auch einflussreiche Politiker, Gewerkschaftsbosse etc. embraced.

Die Ventrue sind ähnlich wie die Tremere straff organisiert, jedoch von Intrigen zerfressen, mit denen sie sich ständig gegenseitig um ihre Stellung bringen wollen. Die meisten Ventrue sind sehr konservativ sowohl in Denken und Handeln als auch im Stil ihrer Kleidung. Ventrue sind für gewöhnlich schon zu den Zeiten ihrer Sterblichkeit einflussreich und bauen dies in ihrem Dasein als Vampir noch viel weiter aus. Wenn etwas schief geht, kommen die anderen Clans oft zu den Ventrue, um sie um Hilfe zu bitten.

Ventrue bleiben oft dort wohnen, wo sie auch als Sterbliche schon gewohnt haben, da sie alte Gepflogenheiten nur sehr schwer ablegen. Sie sind sehr auf ihren Ruf bedacht; und sie werden immer darauf bestehen, die Gründer der Camarilla zu sein. Die Clanschwäche der Ventrue ist eine besonders gravierende: Sie können nur von bestimmten Lebewesen trinken. Nur von jungen Männern, nur von Menschen mit bestimmter Haar-, Augen- oder Hautfarbe. Alles andere Blut vertragen sie nicht.

Ihre Disziplinen sind Dominate, Fortitude und Presence.

Clan Toreador – Der Clan der Rose

Die Toreador sind allesamt Künstler. Sie wurden entweder embraced, weil sie eine Kunst sehr gut beherrschen, oder weil sie unglaublich schön sind, so dass sie selbst Kunst sind. Sie verbringen ihr ganzes Dasein mit der Suche nach Kunst und sind der einzige Clan, der sich wirklich noch unter den Menschen aufhält. Sie folgen stets dem letzten Trend oder kreieren ihn am besten gleich selbst.

Wie alle Künstler fühlen sie sich missverstanden. Toreador verlieben sich sogar in Sterbliche. Die Toreador sind fast gar nicht organisiert, sondern leben nur locker als Clan zusammen; sie treffen sich nur gelegentlich und das sind auch keine Treffen, um Probleme oder Angelegenheiten des Clans zu besprechen, sondern dienen eher der Unterhaltung und des gesellschaftlichen Zusammenseins.

Der Nachteil der Toreador besteht darin, dass sie manchmal von der Schönheit eines Anblicks so überwältigt sind, dass sie sich nicht davon losreißen können und so sogar stundenlang vor diesem Anblick stehen bleiben, unfähig, sich zu rühren oder auf irgend etwas zu reagieren. Auch wenn es sich bei dem Anblick um den Sonnenaufgang handelt.

Die Disziplinen der Toreador sind Auspex, Presence und Celerity.

Clan Gangrel – Der Clan des Tieres

Die Gangrel sind ein sehr naturverbundener Clan, der sich selten in der Stadt aufhält. Sie bevorzugen Wald, Feld und Wiese – nicht, weil sie die Gesellschaft nicht mögen, sondern weil sie sie nicht brauchen. Sie bleiben selten lange an einem Platz, sondern wandern umher, worin sie sich sehr von den anderen Vampiren unterscheiden, die lieber an einem sicheren Platz bleiben, wenn sie erst mal einen gefunden haben.

Gangrel haben für gewöhnlich viele Ähnlichkeiten mit Tieren und können sich dank ihrer Disziplinen unter anderem auch in Tiere verwandeln. Ihre Clanstruktur ist sehr locker, sie haben nichts, was man rechtens Anführer nennen kann und sie treffen sich nur sehr unregelmäßig. Die Gangrel verstehen sich sehr gut mit den Zigeunern und es wird ihnen nachgesagt, dass sie auch mit den Werwölfen auskommen – eigentlich sind Vampire und Werwölfe (oder Garous) Todfeinde.

In Kleidung und Benehmen sind die Gangrel im Normalfall sehr rustikal und praktisch. Da sie allesamt Überlebenskämpfer sind, suchen sie sich ihre Kinder nach diesem Kriterium heraus und überlassen sie daraufhin sich selbst. Erst wenn die Zeit und das Kind reif dafür sind, offenbart sich der Sire und lehrt das Kind, was es über den Clan wissen muß. Der Nachteil der Gangrel ist, dass sie jedes Mal, wenn sie in Raserei verfallen, ein bißchen mehr in Richtung des Tieres gehen, bis sie irgendwann ganz zur Bestie werden.

Die Disziplinen der Gangrel sind Protean, Animalism und Fortitude.

Clan Brujah – Der Clan der Gelehrten

Trifft man einen Brujah, fragt man sich, wie dieser Clan wohl zu seinem traditionellen Namen gekommen ist, denn er besteht in neuerer Zeit fast nur noch aus Punks, Skins, Anarchen und Rebellen. Doch früher entsprach er ganz dem Namen, den man ihm gab; und auch heute sollte man sich nicht vom Äußeren der Brujah täuschen lassen. Auch wenn sie sehr kampfbereit sind, sind sie doch durchweg gebildet, und es gibt noch so einige, die dem alten Weg folgen und versuchen, die immense Kraft der Jüngeren zu bündeln.

Obwohl die Brujah ständig versuchen, die komplette Gesellschaft über den Haufen zu werfen und sehr leicht reizbar sind, so helfen sie sich doch, wenn es nötig ist. Der Clan ist ebenfalls nur locker zusammengefügt und hält nur gelegentliche Treffen ab. Ausbrüche von unerlaubter Frechheit werden den Brujah nachgesehen und man gewährt ihnen einen Spielraum, der keinem anderen Clan zugestanden wird, kennt man doch ihre Qualitäten als Kämpfer.

Brujah wohnen, wo immer sie wollen, bleiben aus Gewohnheit jedoch selten länger als einen Monat an einem Platz. Ihr Aussehen variiert, sie versuchen, so rebellisch wie möglich auszusehen. Die Childer sind im Normalfall ebenfalls Rebellen, die nur selten durch ihr Heranwachsen als Vampir begleitet werden; ihr Sire hilft ihnen nur nach Lust und Laune. Brujah schaffen oft ein ganzes Rudel auf einmal, da sie nicht immer die Einverständnis ihres Prinzen haben, Childer zu schaffen, und das System besteht einfach darin, dass mehr überleben, wenn mehr da sind.

Der Nachteil der Brujah ist, dass sie um einiges öfter in Raserei verfallen, als es andere Clans tun. Das bestreiten sie jedoch – so lange, bis sie so gereizt sind, dass sie die Raserei überkommt.

Die Disziplinen der Brujah sind Potence, Celerity und Presence.

Die hier präsentierte Aufstellung stammt aus einem Blog. Es ist schwer zu unterscheiden, ob der- oder diejenige, der das zusammengestellt hat, an Vampire und ihre Existenz glaubt oder das rein spielerisch betrachtet, etwa als Rollenspiel oder Szenario.

Auf jeden Fall lässt sich an diesem Beispiel ablesen, dass der Beschäftigung mit Vampiren oft eine eigene Geschichtsschreibung unterfüttert wird, in der die Parallelexistenz dieser Struktur als Teil des Realuniversums voraus- und als selbstverständlich gesetzt wird.

Jede Liste ist hoffnungslos

Das Netz wächst täglich

Die Schichtung der einschlägigen Seiten im Internetz hat die übersichtliche Struktur eines Wollknäuels. Es beginnt mit der Frage: was eigentlich sind die einschlägigen Seiten: jene, die mit unendlicher Geduld und großem Spezialwissen zusammengetragen werden, um Abseitigstes zu versammeln; jene, die weltweit die bizarrsten Dinge versenden, die mit dem Thema Vampir im weitesten Sinne zu tun haben; jene, die der ernsthaften kulturwissenschaftlichen Auseinandersetzung gewidmet sind, mit universitärem Hintergrund; jene, die sich mit Rollenspiel und Identitätstausch beschäftigen; oder sind es jene, die vielleicht ihre durchaus problematische Persönlichkeitsstruktur im vampirischen System gut aufgehoben wissen, unter Gleichgesinnten Schutz finden, auch vor sich selbst; oder jene, die tatsächlich freiwillig in „vampyrische" zumindest zeitweise Lebensformen münden.
Man muss sich selbst ein Bild machen ...

Wikipedia, vor allem in der englischen Version, aber in hohem Maße auch im deutschen Bereich, geht, wenn es von den Vampiren handelt, von fundierten, detailreichen Eintragungen nur so über. Querverweise führen vom Hundertsten ins Tausendste, die ganze Welt scheint von Blutspritzern überzogen zu sein ...

Die nebenstehende Kostprobe bietet interessante Einstiege zu verschiedenen Themen.

(Wir übernehmen keinerlei Haftung für alles, was mit dem Besuch dieser Seiten zusammenhängen mag.)

www.vampire-world.com
www.avampyrestory-game.com
www.bamvampires.com
www.bibliotheque-vampires.de
www.blutgeflüster.de
www.chaosprinz-windprinzessin.de
www.darkside-gs.de
www.darkvampires.de
www.die-vampire.de
www.fantaxy.de
www.feelthebite.com
www.forks-bloodbank.de
www.gothic-horror-haus.de
www.hp2.123imweb.de
www.kakanien.ac.at
www.londonvampyregroup.co.uk
www.magiaposthuma.blogspot.com
www.monstropedia.org
www.powerpunks.com
www.suite101.com
www.vampir-club.de
www.vampire.com
www.vampirefilmfestival.com
www.vampire-geister.forumieren.de
www.vampirelegends.wordpress.com
www.vampirerave.com
www.vampires.com
www.vampirewebsite.net
www.vampireweekend.com
www.vampirmythologie.de
www.vampyrbibliothek.de
www.vampyre-almanac.com
www.vampyres.com
www.vampyrjournal.de
www.vampyrs.de

Vampire in anderen Kulturen – auch im Rollenspiel
Die Faszination der Fremde schwappt ins Paralleluniversum

Neben den klassisch europäisch-amerikanisch geprägten Vampiren bzw. den normalen Grundclans gibt es ganz andere Settings, in denen ganz andere Kulturkreise behandelt werden. Zum Teil findet man auch besondere Informationen unter den angegebenen Clans und Blutlinien.

Ägypten
Auch wenn sie eigentlich durch die Setiten schon unter den Grundclans abgedeckt sind, geht das Setting über diese hinaus. So gibt es neben denen noch die Kinder des Osiris und viele Ashirra leben in Ägypten. Bücher: Cairo by Night, Rage across Egypt (Buch für Werewolf: The Apocalypse), Giovanni-Chroniken III, Veil of Night, A World of Darkness Second Edition, Victorian Age: Vampire Siehe auch: Mummy (alt), Mummy: The Resurrection.

Afrika
Afrika südlich der Sahara hat nicht nur ganz andere Strukturen, sondern die dortigen Blutlinien unterscheiden sich teilweise stark von ihren Ursprungsclans. Mehr dazu bei den Ebony Kingdom. Durch die Blutlinie der Laibon, die gerne wandert, kam die westliche Kultur mit ihnen in Kontakt. Bücher: Kindred of the Ebony Kingdom, A World of Darkness Second Edition.

Asien
Nur wenige Kainskinder leben in Asien, wenn man von Indien absieht, das weiter unten extra behandelt wird, aber es gab und gibt sie doch – vor allem durch die imperialistische Zeit Europas; die Kinred of the East dominieren aber trotzdem „ihren" Kontinent. In Vampire aus der alten Welt gab es die Blutlinien der Anda und Wu Zao. Bücher: World of Darkness: Hong Kong, World of Darkness: Tokyo, Sunset Empires, A World of Darkness, A World of Darkness Second Edition, Victorian Age: Vampire, Wind from the East.

Indianer
Die indianische Kultur ist eine der am wenigsten ausgearbeiteten Kulturen, was wohl an ihrer fast vollständigen Ausrottung liegt. Dazu kommt noch, dass hier eigentlich mehrere Kulturen zusammengefasst werden – alleine der Unterschied zwischen Süd- und Nordamerika ist gewaltig. In Südamerika gab es neben einigen anderen Clans die eigene Linie der Tlacique; die Pisanob bekamen erst den Kuss nach der Ankunft der Spanier, gehören aber auch noch diesem Kulturkreis an. Die Ahrimanen sind eine spät entstandenen Blutlinie, die ein wenig von der indiani-

schen Kultur Nordamerikas übernommen hat. Bücher: Awakening - Diablerie: Mexico (hier wird auf Mictantecuhtli eingegangen)Bücher zu Süd- und Mittelamerika allgemein: A World of Darkness Second Edition, Mexico City by Night

Indien

Indien, die Heimat der Ravnos, unterscheidet sich stark von den anderen Kulturen, da z. B. das Kastensystem der Hindus auf die Clans übertragen wurde: Bestimmte Clans sind Kasten zugeordnet und nur die Ravnos verteilen sich über alle Kasten – die Ravnos unterteilen sich in Linien, die nach den Kasten benannt sind. Normalerweise geben indische Vampire ihre Kaste an und nicht ihren Clan. Auch hier gibt es viele Kindred of the East; ebenso haben mit der Zeit einige westliche Vampire Einzug gefunden. In Nordwestindien sind zudem auch Ashirra zu finden, ebenso wie es in Indien Kinder des Osiris gegeben haben soll. In Sri Lanka gibt es seit Äonen Tzimisce wie z. B. Kartarirya. Die Brahmanen haben eine eigene Blutmagie namens Sadhana. Bücher: Victorian Age: Vampire, Sunset Empires.

Kasten

Brahmin:	Daitya, Malkavianer, Ravnos (Brahmin), Ventrue (auch Danava genannt)
Kshatriyas:	Assamiten, Brujah, Ravnos (die meisten Ravnos gehören dieser Kaste an)
Vaisyas:	Ravnos
Sudras:	Gangrel, Nosferatu
Unberührbare:	Caitiff, Toreador, verstoßene Ravnos

Anmerkung: Westliche Vampire werden zwar normalerweise eher mit Respekt behandelt, zählen aber zu den Unberührbaren.

Islamische Welt

Neben den Assamiten, der als gesamter Clan stark im Islam verankert ist/war, gibt es die Sekte der Ashirra, die vor allem im Mittelalter einen sehr starken Einfluss hatte. Bücher: Veil of Night, A World of Darkness Second Edition, Hunter: Holy War (Buch für Hunter: The Reckoning), Lost Paths (Buch für Mage: The Ascension) Siehe auch: Mummy: The Resurrection.

Karibik

Auch wenn sie eigentlich noch stark den europäischen und nordamerikanischen Vampiren ähneln, haben sie teilweise andere Sitten wie z.B. Voodoo (Voodoo-Nekromantie, Wanga). Vor allem die Samedi und Schlangen des Lichts sind dafür bekannt, hier zu leben. Bücher: A World of Darkness, A World of Darkness Second Edition.

Europäische Heiden

Vor allem im Mittelalter und noch davor gab es Heiden, die ihren eigenen Wegen folgten, sei es nun im Norden (Lhiannan, Noiaden, Einherjar) oder im Osten (Telyaven) Europas.Bücher: Wolves of the Sea.

(Unter-)Wasser

Eigentlich sind sie keine eigene Kultur, aber ihr Leben unterscheidet sich so sehr von denen der anderen, dass man sie extra aufführen kann. Während die segelnden Vampire – vor allem Lasombra antitribu – noch als „normal" zu betrachten sind, leben einige Kainiten unter Wasser – allen voran die Seelebenden. Bücher: Blood-Dimmed Tides.

ENZYKLOPÄDIE:

Rose: Die meisten Vampire mögen keine Hunde, am allerwenigsten mögen sie Pudel. Deren Frisur erinnert doch zu sehr an die Verwandten, die man am liebsten nicht sehen möchte. Was Vampire hingegen sehr zu schätzen wissen, ist der Anblick schöner Blumen. Allen voran werden in Vampirkreisen Rosen gezüchtet. Das wird durch ihre internationale Vernetzung begünstigt, da so stets die Versorgung mit den allerneuesten Sorten gewährleistet ist. Allerliebst finden es Vampire, wenn ihre menschlichen Gäste sich beim Bewundern einer Rose an den Dornen stechen. Das austretende Blutströpfchen wird vom Gastgeber mit einer charmanten Geste vom Finger gesaugt – was schon so manche Liaison zur Folge hatte. Allerdings nicht immer mit dem gewünschten Ausgang.

Das Ende des Vampirs 1
von David Wellington

Ich leerte das Magazin in seine Brust. Ich schoss wieder und wieder, bis mich der Lärm taub und das Mündungsfeuer blind gemacht hatte. In der Waffe waren noch drei Kugeln gewesen, und ich schoss sie ihm alle in die Brust. Die Hohlspitzgeschosse rissen ihn auf, verteilten Fleischstücke und Streifen seiner weißen Haut im ganzen Laderaum. Er wollte lachen, aber seine Stimme war nur mehr ein schwaches Zischen, wie Luft aus einem aufgestochenen Reifen.

Ich sah, wie sein Leib aufplatzte. Ich sah seine Lungen, die leblos und schlaff in seinem Brustkorb hingen. Er kam näher. Immer näher. Nahe genug... Ich stieß mit der linken Hand zu und griff nach dem verkümmerten schwarzen Muskel, der einst sein Herz gewesen war.

Der Schmerz ließ ihn aufheulen. Mich auch. Sein Körper reparierte bereits den Schaden, den ich angerichtet hatte, seine Zellen wucherten rund um die Schusswunden herum zusammen. Seine Rippen wuchsen wie Scherenklingen, die gegen die zerbrechlicheren Knochen meines Handgelenks drückten und meine Hand in seinem Körper festklemmten. Seine Haut wuchs über meinen Arm und zog mich auf ihn zu.

Ich riss sein Herz heraus, wie man einen Pfirsich vom Baum pflückt.

Lares' Gesicht wurde vor Entsetzen dunkel, ein wilder Ausdruck trat in seine Augen, sein Mund klaffte offen, als könnte er ihn nicht kontrollieren, Blut und Speichel sprühten hervor. Seine Nasenlöcher weiteten sich, aus jeder seiner Körperöffnungen schoss ein Gestank wie aus einem offenen Abwasserkanal. Das Herz in meiner Hand hüpfte, wollte wieder dahin zurück, wo es hingehörte, doch mit meinen letzten Kräften drückte ich zu und hielt es fest. Lares schlug auf mich ein, aber seine Muskeln waren nicht mehr stark genug. Er sackte auf die Knie und stieß ein nicht enden wollendes Heulen aus. Nach einer Weile wurde es ein Wimmern. Er verlor sogar die Kraft zum Schreien.

Und noch immer wollte er nicht sterben. Er klammerte sich an jeden Funken seines seltsamen Nichtlebens, klammerte sich daran wie ein Junkie an eine leere Spritze, versuchte durch reine Willenskraft nicht zu sterben.

Unsere Blicke trafen sich, und es schien, als wollte er mich in sich hineinsaugen. Als wollte er mich hypnotisieren, mich erneut schwächen. Es funktionierte nicht.

Als seine Bewegungen endlich erlahmten, war es fast schon Morgen. Ich hielt sein Herz in meiner geballten Faust, und es fühlte sich wie ein Stein an.

Filmvampire –
von Nosferatu zu Twilight

Vampirfilme brechen jeden Kassenrekord – Filmstars aus dem Sarg – Hammer-Studios – Christopher Lee – Nosferatu – „die winzigen Gestalten der Verfolger tief unten in der schmal eingeschnittenen Gasse" – Blut in Schwarz-Weiß – Vampire am laufenden Band.

„Die Bauten in NOSFERATU sind typisch nordisch; echte gegiebelte Backsteinfassaden. Murnau hat diese kühle Architektur in überraschender Weise einem seltsamen Geschehen anzupassen gewußt. Er hat es nicht einmal nötig gehabt, die kleine Ostseestadt durch kontrastierende Beleuchtungseffekte geheimnisvoller zu machen und für ihre steil einschneidenden Gassen ein künstliches Helldunkel zu suchen. ... Was kann es Packenderes geben als jene lange, enge Straße zwischen halbzerfallenen, eintönigen Backsteinfassaden?"

(Lotte H. Eisner)

Der Beginn einer glücklichen Beziehung
Der Film greift nach dem Vampir

Dann passiert etwas Sensationelles. Die Menschen erfinden den Film. Bewegte Bilder! Die Welt kommt auf die Leinwand. Züge rasen auf die Zuschauer zu, Flugzeuge schaukeln durch die Luft. Wichtige Männer und schöne Frauen werden abgebildet, mit schimmernden Uniformen und kostbaren Kleidern. Schnell auch ohne Kleider, denn jedes neue Medium erfaßt sofort die wesentlichen Unterhaltungsbedürfnisse. Und es braucht die großen Stoffe, die leicht verständlich sind, die jeder kennt, die Massen anziehen. Seit den ersten, natürlich stummen Filmen ist Dracula, sind die Vampire von der Leinwand nicht wegzudenken. Sie sind allesamt verlorengegangen, diese frühen Streifen, von manchen weiß man den Titel, ahnt den Inhalt, erfährt aus entlegenen Schauspielerbiografien davon. Bis endlich, zu Anfang der 1920er Jahre, ER auftaucht aus dem Nebel und an Land geht, ER der große, der stilprägende Vampir: Nosferatu. Vampir, Sarg, Schrecken, Beißzähne – noch in der Mitte! – werden für immer zusammengefügt zu einer Ikonografie, die den Grafen Dracula mit seinem Schloß zwar noch in Transsylvanien siedeln lässt, aber ihn doch zu einem Wanderer der Gegenwart und Modernität macht. Der sonst weitgehend vergessene Schauspieler Max Schreck wird durch diesen Film zum „Ahnherrn" einer Reihe von Schauspielern, deren Karriere durch die Vampir-Rolle ebenso Auftrieb wie Festlegung erfährt: Bela Lugosi, Christopher Lee sind unvergeßliche Vampire, wurden zu

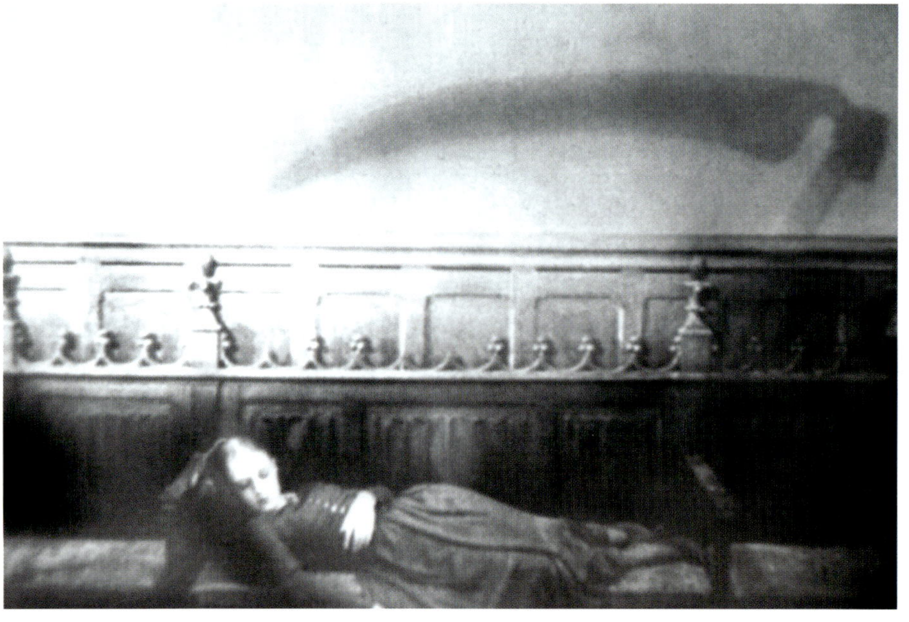

Ein besonderer Vampir-Film stammt von Carl Theodor Dreyer. 1931 gelang ihm mit „Vampyr" ein Welterfolg von bleibender Bedeutung.

Serientätern, hineingetrieben in immer absurdere Drehbücher. Bela Lugosi trieb die Identifikation mit der Rolle seines Lebens so weit, dass er sie bis in den Tod hinein spielte und sich im Kostüm des Grafen Dracula aufbahren und begraben ließ ...

Niemals hätte er sich träumen lassen, dass die Vampire dereinst als Twilight-Stars die Herzen des jugendlichen Publikums und der Kinobetreiber so hoch schlagen lassen würden, wie es in den Stephenie Meyer-Verfilmungen passiert.

Längst genügen Knoblauch und Weihwasser, Rosenkranz und spitzer Pfahl nicht mehr gegen die vampiresken Erscheinungsformen. Der moderne Vampir hat gelernt, sich gegen all das zu schützen; Sonnenbrillen helfen gegen Tageslicht, aber vor allem sind es die vielfältigen Verwandtschafts- und Beziehungssysteme, die aus seltsamen Einzelgängern und gesellschaftlichen Außenseitern sozial gut eingebettete Weltteilhaber machen. Daraus entsteht natürlich eine Fülle von Fragen und Problemen, aber die Filmindustrie hat in all ihren Erscheinungsformen dafür Antworten und Lösungen parat.

Ein Vampir – Porträt Nr. 2
von Stephenie Meyer

Edward schien tief durchzuatmen, und dann trat er in die helle Glut der Mittagssonne. Edwards Anblick in der Sonne war ein Schock. Ich starrte ihn zwar schon den ganzen Nachmittag lang an, konnte mich aber einfach nicht daran gewöhnen. Seine Haut war blütenweiß, vielleicht mit dem Hauch einer Rötung von der Jagd am Vortag, und sie glitzerte, als hätte man Tausende winziger Diamanten in sie eingelassen. Er lag vollkommen reglos im Gras; das offene Hemd enthüllte die Skulptur seiner Brust, seine Arme waren unbedeckt und seine zart lavendelfarbenen Lider geschlossen, obwohl er natürlich nicht schlief. Und alles funkelte. Er war eine Statue der Vollkommenheit, gemeißelt aus einem unbekannten Stein, der glatt wie Marmor war und glänzend wie ein Kristall.
(...)

Zaghaft und wie immer voller Angst, dass er sich – zu schön, um tatsächlich wahr zu sein – wie ein Trugbild in Luft auflösen könnte, näherte ich meine Hand seinem Arm und strich ihm mit einem Finger über den Handrücken. Zum hundertsten Mal bestaunte ich die perfekte Beschaffenheit seiner Haut: glatt wie Seide und kühl wie Stein. Als ich wieder aufblickte, sah er mich an; die Jagd hatte seine Augen verändert – sie waren viel heller als vorher und hatten einen warmen karamelfarbenen Ton.

Ein Vampir Porträt Nr. 3
von Werner Herzog

Wir lernen einen Vampir kennen, der vereinsamt ist und darunter leidet, ein Vampir zu sein. Er lege keinen Wert mehr auf Sonnenschein und blitzende Fontänen, sagt er leise, für die sich die Jugend begeistern möge. Er liebe die Dunkelheit und die Schatten, wo er mit seinen Gedanken allein sein könne. Er stamme aus einem alten Geschlecht. Die Zeit, das sei ein Abgrund, tausend Nächte tief. Jahrhunderte kämen und gingen, und nicht altern können, das sei furchtbar. Der Tod sei nicht alles, es gäbe viel Schlimmeres. Ob er, Jonathan, sich vorstellen könne, dass man Jahrhunderte überdaure und jeden Tag dieselben Nichtigkeiten miterlebe?

Das große Abenteuer unseres Lebens! Was bedeutet es zu sterben, wenn du bis zum Ende der Welt leben kannst? Und ist „Das Ende der Welt" nicht auch nur eine Phrase, denn wer weiß schon, was die Welt ist? Ich hatte nun schon in zwei Jahrhunderten gelebt, und gesehen, wie die Illusionen des einen von den nächsten zerschlagen wurden, war ewig jung und ewig alt gewesen und hatte keine Illusionen mehr, lebte von Augenblick zu Augenblick in einer Weise, dass ich an eine silberne Uhr in einem leeren Raum denken musste: das gemalte Ziffernblatt, die zierlichen Zeiger – sie zeigten nichts an und niemand schaute sie an, und sie leuchteten in einem Licht, das kein Licht war. (Anne Rice)

Symphonie des Raumes

Von Benjamin Moldenhauer

Friedrich Wilhelm Murnaus „Nosferatu“ hat auch knapp 90 Jahre nach seiner Entstehung nichts von seiner Faszination verloren.

Man soll die Analogie von Film und Traum nicht überstrapazieren, sie neigt dazu, das Spezifische sowohl des einen wie auch des anderen Phänomens aus den Augen zu verlieren. Auf viele der Filme von F.W. Murnau aber trifft sie tatsächlich zu, diese sind im Wortsinn traumhaft. Sein „Nosferatu – Eine Symphonie des Grauens“ hat sich erstaunlich gut gehalten. Die erste „inoffizielle“ Verfilmung von Bram Stokers „Dracula“-Roman hat die Konventionen des Genres maßgeblich geprägt und war zweifellos einer der einflussreichsten Filme der Stummfilmzeit. Die Bilder haben etwas Entrückendes, eine Atmosphäre, die bei kaum einem anderen Regisseur zu finden ist. Die Faszination, die auch fast neunzig Jahre nach seiner Entstehung noch von dem Film ausgeht, speist sich aus dem virtuosen Umgang mit dem Bildraum – „Körpermelodie und Raumrhythmus“ sind es, sagt Murnau, die das Kino bestimmen. Und wie auch der Traum verweigert Nosferatu die trennscharfe Unterscheidung von Gefühlen, die Bilder evozieren zugleich Anziehung und Ekel, der Film oszilliert zwischen Komik und Schrecken. Beim heutigen Wiedersehen fällt ins Auge, wie virtuos Murnau bereits Anfang der Zwanziger Jahre die grotesken und erotischen Potenziale des Vampir-Mythos ausgelotet hat.

Während etwa Fritz Lang 1923 mit seiner „Nibelungen“-Verfilmung ein schwer teutonisch drauflos dröhnendes Epos fabrizierte, das die Filmkunst ein für allemal in der vor Bedeutungsschwere ächzenden deutschen Hochkulturtradition verankern sollte, kamen Murnaus Arbeiten mit einer ungemeinen Leichtfüßigkeit daher. F. W. Murnau war einer der wenigen deutschen Regisseure, die, vor allem in „Der letzte Mann“ und „Sunrise“, gewillt und in der Lage waren, ihre Erzählungen mit mitunter derbem Humor zu entschlacken. Selbst „Faust – Eine deutsche Volkssage“ (1926), der letzte in Deutschland gedrehte Film Murnaus, bevor er mit „Sunrise“ seine Hollywood-Karriere begann, ist nicht zur tiefsinnigen Reflexion über Wesen und Schicksal des Menschengeschlechts geraten, sondern rückt mit Mut zum Kitsch die Liebesgeschichte zwischen Gretchen und Faust ins Zentrum. Die Begeisterung über die technischen Möglichkeiten des neuen Mediums ist unübersehbar, Murnaus „Faust“ ist einer der innovativsten Filme der Zwanziger Jahre und, wie Fritz Göttler schreibt, „schwebend und skizzenhaft, offen wie Nosferatu“.

„Nosferatu“ war zur Zeit seiner Premiere, glaubt man zeitgenössischen Berichten, in der Lage, das Publikum in Angst und Schrecken zu versetzen. Zugleich hat der Film unheimlich komische Sequenzen. Murnau hat seinen Helden Hutter (Gustav von Wangenheim) als einen etwas tumben Provinzler modelliert, der erst sein heimatliches Ostseestädtchen Wisborg verlassen und nach Transsylvanien reisen muss, um das Fürchten zu lernen. Dort trifft er auf den Grafen Orlok (Max Schreck), der, so sieht es Rosa von Praunheim, „wie eine Horrortunte dem jungen Gast entgegentrippelt“. Schon nach der ersten Nacht erwacht Hutter mit zwei Bisswunden am Hals. Sein

nosferatu

Gastgeber ist offensichtlich mit einem sinistren Sinn für Humor gesegnet. Als dem nach der ersten Blutentnahme schon etwas nervösen Helden das Foto seiner Liebsten aus der Tasche fällt, reagiert Orlok mit unverhohlener Begeisterung: „Einen schönen Hals hat Eure Frau ..." Der unheilvoll lüsterne Ausruf des Grafen hätte auch in Roman Polanskis Vampir-Persiflage „The Fearless Vampire Killers or: Pardon Me, But Your Teeth Are In My Neck" (1967) nicht gestört.

Die Leichtigkeit Murnaus wurde von der auf verborgene ideologische Bedeutungen abzielenden deutschsprachigen Filmkritik nach dem Zweiten Weltkrieg nicht immer so recht gewürdigt. Friedrich Geyrhofer erblickte 1971 im Rahmen eines etwas überdrehten Rundumschlags gegen das Horrorgenre in „Nosferatu" den Vorschein der Novemberpogrome und schlussfolgerte: „Nichts ist für den Horrorfilm charakteristischer, als dass er stets und ohne mit der Wimper zu zucken die Partei des übermächtigen Kollektivs und seiner mörderischen Vorurteile ergreift." Wer, anstatt in den Bildern nach Spuren eines falschen Bewusstseins zu graben, zuerst einmal schaut, was es an der Oberfläche so alles zu entdecken gibt, sieht etwas anderes. Der unter dem Einfluss des Grafen irre gewordene Häusermakler Knock entflieht aus dem örtlichen Sanatorium. Die von der Pest gebeutelten Bürger Wisborgs machen sich auf die Jagd, „Die angstdurchbebte Stadt suchte ein Opfer", erklärt ein Zwischentitel. Wenn der koboldhafte Knock auf der Flucht vor dem Mob hinter Baumstümpfen hervorlugt und die aufgepeitschten Bürger von den Dächern der Stadt aus mit Steinen bewirft, bekommt das ganze Szenario karnevaleske Züge. Die Szene wirkt wie eine grausam-komische Persiflage auf den Wahn des Kollektivs und ist damit alles andere als die mitreißende Inszenierung eines Pogroms.

Auch die Grenzen zwischen Horror und Erotik bringt „Nosferatu" ins Schwimmen. Murnau hat die erotischen Ambivalenzen des Vampirfilms gleich zu Beginn im Genre verankert. Geht man von der uns heute geläufigen Gleichung Vampirbiss = Sex aus, ist der Graf mindestens bisexuell, die den Helden in Bram Stokers Romanvorlage traktierenden Vampirfrauen tauchen in „Nosferatu" nicht auf. Wenn die darbenden Jungfrauen für Bela Lugosi, Christopher Lee oder Gary Oldman das Schlafzimmerfenster öffnen, lässt sich das ja ohne Weiteres nachvollziehen. Der mit Glatzkopf, überdimensionierten Vorderzähnen und Fledermausohr äußerst nagetierhaft daherkommende Max Schreck aber ist von einer geradezu erhabenen Hässlichkeit. So unansehnlich und abjekt wie in „Nosferatu" durfte Dracula danach nie mehr sein. Trotzdem ist da offensichtlich eine große Anziehung zwischen Hutters Ehefrau Ellen (Greta-Schröder Martay) und dem Grafen Orlok. Immerhin setzt die vorgeblich auf die Heimkehr ihres Mannes Wartende sich an einen mit Grabkreuzen bestückten Strand und blickt sehnsuchtsvoll aufs weite Meer – und das, obwohl ihr lieber, aber eben auch etwas tumber Gatte zu Pferde nach Wisborg zurückkehren wird. Mit dem Schiff hingegen kommt Graf Orlok und mit ihm die Ratten und die Pest.

Dass der Vampir nicht nur den Tod bringt, sondern auch Lust verspricht, bleibt in „Nosferatu“ allerdings nur angedeutet. Das Bild aus dem Skript Henrik Galeens, das Ellens Opfertod ins unverblümt Leidenschaftliche hätte kippen lassen, hat Murnau selbst gestrichen: „Nosferatu erhebt den Kopf. Er ist taumelig fast vom Genuss. Ellens Augen in fürchterlichster Angst. So darf er nicht fort, der Nosferatu. Sie schlingt die Arme um ihn. Und er kann nicht widerstehn. Sein Kopf senkt sich wieder über sie.“ Man darf vermuten, dass Murnau mit der Streichung nicht den eventuellen Einwänden der Zensur vorgreifen, sondern die Szene in der Schwebe halten wollte.

Das Motiv der 1922 auf der Leinwand noch neuen vampiristischen Erotik konnte sich schnell als Genrekonvention etablieren. Die klassische Phase des Genres kennt kaum eine Vampirfigur, die ohne erotische Konnotation auskommt. Dass der klassische Horrorfilm nahezu obsessiv um Begehren und Tabus kreist, ist nicht verwunderlich in einem Jahrhundert, in dem die Vorstellungen darüber, was ein Mensch ist, was ihn glücklich und vor allem was ihn unglücklich macht, maßgeblich von den Ideen Sigmund Freuds beeinflusst waren. Ob der ganze Komplex Verbot/Überschreitung/Bestrafung heute noch die narrative Prämisse für die besten Geschichten abwirft, darf man bezweifeln. Zuletzt ließen sich im Genre vorsichtige Anzeichen einer Ent-Erotisierung ausmachen. Thomas Alfredsons wundervoller „Let the Right One In“ (Schweden 2008) inszenierte den Vampir als verlorenes, geschlechtsloses Kind, das vor allem versorgt werden will.

In den „Twilight“-Filmen schlägt die vampiristische Erotik noch einmal eine andere Volte. Hier ernährt sich der schwerst verliebte Untote von Tierblut und beißt aus Rücksicht auf die Geliebte nicht mehr zu. Eine Plotkonstruktion, die wiederum den zahlreichen Verächtern von „Twilight“ als Indikator für Konservatismus – kein Sex vor der Ehe! – und ewige Vorlust gilt. Da ist sicherlich etwas dran, man kann es aber auch anders drehen. Die zur Zeit kommerziell erfolgreichste Ausformung des Mythos propagiert nicht allein Prüderie, sie erzählt außerdem von einem bestimmten Wunsch, der sich gern als Romantik verkleidet, sich aber nicht zwangsläufig in ihr erschöpft – nämlich dem, geliebt ohne verdinglicht und benutzt zu werden. Das kann man, solange der Vampirismus in Liebesbeziehungen (also das Ausbeuten und Verbrauchen des anderen, so lange bis man genug hat und ihn gleichsam ausgeblutet zurück lässt) nicht nur auf den Leinwänden nach wie vor verbreitet ist, ruhig einmal ernst nehmen; auch wenn einem Stephenie Meyers Kein-Sex-vor-der-Ehe-Propaganda gehörig an den Nerven zerren kann. Aber ohne ein Gespür für Ambivalenzen und widerstreitende Gefühle wird man – im Horrorgenre wie im Leben – ja eh nicht sonderlich glücklich.

Ein Vampir für die Ewigkeit

Von Jörg Schiffauer

Terence Fisher transferierte den Vampir-Mythos mitten in die Popkultur. Kaum eine andere Version hat das Bild des untoten Blutsaugers nachhaltiger im kollektiven Gedächtnis zu verankern gewusst.

Von Anfang an herrschen hier klare Verhältnisse. Schon das abgelegene Schloss mit dem dekorativ am Eingang prangenden steinernen Adler – untermalt von James Bernards pathetisch-eindringlichem Score – verheißt nichts Gutes. Die Kamera rückt dann sogleich das in einem Gewölbe des Anwesen stehende zentrale Requisit prominent ins Bild: einen Sarg, auf dem auch praktischerweise in dicken Lettern der Name des Schlossherrn prangt – Dracula. Und von oben herab tropft wie bestellt Blut in sattem Technicolor-Rot herab. Als kurz darauf Jonathan Harker das Schloss betritt, um seinen Dienst als Bibliothekar bei Graf Dracula anzutreten, ist auch dem mit den Konventionen des Horror-Genres nicht vertrauten Zuschauer längst klar, dass diese Reise böse für Mr. Harker enden muss.

Der vorzeitige Abgang von Jonathan Harker ist nur eine der zahlreichen Abweichungen von Bram Stokers Romanvorlage, und die Rede ist natürlich von „Dracula", jener Produktion aus der Werkstatt von Hammer Film, die Terence Fisher 1958 so effektvoll inszenierte.

Moderner Horror

Mitte der Fünfziger Jahre begannen die britische Hammer Film Productions damit, Klassiker des Horror-Genres neu zu adaptieren. Nach „The Curse of Frankenstein" (1957) folgte bereits ein Jahr darauf „Dracula", der ein durchschlagender Erfolg wurde und den legendären Ruf des „Hammer Horror" begründete. Terence Fisher, Hausregisseur von Hammer, und sein Team machten sich daran, dem Vampir ein neues Erscheinungsbild zu verpassen. Waren die klassischen Vampir-Vorstellungen bis dahin von den Schwarzweißbildern der Filme von Friedrich Wilhelm Murnau und Tod Browning geprägt, tauchte Terence Fisher seinen Graf Dracula in satte Technicolor-Farben, was, in Verbindung mit dem für Hammer-Produktionen typischen, etwas kruden Naturalismus, visuell ein wenig an Graphic Novels bzw. deren Verfilmungen erinnert. Zudem fand Fisher mit Christopher Lee einen Darsteller, der mit seiner Interpretation der Titelrolle für einen Paradigmenwechsel sorgte. In Tod Brownings Version von 1931 hatte Bela Lugosi mit seiner Darstellung des fremdländischen Aristokraten mit distinguiertem Charme und versteckter Erotik das Bild des Vampirs für lange Zeit entscheidend geprägt. Christopher Lee ging die Sache wesentlich handfester an. Mit seinen fast zwei Meter Größe und seiner hageren Gestalt verbreitete Lee allein mit seinem Erscheinen eine physische Präsenz, die Lugosi nicht aufzuweisen vermochte. Lees Graf Dracula ist ein Wesen mit ungemein dynamischem, beinahe athletischem Auftreten, das nichts mehr mit der etwas morbiden Dekadenz, die Lugosis Dracula verströmte, gemeinsam hat. Auch die subtile Erotik, die bis dahin mit Dracula assoziiert wurde und die auch die viktorianischen Leser von Bram Stokers Roman aus dem Jahr 1897

faszinierte, wird grundlegend verändert. Dracula in der Gestalt Christopher Lees ist kein Verführer, sondern ein Eroberer, dem sich seine weiblichen Opfer mit einer Mischung aus Furcht und Faszination geradezu hingeben. Der Vampir verbreitet hier mit dem Akt des Blutsaugens – vornehmlich aus dem Hals seiner Opfer – nicht mehr eine Atmosphäre unterschwelliger Erotik, sein Attackieren der Opfer versprüht vielmehr eine Form von aggressiver Sexualität, die auch eine beinahe sadomasochistische Komponente beinhaltet.

Das stand aber durchaus im Einklang mit der Richtung, die Terence Fisher mit seiner Inszenierung einschlug. Was die pure Gewalt darstellung angeht, wirkt „Dracula" heutzutage – nach all den Splatter-Exzessen, die das Horrorkino vor allem in jüngster Vergangenheit abgeliefert hat – vermutlich vergleichsweise harmlos, doch im Jahr 1958 bedeutete das alles noch drastischen, reichlich explizit ausgebreiteten Schrecken. Fisher schöpfte dabei den Vampir-Mythos auch hinlänglich aus: Die Eckzähne Draculas und seiner Vampir-Gefolgschaft verwandeln sich unmittelbar vor dem Blutsaugen in lange, spitze Fangzähne, nachdem sie ihre Opfer ausgesaugt haben, läuft den Vampiren das Blut geradezu dekorativ aus den Mundwinkeln. Doch auch die Gegenmaßnahmen sehen nicht weniger heftig aus: Den Vampiren werden Holzpflöcke ins Herz getrieben, der Einfall von Sonnenlicht lässt sie zu Staub zerfallen, durch die Berührung mit einem Kreuz werden die Vampire gebrandmarkt. Alle diese Sequenzen setzt Terence Fisher mit spürbarer Lust am gruseligen Detail effektvoll und ausführlich in Szene, was jedoch den Geschmack des Publikums der ausklingenden Fünfziger Jahre – der Erfolg seines Films spricht da eine deutliche Sprache – punktgenau traf.

Gemeinsam ließen Christopher Lee und Terence Fisher den nach Blut dürstenden Grafen nur mehr einmal in „Dracula: Prince of Darkness" (1966) wiederauferstehen, Lee sollte die Rolle seines Lebens allerdings noch in zahlreichen Sequels von teilweise minderer Qualität spielen.

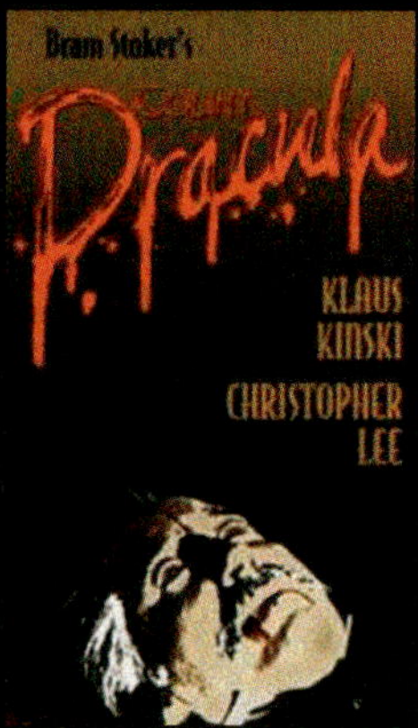
Bram Stoker's
Dracula
KLAUS KINSKI
CHRISTOPHER LEE

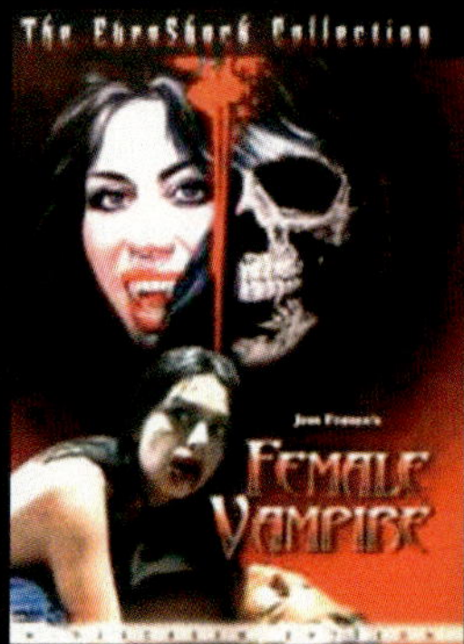
The EuroShock Collection
Female Vampire

DER NEUE FILM VON JESS FRANCO
KILLER BARBYS vs. Dracula

"DRACULA-PRINCE DES TENEBRES"
CHRISTOPHER LEE BARBARA SHELLEY ANDREW KEI

JESS FRANCO
DVD
LOS BLUES DEL VAMPIRO

TERROR VISION
HAMMER ORIGINAL
Peter Cushing & Christopher Lee in
DRACULA
15

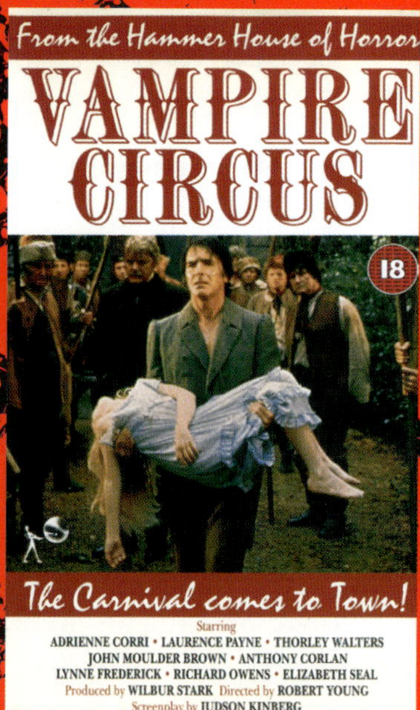
From the Hammer House of Horror
VAMPIRE CIRCUS
18
The Carnival comes to Town!
Starring
ADRIENNE CORRI • LAURENCE PAYNE • THORLEY WALTERS
JOHN MOULDER BROWN • ANTHONY CORLAN
LYNNE FREDERICK • RICHARD OWENS • ELIZABETH SEAL
Produced by WILBUR STARK Directed by ROBERT YOUNG
Screenplay by JUDSON KINBERG

Vampyros Lesbos

Hammers Horrorwelt

Es zählt zu den Markenzeichen der Produktionen von Hammer – und Terence Fishers „Dracula" ist geradezu ein Paradebeispiel dafür –, dass man sich reichlich aus dem Fundus der Horrorgeschichte bedient und literarische Vorlagen, Mythologie und populärkulturelle Versatzstücke reichlich ungeniert durcheinandermischt. Mit der narrativen Logik nimmt man es dabei manchmal nicht so genau, spielt doch etwa „Dracula" – ganz im Gegensatz zu Stokers Roman – vollständig in Siebenbürgen, obwohl die Charaktere in der Mehrzahl englische Namen tragen (in der deutschen Synchronfassung wird die Handlung übrigens gleich nach England verlegt). Doch solche Ungenauigkeiten stören verblüffenderweise recht wenig. Denn Hammer-Produktionen wie „Dracula" sind kein Sammelsurium diverser Mythen und deren Versatzstücke, die im Exploitation-Stil agieren, sondern fein durchkomponierte Genrearbeiten, die innerhalb ihrer eigenen Regeln ziemlich gut funktionieren. Hammer-Filme sind keinesfalls akribische Adaptionen literarischer oder sonstiger Vorlagen, aber sie schaffen es, ein narratives Universum zu kreieren, dem man die Eigenständigkeit schon bald nicht mehr absprechen kann. Hammers Production Designer schufen etwa Sets, denen man immer auch ein wenig die Filmkulisse ansieht, was aber gerade den zumeist im 19. Jahrhundert spielenden, klassischen Horrorstoffen einen beinahe märchenhaften Charme verleiht, der die Zwänge räumlicher Grenzen überwinden hilft. Denn ganz gleich, ob man den Schauplatz von „Dracula" als Siebenbürgen, Großbritannien oder sonst wo ansieht, es sieht eigentlich immer aus wie das viktorianische England – oder präziser gesagt, eine romantisch angehauchte Vorstellung davon. Hammers Version von „Dracula" ist keineswegs die Adaption der Romanvorlage, sondern der Versuch, die kollektiven Vampir-Bilder- und Vorstellungen in einer zeitgemäßen Form zu bündeln und damit neu zu definieren.

Wie effektiv Terence Fisher den Mythos des Vampirs antizipieren konnte, zeigt sich alleine an der Nachhaltigkeit, mit der sich seine Bilder bis heute im kollektiven Gedächtnis der Popkultur eingebrannt haben. Dracula wird immer noch primär mit der hünenhaften Gestalt Christopher Lees samt seinem bodenlangen, wallenden Cape assoziiert, ebenso gehört es mittlerweile zu den verbrieften Grundlagen des Fachbereichs Horror, dass Tageslicht tödlich für den Vampir ist – eine Vorstellung, die in erster Linie auf die Schluss-Sequenz von Fishers „Dracula" zurückgeht, denn bei Bram Stoker, Draculas Urvater, verliert der Graf bei Tag nur seine übernatürlichen Kräfte. Die Tatsache, dass die allermeisten Neuadaptionen nicht viel Anklang fanden, dürfte zu einem nicht geringen Teil darauf zurückzuführen sein, dass Fishers legendäre Version von 1958 über Generationen hinweg immer noch als das Maß aller Dinge gilt. Angesichts der bekanntermaßen langen Existenz von Vampiren, stehen die Chancen gut, dass sich in den nächsten Jahrhunderten daran wenig ändern wird.

Sympathy For the Devil
Von Bettina Schuler

Seit „Interview with the Vampire“ beschäftigen sich Vampire mit Fragen menschlicher Moral. Konservativer Tiefpunkt in dieser Hinsicht: die „Twilight“-Saga.

Zärtlich streichelt Lestat (Tom Cruise) die Ratte, die friedlich auf seinem Schoß sitzt, bis er ihr urplötzlich mit einer kurzen Geste das Genick bricht. Genüsslich lässt er ihr Blut in das Weinglas seines Gefährten Louis (Brad Pitt) tröpfeln, der gierig danach greift und hastig einen Schluck trinkt, um es dann angewidert abzusetzen. „Ich weiß“, antwortet der versnobte Lestat mitleidig, „sie werden viel zu schnell kalt.“

Vampire, die sich anstatt von Menschenblut von tierischem ernähren, das war 1994, als „Interview with the Vampire“ in die Kinos kam, noch ein Novum. Denn bis dato hatten sich ordentliche Vampire wie Christopher Lee oder der berühmt-berüchtigte Bela Lugosi als Graf Dracula immer nur von einem ernährt: dem Blut ihrer menschlichen Opfer. Doch mit der Verfilmung des ersten Teils von Anne Rices zehnbändiger Romanserie „The Vampire Chronicles“ hat mit Louis de Pointe du Lac ein völlig neuer Vampirtypus die Leinwand betreten: ein Untoter, der mit seinem Schicksal als blutsaugendes Ungeheuer hadert und wie ein Mensch von seinem Gewissen geplagt wird.

Aus Respekt vor dem Leben, versucht er sich anstelle von menschlichem von tierischem Blut zu ernähren. Doch im Gegensatz zu seinem Nachfolger Edward Cullen aus Stephenie Meyers Vampirzyklus, gelingt es ihm nicht dauerhaft, gegen seine Natur anzukämpfen. Obwohl sich nach jedem Biss sein Gewissen bei ihm meldet.

Damit ist Louis de Pointe de Lac der erste Vampir der Filmgeschichte, der versucht, sich an den moralischen Werten der menschlichen Gesellschaft zu orientieren.

Er ist ein guter Vampir, der versucht, sich gegen die Amoralität seiner Natur zu wehren. Eine fiktionale Figur, die den Lesern bzw. Zuschauern zeigen soll, dass auch sie es schaffen können, ihre inneren, bösen Triebe im Zaum zu halten, wenn sie denn nur wollen.

Vampirismus als Metapher für Sexualität

Dabei ist die Blutgier des Vampirs als Metapher für die menschliche Sexualität zu verstehen, in welcher der finale Biss für den irreversiblen Verlust der Jungfräulichkeit steht. Diese Analogie zeigt sich sehr deutlich in einer Szene aus „Interview with the Vampire“, in der Lestate eine junge Prostituierte genüsslich aussaugt, während sich diese lustvoll in seinen Armen räkelt, als erlebe sie gerade den besten Orgasmus ihres Lebens. Dabei ist sie gerade dabei zu sterben.

Gleichzeitig demonstriert diese Szene, wie unverhohlen unter dem Deckmantel des Horrors explizite Sexszenen geschildert werden können, in die man dank der bekannten Brutalität des Vampirs zudem taxfrei sadomasochistische Elemente einfließen lassen kann.

Die Vampire selbst werden dabei gern (wie Tom Cruise alias Lestat) als charmante, gut aussehende Playboys charakterisiert, die ihre weiblichen Opfer, wenn sie erst von ihrem Blut gekostet haben, gnadenlos sterben lassen. Eine einfache Parabel für ein klischeehaftes Männerbild, nach dem der Mann sich nicht für die Frauen selbst, sondern nur für deren Jungfräulichkeit interessiert. Und die den Zuschauerinnen die biedere Moral mit auf den Weg gibt, dass es besser ist, sich für die Ehe aufzuheben, weil man ansonsten für die Gesellschaft gestorben ist.

Eine veraltete Moral, die auch in den Stephenie Meyer-Filmen einen zentralen Aspekt darstellt. Denn Hauptfigur Edward (Robert Pattinson) will seine geliebte Bella (Kristen Stewart) erst beißen, wenn sie miteinander verheiratet sind. Und das, obwohl er sich wahnsinnig zu ihr hingezogen fühlt und sich nichts sehnlicher wünscht, als mit ihr ins Bett zu gehen.

Das wird gleich zu Beginn von „Twilight - Bis(s) zum Morgengrauen" sehr deutlich in Szene gesetzt, indem Edward Bella in der Schul-Cafeteria einen roten Apfel, das Urbild der Sünde, anbietet. Bella lehnt jedoch ab, noch kann sie seinem Werben widerstehen. Eine Zucht, die sie freilich schnell ablegt, wenn sie erst einmal von der Frucht der Lust gekostet hat, sprich: Edwards Kuss erwidert hat.

Ab diesem Moment obliegt es Edward dafür Sorge zu tragen, dass Bella nicht ihr Menschsein, sprich: ihre Jungfräulichkeit verliert. Eine Rollenverteilung, die sich durch alle Teile der Filmreihe zieht und die sehr deutlich das genderkonservative Rollenmuster widerspiegelt, das in den „Twilight"-Filmen transportiert wird: Die Frau als der emotionale, schwächere Part innerhalb der Beziehung, die stets vom Mann beschützt werden muss, weil dieser ob seiner Kraft und rationalen Überlegenheit die Situation stets im Griff behält.

Vampire als Stellvertreter der Jugend

Mit dieser Rollenzuschreibung ist Edward das komplette Gegenteil jener Vampire, die in Joel Schumachers „The Lost Boys" (1987) die ganze Stadt terrorisieren und es in vollen Zügen genießen, ungestraft gegen alle Regeln verstoßen zu können. Mit ihren hochtoupierten Haaren, schwarzen Lederjacken und bauchfreien weißen T-Shirts erinnern diese weniger an Blutsauger denn an Popstars aus einem New-Wave-Musikvideo und bieten damit ein großes Identifikationspotenzial für die jugendlichen Zuschauer. Zudem lebt die Vampirgang um den coolen Obervampir David (Kiefer Sutherland) genau jene Wildheit aus, die den Kids auf Grund gesellschaftlicher Konventionen verboten ist und die gemeinhin als böse verurteilt wird: Sie liefern sich mit ihren schnellen Motorrads riskante Rennen, trinken, rauchen und zelebrieren die notwendige Tötung ihrer Opfer mit einer sinnlosen Brutalität, aus der sie immense Lust ziehen. Eine Wildheit und Brutalität, die Edward und seine Vampir-Generation komplett ablehnen.

Doch selbst in dem wesentlich dunkleren Vampirfilm „The Lost Boys" bleiben die Jugendlichen nicht von der Moralpeitsche verschont. Und so siegt am Ende der gute Junge über die Bösen und bekommt zum Dank die Liebe des hübschesten Mädchens.

In den „Twilight"-Filmen wird diese konservative Message noch getoppt, indem der Vampir, das personifizierte Böse, sich gleich selbst unter Kontrolle hält und anstatt sich gegen die Gesellschaft zu wenden alles daran setzt, um dazu zu gehören. Er steht damit für den Jugendtypus der 2010er-Jahre, in denen Teenager nicht mehr so wie in den 1980ern versuchen, sich äußerlich wie innerlich von ihren Eltern zu distanzieren und erst nach einer kurzen Phase der Rebellion bereit sind, sich in die Gesellschaft einzugliedern. So wie Michael (Jason Patric) aus „The Lost Boys", der mit seiner Familie nach Santa Carla zieht und zunächst völlig fasziniert ist von dem Anderssein der Vampir-Gang. Erst nach und nach registriert Michael, was hinter deren cooler Fassade steckt, und entscheidet sich für die Gesellschaft und gegen das wilde Leben als Outsider, das keinen Respekt vor dem Leben der Anderen kennt.

Im Fall von „Twilight", „New Moon" und „Eclipse" gibt es diesen Reifungsprozess nicht. Bella und Edward haben sich nie innerlich von ihrer Familie distanziert, sondern immer schon nach gesellschaftlicher Anerkennung gestrebt. Sie stehen als Symbol für die heutige Generation, die sich vor allem eines wünscht: nicht außen vor zu bleiben. Und die aus Angst vor dem sozialen Abstieg und dem Scheitern auf dem Arbeitsmarkt keine Zeit mehr hat, sich selbst zu finden.

Stellvertreter einer konservativen Generation

Edward ist ein symbolischer Stellvertreter dieser Generation, die sich in wirtschaftlich unruhigen Zeiten und einer undurchschaubaren, globalisierten Welt nach veralteten und sehr traditionellen Werten als Orientierungshilfe sehnt. Eben genau jenen Werten, die Edward, der zu Beginn des 20. Jahrhunderts geboren wurde, mit in die neue Welt bringt. Dazu passt das romantisierte Bild, das in „Twilight", „New Moon" und „Eclipse" von der Familie Cullen entworfen wird ebenso wie Bellas sehnlicher Wunsch, endlich zu dieser eingefleischten Gemeinschaft zu gehören. Nichts kann diese Familie auseinander bringen, sie hält stets zusammen, sogar dann, wenn ein Familienmitglied eine fragwürdige Entscheidung trifft. So wie Edward, der die ganze Familie in Gefahr bringt, weil er sich mit einem Menschen eingelassen hat und damit gegen ein Gesetz der Vampire verstößt.

Als zwei fremde Vampire dieses Geheimnis lüften und sich sogleich über Bella hermachen wollen, sehen die Cullens sich genötigt, sie zu schützen. Auch wenn sie dafür gegen ihre eigene Gattung ankämpfen. Allein Rosalie (Nikki Reed) wehrt sich vehement dagegen. Worauf Carlisle (Peter Facinelli), das Oberhaupt der Familie Cullen und der Erschaffer Edwards, entgegnet: „Bella gehört zu Edward. Sie ist jetzt ein Teil der Familie." Diskussion beendet.

Ein Gutteil des Erfolgs der „Twilight"-Saga mag dem anämischen Schönlingsreiz von Robert Pattinson geschuldet sein. Doch schon die Bücher von Stephenie Meyer waren vor allem bei Frauen und Mädchen rasend erfolgreich. Der traurige Schluss liegt nahe, dass ein Großteil der weiblichen Zuschauerschaft immer noch (oder schon wieder?) von einem klassischen männlichen Beschützer mit Machoallüren träumt, der die Frau von der Stelle weg heiratet und mit übermenschlichen Kräften auf Händen trägt. Dass es auch anders geht, zeigt die HBO-Serie „True Blood", in der die kesse Sookie (Anna Paquin) den Vampir Bill (Stephen Moyer) bereits in der ersten Folge vor dem Sterben bewahrt.

Gruppenbild in Blut und Feuer

Von Andreas Ungerböck

Kathryn Bigelows stilvoller Film „Near Dark" aus dem Jahr 1987 zeigt Vampire als Outlaws zwischen Kriminalität und Romantik.

„Ich wollte zeitgenössisch sein und nicht an den üblichen Klischees hängenbleiben", sagte die damals 36-jährige Kathryn Bigelow über ihren zweiten Film „Near Dark", der seinerzeit alles andere als ein Erfolg war, sich aber über den Umweg Video zu einem regelrechten Kult-Klassiker, um diesen überstrapazierten Begriff zu gebrauchen, entwickelte. Bigelow, bildende Künstlerin ohne formale filmische Ausbildung, hatte zu diesem Zeitpunkt gerade einmal einen ungewöhnlichen Debütfilm namens „The Loveless" (1982) gedreht, in dem eine Kleinstadt in Georgia von einer Biker-Gang heimgesucht wird – eine Art Anti-Road-Movie, eine Stilübung zu einem damals nicht gerade viel frequentierten Genre. Ganz ähnlich verhält es sich mit „Near Dark": Vampire waren in den Achtziger Jahren im Kino so gut wie nicht vorhanden, sieht man von Blutsaugern anderer Art wie Gordon Gekko in Oliver Stones „Wall Street" (ebenfalls 1987) ab.

Seit „The Hurt Locker", mit dem sie 2010 die Oscar-Verleihung dominierte, ist Bigelow nun endlich auch einem breiteren Publikum ein Begriff, auch wenn der Film, ähnlich wie „Near Dark", erst auf Umwegen zum Erfolg wurde. Allen, die Bigelow erst mit ihrem Irakkriegs-Drama kennen gelernt haben, kann man „The Loveless" und „Near Dark" besonders ans Herz legen, findet man doch in den beiden Filmen vieles von dem vorweggenommen, was die Regisseurin in allen ihren Arbeiten beschäftigt. Am auffälligsten wohl ist dabei die Darstellung einer hermetischen Gruppe (in „The Loveless" die Motorradfahrer; in „Near Dark" eine Vampir-„Familie"; in „Point Break" die Surfer-Szene; in „Blue Steel" eine Polizei-Einheit; in „K-19: The Widowmaker" die russische U-Bootbesatzung; in „The Hurt Locker" die Bombenentschärfer), weitere „typische" Merkmale sind Bigelows präziser Sinn für die Genrekonventionen und die Brechung derselben und das ausgeprägte visuelle Empfinden, das etwa auch ihre Endzeitvision „Strange Days" (1995) prägte – letztere geschrieben übrigens, wie „Near Dark", gemeinsam mit Eric Red.

Red hatte 1986 als Autor des beklemmenden Road Movies „The Hitcher" (Regie: Robert Harmon) für Aufsehen gesorgt, und „Near Dark" verbreitet ähnlichen Schrecken, weil die Vampire, die Bigelow und er für ihren Film entwerfen, ähnlich drastisch vorgehen wie der Killer im ersteren Film. Sie sind keine Schmeichel- und Schmusevampire, wie sie neuerdings in Mode gekommen sind, sondern sie sind Getriebene auf der kompromisslosen Suche nach dem, was sie am Leben erhält: Blut. Dass sie nach wie vor am Leben sind, ist gleichzeitig die tragische Komponente, die sie mit allen klassischen Vampiren teilen. Im Falle von „Near Dark" handelt es sich um eine Art „Family", fast schon im Manson'schen Sinne – Diamondback (Jenette Goldstein) und Jesse (Lance Henriksen) quasi als Eltern, dazu kommen die „missratenen Söhne" Severen (Bill Paxton), ein gefährlicher Psychopath ohne jegliche Skrupel, und Homer (Joshua Miller). Der

Neuzugang ist die junge Mae (Jenny Wright). Gemeinsam ziehen sie in gestohlenen Autos mit notdürftig verklebten Scheiben durch den amerikanischen Süden, eine rüde Persiflage auf die Wohnmobil-Seligkeit typischer Familienfilme. An einer Tankstelle lernt Mae den Bauernsohn Caleb (Adrian Pasdar) kennen, der sich prompt in das hübsche, rätselhafte Mädchen verliebt. Dass sie ein Vampir ist, zeigt Bigelow nicht auf konventionelle Art, sondern in einer kleinen, schlüssigen Szene: Caleb führt Mae zu seinem Lieblingspferd, das vor der Untoten heftig zurückscheut. Schon bald ist es passiert: Der junge Mann hat sich infiziert (denn Vampirismus ist hier, wie die Liebe, auch eine Sucht/eine Krankheit), auch wenn er zunächst noch kein Fulltime-Vampir ist, denn dazu muss er erst einen Menschen töten. Sein Vater und seine kleine Schwester machen sich auf die Suche nach ihm.

Bigelow und Red gelingt in „Near Dark" vieles; unter anderem schaffen sie es, zwischen all den brutalen Attacken (zentral der Überfall auf eine Redneck-Bar, bei dem vor allem Severen in seinem Element ist) eine gehörige Dosis Romantik/Erotik in ihren Film zu integrieren: Caleb, noch zu geschwächt und zu sehr Mensch, um sich seine Ration Blut auf „normalem" Weg zu holen, lässt sich von Mae an ihrem aufgeschlitzten Handgelenk füttern; er regrediert gleichzeitig zu einem Kind, das an der Mutterbrust saugt (seine eigene Mutter ist tot bzw. abwesend). Gleichzeitig ist „Near Dark" direktes, physisches Kino, wie man es von Bigelow über die Jahre schätzen gelernt hat. Die Vampire fackeln nicht lange, wenn sie in Bedrängnis sind: Wenn es eng wird, greifen sie schon auch einmal zur Schusswaffe. Sie begreifen sich als Outlaws und sind es auch, ihre Verhaltensweise ist die von aus der Gesellschaft ausgestoßenen Randexistenzen, von Kriminellen. Diese Rolle reflektieren sie durchaus lustvoll in den gehetzten Gesprächen, die sie auf ihren wilden Autofahrten führen. In einer Szene fragt Severen Jesse, ob er sich noch an das Feuer erinnern könne, das sie einmal in Chicago gelegt hätten – ganz offensichtlich eine Anspielung auf den Großbrand vom Oktober 1871, der drei Tage lang wütete, 100.000 Menschen obdachlos machte und rund 300 das Leben kostete. Jesse erwähnt einmal, dass er als Desperado „für die Südstaaten gekämpft" und „verloren" habe. Gesprächsweise erfährt man auch, dass Homer die schöne Mae mit Hilfe eines miesen Tricks als Vampir „angeworben" hat.

Die vielen nächtlichen Motive in den weiten Landschaften des amerikanischen Südens, der Sternenhimmel, die Neonreklamen und die schummrigen Bars beweisen Bigelows untrügliches Gespür für das Visuelle. Gemeinsam mit dem polnischstämmigen Director of Photography Adam Greenberg (berühmt geworden mit James Camerons „The Terminator", 1984) malt sie „Near Dark" mit Feuer und Blut als ein hypnotisches Gemälde über die dunklen Kräfte, die „da draußen" schlummern. Der düstere Film funkelt wie ein Solitär im behäbigen Mittelstands-US-Kino der Mittachtziger Jahre und steht in einer Reihe mit einigen

NEAR DARK

wenigen anderen Perlen, die sich seinerzeit der Reagan-Restauration widersetzten, wie David Lynchs „Blue Velvet“ (1986), Tim Hunters „River’s Edge“ (1986), „The Hitcher“ oder die ersten Filme von Abel Ferrara, der im selben Jahr mit „China Girl“ eine ähnliche, wenn auch in der Großstadt angesiedelte Vision zwischen Gewalt und Romantik entwarf. „Film sollte ein lang anhaltender Adrenalinstoß sein“, sagte Kathryn Bigelow schon damals, und daran hat sie sich bis heute gehalten.

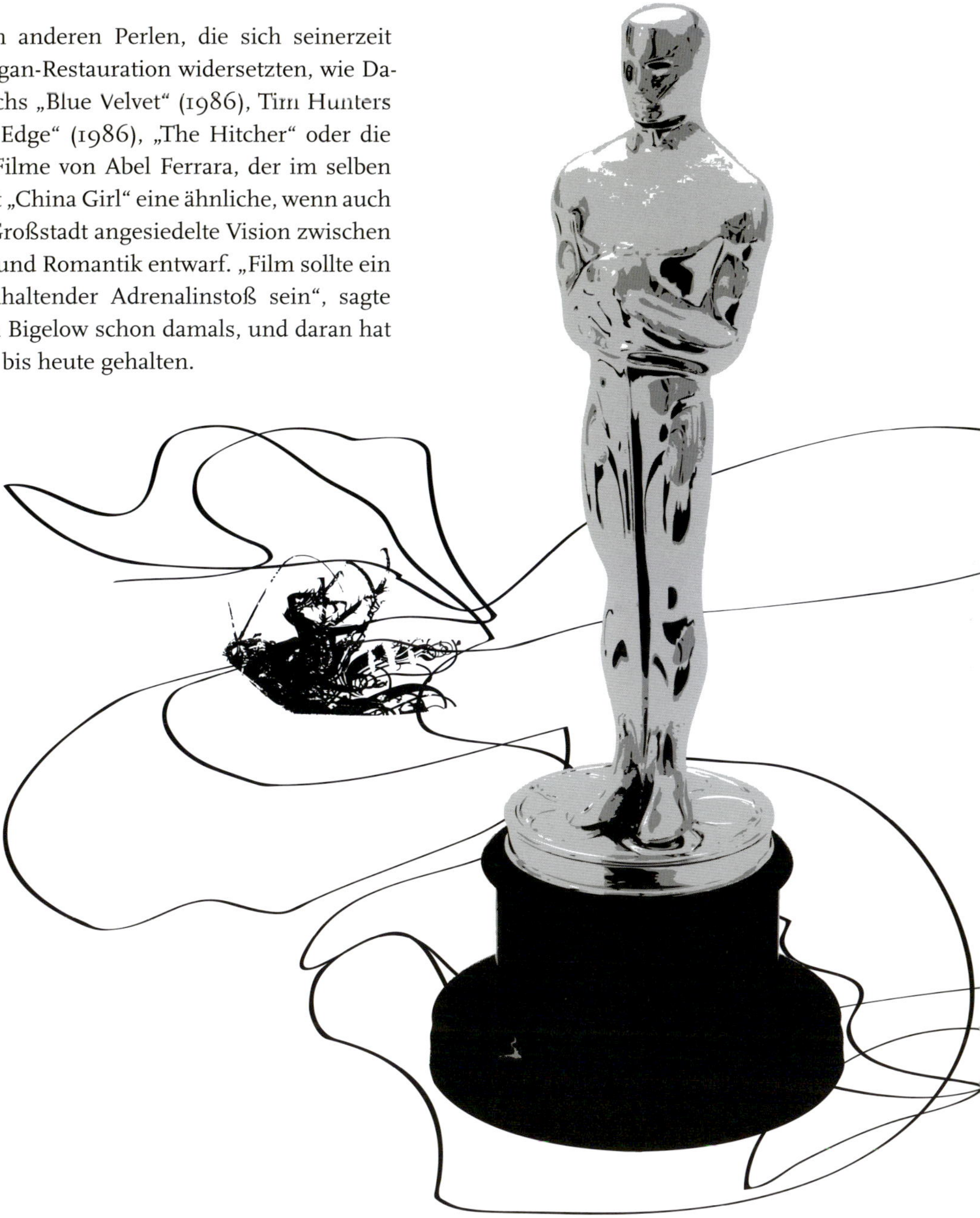

Der Totentanz
Von Johann Wolfgang von Goethe

Der Türmer, der schaut zu Mitten der Nacht
Hinab auf die Gräber in Lage;
Der Mond, der hat alles ins Helle gebracht;
Der Kirchhof, er liegt wie am Tage.
Da regt sich ein Grab und ein anderes dann:
Sie kommen hervor, ein Weib da, ein Mann,
In weissen und schleppenden Hemden.
Das reckt nun, es will sich ergetzen sogleich,
Die Knöchel zur Runde, zum Kranze,
So arm und so jung, und so alt und so reich;
Doch hindern die Schleppen am Tanze.
Und weil hier die Scham nun nicht weiter gebeut,
Sie schütteln sich alle, da liegen zerstreut
Die Hemdelein über den Hügeln.
Nun hebt sich der Schenkel, nun wackelt das Bein,
Gebärden da gibt es vertrackte;
Dann klippert's und klappert's mitunter hinein,
Als schlüg' man die Hölzlein zum Takte.
Das kommt nun dem Türmer so lächerlich vor;
Da raunt ihm der Schalk, der Versucher, ins Ohr:
Geh! hole dir einen der Laken.
Getan wie gedacht! und er flüchtet sich schnell
Nun hinter geheiligte Türen.

Der Totentanz

Der Mond, und noch immer er scheinet so hell
Zum Tanz, den sie schauderlich führen.
Doch endlich verlieret sich dieser und der,
Schleicht eins nach dem andern gekleidet einher,
Und, husch, ist es unter dem Rasen.
Nur einer, der trippelt und stolpert zuletzt
Und tappet und grapst an den Grüften;
Doch hat kein Geselle so schwer ihn verletzt,
Er wittert das Tuch in den Lüften.
Er rüttelt die Turmtür, sie schlägt ihn zurück,
Geziert und gesegnet, dem Türmer zum Glück,
Sie blinkt von metallenen Kreuzen.
Das Hemd muss er haben, da rastet er nicht,
Da gilt auch kein langes Besinnen,
Den gotischen Zierat ergreift nun der Wicht
Und klettert von Zinne zu Zinnen.
Nun ist's um den armen, den Türmer getan!
Es ruckt sich von Schnörkel zu Schnörkel hinan,
Langbeinigen Spinnen vergleichbar.
Der Türmer erbleichet, der Türmer erbebt,
Gern gäb er ihn wieder, den Laken.
Da häkelt – jetzt hat er am längsten gelebt –
Den Zipfel ein eiserner Zacken.
Schon trübet der Mond sich verschwindenden Scheins,
Die Glocke, sie donnert ein mächtiges Eins,
Und unten zerschellt das Gerippe.

(Goethe)

Der Baum der Vampire
Eine unsterbliche Geschichte

◈ *A Fool There Was* 1915
R: Frank Powell

◈ *Nosferatu, eine Symphonie des Grauens* 1922
R: Friedrich Wilhelm Murnau

◈ *Drakula Halala* 1923 oder 1921
(Datierungsstreit)
R: Károly Lajthay

◈ *Um Mitternacht (London After Midnight)* 1927
R: Tod Browning

◈ *Dracula* 1931 oder 1930
R: Tod Browning

◈ *Drácula* 1931
R: George Melford

◈ *Boo* 1932
R: Albert De Mond

◈ *Vampyr* 1932
R: Carl Theodor Dreyer

◈ *Das Zeichen des Vampirs*
(Mark of the Vampire) 1935
R: Tod Browning

◈ *Mad Love* 1935
R: Karl Freund

◈ *Dracula's Daughter* 1936
R: Lambert Hillyer

◈ *The Devil Bat* 1940
R: Jean Yarbrough

◈ *Son of Dracula* 1943
R: Robert Siodmak

◈ *House of Frankenstein* 1944
R: Erle C. Kenton

The Return of the Vampire 1944
R: Lew Landers, Kurt Neumann

House of Dracula 1945
R: Erle C. Kenton

Abbott und Costello treffen Frankenstein 1948
R: Charles Barton

Drakula Instanbulda 1953
R: Mehmet Muhtar

Blood of Dracula 1957
R: Herbert L. Strock

El Vampiro 1957
R: Fernando Mendez

Der Dämon mit den blutigen Händen 1958
R: Henry Cass

Dracula 1958
R: Terence Fisher

Plan 9 from Outer Space 1958
R: Ed Wood

Schlechte Zeiten für Vampire 1959
R: Stefano Vanzina

Die Stunde, wenn Dracula kommt 1960
R: Mario Bava

Dracula und seine Bräute 1960
R: Terence Fisher

Und vor Lust zu sterben 1960
R: Roger Vadim

Vampire gegen Herakles 1961
R: Mario Bava

Der Kuß des Vampirs 1962
R: Don Sharp

Die Rache des Vampirs 1962
R: Roberto Mauri

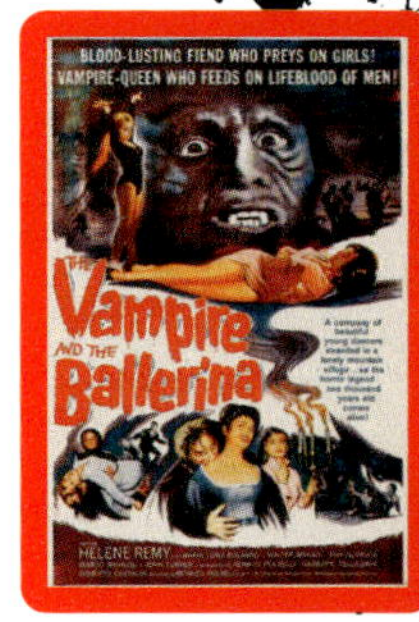

House on Bare Mountain 1962
R: Lee Frost

Der Fluch der grünen Augen 1963
R: Akos v. Rathony

Die drei Gesichter der Furcht 1963
R: Mario Bava

Batman Dracula 1964
R: Andy Warhol

Die Todeskarten des Dr. Schreck 1964
R: Freddie Francis

The Last Man On Earth 1964
R: Sidney Salkow

Blut für Dracula 1965
R: Terence Fisher

Die Gruft der toten Frauen 1965
R: Lance Comfort

Orgy of the Dead 1965
R: Stephen C. Apostolof

Die toten Augen des Dr. Dracula 1966
R: Mario Bava

Tanz der Vampire 1966
R: Roman Polanski

Batman Fights Dracula 1967
R: Leody M. Diaz

Das Geheimnis der Todesinsel 1967
R: Mel Welles

Die Vampire des Dr. Dracula 1967
R: Enrique L. Equiluz

Die Vergewaltigung des Vampirs 1967
R: Jean Rollin

Frankensteins Monster-Party 1967
R: Jules Bass

◆ *Zinda Laash* 1967
R: Khwaja Sarfaraz

◆ *Der Todesengel* 1968
R: Frederic Goode

◆ *Dracula und seine Opfer* 1968
R: Al Adamson

◆ *Draculas Rückkehr* 1968
R: Freddie Francis

◆ *Wie schmeckt das Blut von Dracula* 1969
R: Peter Sasdy

◆ *Das Lustschloss der grausamen Vampire* 1969
R: Jean Rollin

◆ *Dracula jagt Frankenstein* 1969
R: Tulio Demicheli

◆ *Goke – Vampir aus dem Weltall* 1969
R: Satou Hajime

◆ *Jonathan* 1969
R: Hans W. Geissendörfer

◆ *Totentanz der Vampire* 1969
R: Peter Duffel

◆ *Beiß mich, Liebling* 1970
R: Helmut Förnbacher

◆ *Blut an den Lippen* 1970
R: Harry Kümel

◆ *Comtesse des Grauens* 1970
R: Peter Sasdy

◆ *Curse of the Vampires* 1970
R: Gerardo de Leon

◆ *Dracula, Nächte des Entsetzens* 1970
R: Roy Ward Baker

◆ *Gebissen wird nur nachts* 1970
R: Freddie Francis

◆ *Gruft der Vampire* 1970
R: Roy Ward Baker

◆ *Junges Blut für Dracula* 1970
R: Bob Kelljan

◆ *Nachts, wenn Dracula erwacht* 1970
R: Jess Franco

◆ *Schloß der Vampire* 1970
R: Dan Curtis

◆ *Circus der Vampire (Vampire Circus)* 1971
R: Robert Young

◆ *Die sieben Pranken des Satans* 1971
R: Bob Kelljan

◆ *Dracula im Schloß des Schreckens* 1971
R: Antonio Margheriti

◆ *Draculas Bluthochzeit mit Frankenstein* 1971
R: Al Adamson

◆ *Draculas Hexenjagd* 1971
R: John Hough

◆ *Nacht der Vampire* 1971
R: Leon Klimovsky

◆ *Nur Vampire küssen blutig* 1971
R: Jimmy Sangster

◆ *Requiem for a Vampire* 1971
R: Jean Rollin

◆ *The Velvet Vampire* 1971
R: Stephanie Rothman

◆ *Vampyros Lesbos – Erbin des Dracula* 1971
R: Jess Franco

◆ *Blacula* 1972
R: William Craine

◆ *Die Gruft des Grauens* 1972
R: John Hayes

◆ *Die Nacht der offenen Särge* 1972
R: Jess Franco

◆ *Dracula A. D.* 1972
R: Alan Gibson

◆ *Horrortrip* 1972
R: Jose M. Elorietta

◆ *La fille de Dracula* 1972
R: Jess Franco

◆ *Sieben Tote in den Augen der Katze* 1972
R: Antonio Margheriti

◆ *The Deathmaster* 1972
R: Roy Danton

◆ *The Dracula's Saga* 1972
R: Leon Klimovsky

◆ *The Night of the Devils* 1972
R: Giorgio Ferroni

◆ *Der Fluch der schwarzen Schwestern* 1973
R: Joseph W. Samo

◆ *Der Schrei des Todes* 1973
R: Bob Kelljan

◆ *Die Zärtlichkeit der Wölfe* 1973
R: Ulli Lommel

◆ *Dracula braucht frisches Blut* 1973
R: Alan Gibson

◆ *Female Vampire – Erotikill* 1973
R: Jess Franco

◆ *Lemora: Lady Dracula* 1973
R: Richard Blackburn

◆ *Vlad, der Pfähler* 1973
R: Doru Nastase

◆ *Andy Warhol's Dracula* 1974
R: Paul Morrissey

◈ *Captain Kronos Vampirjäger* — 1974
(R: Brian Clemens)

◈ *Die 7 goldenen Vampire* — 1974
R: Roy Ward Baker

◈ *Dracula* — 1974
R: Dan Curtis

◈ *The Bat People* — 1974
R: Jerry Jameson

◈ *Vampira* — 1974
R: Clive Donner

◈ *Vampyres* — 1974
R: Joseph Larraz

◈ *Woodoo – Orgie des Grauens* — 1974
R: Amando de Ossorio

◈ *Blutsauger* — 1975
R: Leon Klimovsky

◈ *Lady Dracula* — 1975
R: Franz Josef Gottlieb

◈ *Die Herren Dracula* — 1976
R: Edouard Molinaro

◈ *Draculas Todesrennen* — 1976
R: Charles Band

◈ *Draculin* — 1976
R: Juan Fortuny

◈ *Martin* — 1977
R: George A. Romero

◈ *Rabid* — 1977
R: David Cronenberg

◈ *Zoltan – Draculas Bluthund* — 1977
R: Albert Band

◈ *Nosferatu – Phantom der Nacht* — 1978
R: Werner Herzog

❖ *Schwingen der Angst* 1978
R: Arthur Hiller

❖ *Blutdurst* 1979
R: Rod Hardy

❖ *Brennen muß Salem* 1979
R: Tobe Hopper

❖ *Der Großstadtvampir* 1979
R: E. W. Swackhamer

❖ *Dracula* 1979
R: John Badham

❖ *Dracula (beißt jetzt) in Oberbayern* 1979
R: Carlo Ombra

❖ *Liebe auf den ersten Biß* 1979
R: Stan Dragoti

❖ *Liebling, du beißt gut* 1979
R: Philip Marshak

❖ *Nocturna – ein zärtlicher Alptraum* 1979
R: Harry Tampa

❖ *Draculas Ende* 1980
R: Dominic Paris

❖ *Les Charlots contre Dracula* 1980
R : Jean-Pierre Desagnat ; Jean-Pierre Vergne

❖ *Movie Killer* 1980
R: Vernon Zimmermann

❖ *The Monster Club* 1980
R: Roy Ward Baker

❖ *Doctor Dracula* 1981
R: Al Adamson; Paul Aratrow

❖ *Dynastie Dracula* 1981
R : Alfredo B. Crevenna

❖ *Strasek – der Vampir* 1982
R: Theodor Boder

- *The Horror Star* 1982
R: Norman Thaddeus Vane)

- *The Living Dead Girl* 1982
R: Jean Rollin

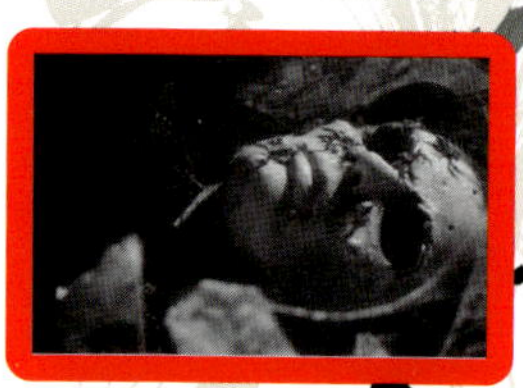

- *Begierde* 1983
R: Tony Scott

- *Die unheimliche Macht* 1983
R: Michael Mann

- *Kammer der Schrecken* 1984
R: Elly Kenner

- *Die Einsteiger* 1985
R: Siggi Götz

- *Die rabenschwarze Nacht – Fright Night* 1985
R: Tom Holland

- *Krieg der Vampire* 1985
R: Juan Padrón

- *Lifeforce – Tödliche Bedrohung* 1985
R: Tobe Hopper

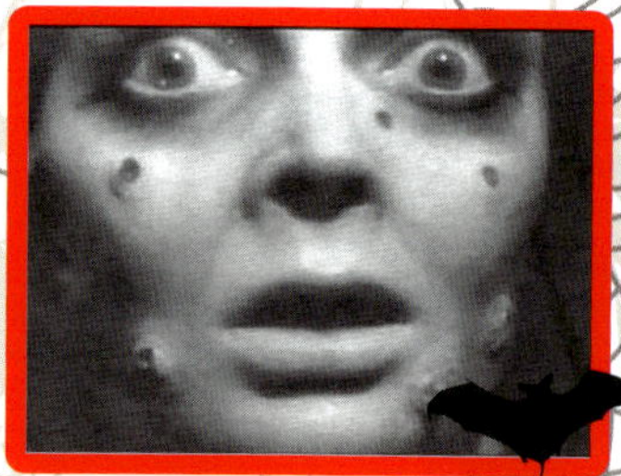

- *Transsylvania 6-5000* 1985
R: Rudy DeLuca

- *Wenn Vampire lieben* 1985
R: Grzegorz Warchol

- *Zwei Vollidioten schlagen zu* 1985
R: Neri Parenti

- *Einmal beißen bitte* 1986
R: Howard Storm

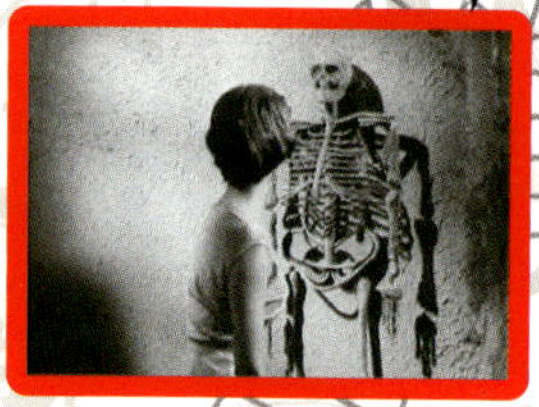

- *Gothic* 1986
R: Ken Russell

- *Liebe mit Biß* 1986
R: Jimmy Huston

- *Ninja the violent Sorcerer* 1986
R: Bruce Lambert

◆ *Nosferatu in Venedig* 1986
R: Augusto Caminito

◆ *Vamp* 1986
R: Richard Wenk

◆ *Nachtschicht* 1987
R: Jerry Ciccoritti

◆ *Dinner with the Vampire* 1987
R: Lamberto Bava

◆ *L. A. Midnight* 1987
R: Gregory McClatchy

◆ *Monster Busters* 1987
R: Fred Dekker

◆ *Near Dark – Die Nacht hat ihren Preis* 1987
R: Kathreen Bigelow

◆ *Nightmare Sisters* 1987
R: David DeCoteau

◆ *Rampage – Anklage Massenmord (Rampage)* 1987
R: William Friedkin

◆ *Salems Lot II – Die Rückkehr* 1987
R: Larry Cohen

◆ *The Lost Boys* 1987
R: Joel Schumacher

◆ *Vampir Party* 1987
R: Daniel M. Petersen

◆ *Beverly Hills Vamp* 1988
R: Fred Olen Ray

◆ *Der Biß der Schlangenfrau* 1988
R: Ken Russell

◆ *Der Vampir aus dem All (Not of this Earth)* 1988
R: Jim Wynorski

◆ *Draculas Witwe* 1988
R: Christopher Coppola

◆ *Graveyard Shift 2* 1988
R: Jerry Ciccoritti

◆ *Junge Vampire (Teen Vamp)* 1988
R: Samuel Bradford

◆ *Tödliche Lippen (To Die For)* 1988
R: Deran Serafian

◆ *Waxwork* 1988
R: Anthony Hickox

◆ *I Was A Teenage Zabbadoing* 1989
R: Carl Andersen

◆ *Mein Nachbar, der Vampir* 1989
R: Tommy Lee Wallace

◆ *Nightlife* 1989
R: Daniel Taplitz

◆ *Sundown – Rückzug der Vampire* 1989
R: Anthony Hickox

◆ *The Lost Platoon* 1989
R: David A. Prior

◆ *Vampire's Kiss* 1989
R: Robert Bierman

◆ *Daughter of Darkness* 1990
R: Stuart Gordon

◆ *Dreamliners (Red Blooded American Girls)* 1990
R: David Blyth

◆ *Iron Thunder* 1990
R: Dirk Campbell

◆ *Rockula* 1990
R: Luca Bercovici

◆ *Schrei in der Stille* 1990
R: Philip Ridley

◆ *Mein Großvater ist ein Vampir* 1991
R: David Blyth

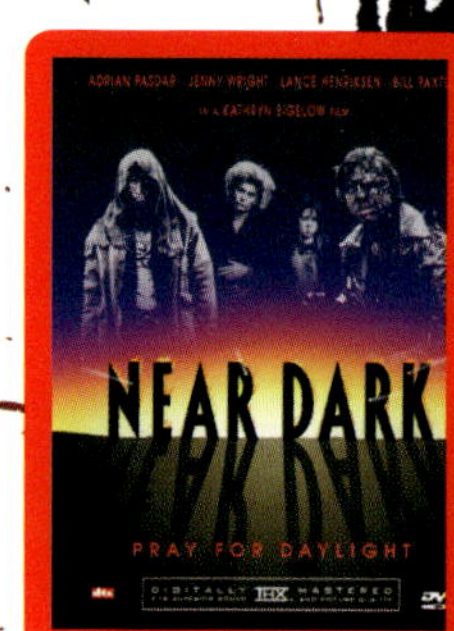

◈ *Subspecies* 1991
R: Ted Nicolaou

◈ *The Deadly Avenger* 1991
R: Robert Rundle

◈ *Vampire in New York* 1991
R: James Bond III

◈ *Bloody Marie* 1992
R. John Landis

◈ *Bram Stoker's Dracula* 1992
R: Francis Ford Coppola

◈ *Buffy – The Vampir-Killer* 1992
R: Fran Rubel Kuzui

◈ *Children of the Night* 1992
R: Tony Randel

◈ *Corman's Dracula* 1992
R: Fred Gallo

◈ *Cronos* 1992
R: Guillermo Del Toro

◈ *Pale Blood* 1992
R: V. Dachin Hsu – Michael W. Leighton

◈ *Project Vampire* 1992
R: Peter Flynn

◈ *Leif Jonker's Darkness* 1993
R: Leif Jonker

◈ *Midnight Kiss* 1993
R: Joel Bender

◈ *Stephen King's Golden Tales* 1993
R: Michael Gornick

◈ *Subspecies II – Bloodstone* 1993
R: Ted Nicolaou

◈ *Subspecies III* 1993
R. Ted Nicolaou

Tale of a Vampire — 1993
R: Shimako Sato

The Many Faces of Dracula — 1993
Dokumentation

Accumulator — 1994
R: Jan Sverak

Dracula — 1994
R: Mario Salieri

Interview mit einem Vampir — 1994
R: Neil Jordan

Nadja — 1994
R: Michael Almereyda

Nosferatu – Vampirische Leidenschaft — 1994
R: Anne Goursaud

The Addicition — 1994
R: Abel Ferrera

Dracula – Tot aber glücklich — 1995
R: Mel Brooks

Night Hunter — 1995
R: Rick Jacobson

Vampire in Brooklyn — 1995
R: Wes Craven

Frankenstein and Me — 1996
R: Robert Tinnell

From Dusk Till Dawn — 1996
R: Robert Rodriguez

Kindred – Clan der Vampire — 1996
R: Peter Medak

Macabre Pair of Shorts — 1996
R: Scott Mabbutt

Vampirella — 1996
R: Jim Wynorski

- *Besucher aus dem Jenseits – Sie kommen bei Nacht* 1997
  R: Peter Werner
- *Evil Creatures* 1997
  R: Charles Band
- *Pathos* 1997
  R: Kevin Abosch
- *The Night Flyer* 1997
  R: Mark Pavia
- *Vampire Journals* 1997
  R: Ted Nicolaou
- *Angel of the Night* 1998
  R: Shaky González
- *Blade* 1998
  R: Stephen Norrington
- *Bloodsuckers* 1998
  R: Ulli Lommel
- *Die Weisheit der Krokodile* 1998
  R: Po-Chih Leong
- *John Carpenter's Vampires* 1998
  R: John Carpenter
- *Kiss My Blood* 1998
  R: David Jazay
- *Razor Blade Smile* 1998
  R: Jack West
- *Revenant – Sie kommen nachts* 1998
  R: Richard Elfman
- *Subspecies IV – Bloodstorm* 1998
  R: Ted Nicolaou
- *Teenager Space Vampires* 1998
  R: Martin Wood
- *Vampir der Leidenschaft* 1998
  R: Kelley Cauthen

◆ *Bats – Fliegende Teufel* 1999
R: Louis Morneau

◆ *Die Hard Dracula* 1999
R: Peter Horak

◆ *Draculas Braut* 1999
R: Jean Rollin

◆ *From Dusk Till Dawn 2 – Texas Blood Money* 1999
R: Scott Siegel

◆ *Kalter Kuss – Cold Hearts* 1999
R: Robert A. Masciantonio

◆ *Vampire Blues* 1999
R: Jess Franco

◆ *Blood – The Last Vampire* 2000
R: Hiroyuki Kitakubo

◆ *Dark Prince – The True Story of Dracula* 2000
R: Joe Chapelle

◆ *Der kleine Vampir* 2000
R: Uli Edel

◆ *From Dusk Till Dawn 3 – The Hangman's Daughter* 2000
R: P. J. Pesce

◆ *I've been watching you* 2000
R: David De Coteau

◆ *Laila – Unsterblich verliebt* 2000
R: Peter Ily Huemer

◆ *Mamas Rendezvous mit einem Vampir* 2000
R: Steve Boyum

◆ *Night of the Vampire Hunter* 2000
R: Ulli Bujard

◆ *Pure Blood* 2000
R: Ken Kaplan

◆ *Shadow of the Vampire* 2000
R: E. Elias Merhige

Wes Craven präsentiert Dracula 2000
R: Patrick Lussier

Love Bites 2001
R: Antoine de Caunes

The Forsaken – Die Nacht ist giftig 2001
R: J.S. Cardone

Dark Species – Die Anderen 2001
R: Michael Oblowitz

Blade II 2002
R: Guillermo del Toro

Draculas Braut 2002
R: Jean Rollin

John Carpenter's Vampires: Los Muertos 2002
R: Tommy Lee Wallace

Killer Barbys vs. Dracula 2002
R: Jesus Franco

Königin der Verdammten 2002
R: Michael Rymer

Vampire Sex 2002
R: Jess Franco

Vampire Clan 2002
R: John Webb

The Twins' Effect 2003
R: Dante Lam

Die Liga der außergewöhnlichen Gentlemen 2003
R: Stephen Norrington

Underworld 2003
R: Len Wiseman

Wes Craven präsentiert Dracula II 2003
R: Patrick Lussier

Vampire Hunter D. 2003
R: Yoshiaki Kawajiri

◆ *Vlad* 2003
R: Michael D. Sellers

◆ *Dracula 3000* 2004
R: Darrell Roodt

◆ *Salem's Lot* 2004
R: Mikael Salomon

◆ *White Skin* 2004
R: Daniel Roby

◆ *Van Helsing* 2004
R: Stephen Sommers

◆ *Wächter der Nacht – Nochnoi Dozor* 2004
R: Timur Bekmambetov

◆ *Blade: Trinity* 2005
R: David S. Goyer

◆ *Bloodrayne* 2005
R: Uwe Boll

◆ *Bloodsuckers* 2005
R: Matthew Hastings

◆ *Out for Blood – Fürchte jeden* 2005
R: Richard Brandes

◆ *Vampires: The Turning* 2005
R: Marty Weiss

◆ *Wes Craven präsentiert Dracula III* 2005
R: Patrick Lussier

◆ *Underworld – Evolution* 2006
R: Len Wiseman

◆ *Wächter des Tages – Dnevnoi Dozor* 2006
R: Timur Bekmambetov

◆ *Dracula* 2006
R: Bill Eagles

◆ *Brotherhood of Blood* 2007
R: Michael Roesch, Peter Scheerer

◆ *Perfect Creature* 2007
R: Glenn Standring

◆ *Die Vampirprinzessin* 2007
R: Andreas Sulzer

◆ *Lost Boys II - The Tribe* 2008
R: Regie P.J. Pesce

◆ *Die wilden Kerle 5 – Hinter dem Horizont* 2008
R: Joachim Masannek

◆ *Dracula's Guest* 2008
R: Michael Feifer

◆ *Underworld – Aufstand der Lykaner* 2009
R: Patrick Tatopoulos

◆ *New Moon - Bis(s) zur Mittagsstunde* 2009
R: Chris Weitz

◆ *Mitternachtszirkus* 2009
R: Paul Weitz

◆ *Eclipse – Bis(s) zum Abendrot* 2010
R: David Slade

TV-Serien

1964–1966	The Addams Family
1964–1966	The Munsters
1985	Der kleine Vampir
1992–1996	Nick Knight – Der Vampircop
1993	Der kleine Vampir – Neue Abenteuer
1997–2003	Buffy – Im Bann der Dämonen
1999–2002	Mona, der Vampir
2000–2004	Angel – Jäger der Finsternis
2001–2002	Vampire High
2005	Blood
2006	Blade – Die Jagd geht weiter
2006	Young Dracula
2007	Blood Ties

2008	Dante's Cove III
2007	Sanctuary
2007	The Lair
2008	The Lair II
2008	Moonlight
2008	True Blood
2008	Being Human
2009	The Vampire Diaries

Zeichentrickserien

1973	The Addams Family
1988–1991	Ernest, der Vampir
1988–1993	Graf Duckula
1991–1994	Die Ketchup-Vampire
1992–1995	The Addams Family
1999–2002	Mona der Vampir
2003–2005	Desmodus der Vampir
2006–2008	Die Schule der kleinen Vampire

Anime

1997	Hellsing
1997–1998	Vampire Miyu
2001–2005	Trinity Blood
2003	Shingetsutan Tsukihime
2004–2005	Tsukuyomi – Moon Phase
2005–2006	Blood+
2006	Black Blood Brothers
2008	Rosario + Vampire
2008	Vampire Knight
2008	Vampire Knight Guilty
2009	Rosario + Vampire Capu 2

Nichts ist vollständig. Auch nicht diese Liste ...

Vampire Diaries – die Pro 7-Kult-Serie

Stephenie Meyer ist nicht die einzige...

Worum geht‘s bei „Vampire Diaries“?
Die 17-jährige Elena Gilbert (Nina Dobrev) und ihr jüngerer Bruder Jeremy (Steven R. McQueen) haben vor vier Monaten ihre Eltern bei einem schweren Autounfall verloren. Die Teenager kämpfen mit dem Verlust und ihrer Trauer.

Während Elena Trost bei ihren Freundinnen Bonnie (Katerina Groham) und Caroline (Candice Accola) sowie Ex-Freund Matt (Zach Roerig) sucht, rutscht ihr Bruder in die Drogenszene ab.

Als das neue Schuljahr an der Mystic Falls Highschool beginnt, trifft Elena auf ihren neuen Mitschüler Stefan Salvator (Paul Wesley) – und spürt sofort eine enge Verbindung. Doch Stefan hat eine mysteriöse Art an sich, die Elena nicht deuten kann. Denn Stefan verbirgt ein tödliches Geheimnis: Er ist ein Vampir.

Das Chaos beginnt, als Matts Schwester Vicky (Kayla Ewell) auf einer Schulparty von etwas Unbekanntem attackiert und schwer verletzt wird. Stefan weiß sofort, wer für diese grausame Tat verantwortlich ist: sein älterer Bruder Damon (Ian Sommerhalder).

Zwei ungleiche Brüder
Die Brüder sind grundverschieden und haben sich aufgrund eines Streits seit 15 Jahren nicht mehr gesehen. Damon lebt sein Vampirleben voll aus und kann nicht verstehen, dass Stefan versucht, gegen seinen Blutdurst anzukämpfen. Als Damon jedoch Elena zum ersten Mal begegnet, versteht der den Grund sofort: Elena sieht aus wie die Frau, die Stefan vor langer Zeit über alles geliebt hat. Damals hatte Damon versucht, seinem Bruder die Frau auszuspannen und will jetzt auch wieder Elena für sich gewinnen.

Von nun an kämpfen die Brüder – einer gut, einer böse, um die Liebe und Seele von Elena.

„The Vampire Diaries“ ging im September 2009 auf Sendung und war sofort ein voller Erfolg. Die Serie beruht auf der gleichnamigen Buchserie der amerikanischen Schriftstellerin L. J. Smith. Drehbuchautor Kevin Williamson war bereits für Filme wie „Scream – Schrei!“, „Ich weiß, was du letzten Sommer getan hast“ und für die Fernsehserie „Dawson’s Creek“ verantwortlich. Hauptdarsteller Ian Sommerhalder ist dem deutschen Publikum bereits aus der Serie „LOST“ bekannt.

Die Tiel der bisherigen Episoden:

1. Liebes Tagebuch
2. Die Nacht der Kometen
3. Monster
4. Das Gründerfest
5. Im Kerker
6. Verlorene Mädchen
7. Heimgesucht
8. 162 Kerzen
9. Geister
10. Wendepunkt
11. Lebenslinien

Dracula

Bela Lugosi
Er prägte das Bild

Der Mann, der das Filmbild des Dracula prägte wie kaum ein anderer, war Bela Lugosi. Er wurde 1882 in den Karpaten geboren, wenige Kilometer von der Grenze Transsylvaniens... Bald wurde er einer der bedeutenden Schauspieler des ungarischen Theaters.

Im Ersten Weltkrieg war er – als beliebter Schauspieler – zwar vom Militärdienst befreit, meldete sich aber freiwillig und brachte es bis zum Hauptmann. In der ungarischen Revolution von 1918/19 stand er offensichtlich auf der Verliererseite und ging nach Amerika. Mangels Rollenangeboten gründete er eine ungarische Theatergruppe, ehe er seinen englischsprachigen Durchbruch 1927 am Broadway schaffte – mit einer Bühnenversion von „Dracula"! Nach einer jahrelangen Erfolgsserie war es durchaus naheliegend, dass er 1931 von den Universal Studios für die Film-Version von „Dracula" engagiert wurde.

Bela Lugosi setzte für Jahrzehnte den Maßstab, an dem sich alle Dracula-Darsteller messen lassen mussten.

Mit seinem ungarischen Akzent klangen Draculas Begrüßungsworte „I am Drah-cool-ahh. I bid you welcome" so schaurig wie bei keinem anderen. Ebenso unvergesslich wie „I never drink . . . wine". Und wie sein Zurückweichen vor dem entgegengereckten Kreuz...

Seine Rollenauffassung, sein Erscheinungsbild gruben das Aussehen Draculas in das kollektive Gedächtnis ein – vom Bart bis zum Cape (das heute noch im Familienbesitz ist).

Lugosi hatte die Rolle seines Lebens gefunden. allerdings in mehrfacher Hinsicht. Er hätte sehr gerne auch wieder wie früher in „normalen" Filmen oder Shakespeare auf der Bühne gespielt – die (Film)welt aber wollte ihn als Dracula sehen. Das einzige, was man ihm zugestand, waren andere Horrorfiguren, verrückte Ärzte oder Frankenstein (wenn den nicht gerade sein Freund Boris Karloff spielte). Zuletzt kehrte er zur Lebensrolle in „Abbott and Costello Meet Frankenstein" zurück.

Bela Lugosi starb 1956. Er wurde im Cape des Grafen Dracula in seinen Sarg gelegt. Allerdings ohne Pfahl im Herzen...

Dem rumänischen Regisseur Florin Lepan gelang 2010 mit „Bela Lugosi – Der gefallene Vampir" eine gründliche Dokumentation.

Klaus Kinski
Er lebte die Rolle

Der deutsche Schauspieler wurde 1926 in Deutschland geboren und starb 1991 in Kalifornien. Dazwischen lag ein Künstlerleben mit vielen Facetten. Im Kino arbeitete er mit namhaften Regisseuren zusammen, scheute aber auch nicht vor einer Reihe von Edgar-Wallace-Filmen zurück, mit denen er sicherlich einen höheren Bekanntheitsgrad erreichte als mit vielen seiner großen Projekte.

Eine besondere Kunstform gelang ihm mit seinem „Ein-Mann-Theater". Kinski war einer der faszinierendsten Rezitatoren des letzten Jahrzehnte, Autoren wie Francois Villon oder Arthur Rimbaud, aber auch Nietzsche betrachtete er als Geistesverwandte, in deren Interpretation er alles legte.

Mit Werner Herzog verband ihn eine Reihe von Filmen – einer davon war *Nosferatu – Phantom der Nacht*. In diesem 1978 gedrehten Remake des Murnau-Filmes von 1922 spielte er den Grafen Dracula. Dabei kam er an das „Vorbild" Max Schreck nicht heran – oft erscheint die Figur zu nah am Vorgänger, der so zum Wiedergänger wird, aber ohne dessen seltsam-irrsinnige Ausstrahlung. Herzog hat dem Film eine pessimistische Schlußwendung gegeben: Jonathan Harker (gespielt von Bruno Ganz) ist vollständig zum Vampir geworden, läßt van Helsing verhaften und reitet in die Welt hinaus. Er übernimmt die Mission des von van Helsing getöteten Dracula und wird den Vampirismus weiter verbreiten. Die Seuche nimmt kein Ende ...

Klaus Kinski drehte noch viele andere interessante Filme, die meisten spielten mit dem Genie, mit dem Wahnsinn, mit dem Grenzgang. Für das deutsche Kino war er eine prägende Erscheinung.

Christopher Lee
Ein Dracula mit blauem Blut

Christopher Lee wurde 1922 in London geboren. Sein Vater war Oberst und für Tapferkei im Burenkrieg und im Ersten Weltkrieg hoch dekoriert. Seine Mutter, Contessa Estelle Marie Carandini di Sarzano, entstammte einer der ältesten europäischen Familien, die sich bis weit hinter die Zeit Karls des Großen zurückverfolgen lässt. Sie war eine der gefeierten Schönheiten ihrer Zeit.

Nach dem Studium in Eton war im Zweiten Weltkrieg Christopher Lee Air Force- und Special Forces-Offizier. Dann ging er zur Bühne und zum Film. In Zusamenarbeit mit Regisseuren wie John Huston, Raoul Walsh, Joseph Losey, George Marshall,

Orson Welles, Nicholas Ray, Michael Powell, Edward Molinaro, Jerome Savary, Billy Wilder, Steven Spielberg, Joe Dante, Peter Jackson, Tim Burton, John Landis, Alejandro Jodorowsky and Andrei Konchalovsky entstanden zahlreiche Filme – nicht zuletzt *Star Wars II und Star Wars III*. Mit der *Lord of the Ring*-Trilogie wurde Christopher Lee auch für die nächste Publikumsgeneration zum großen Star. Von den mehr als 250 Fernseh- und Filmproduktionen seien auch *A Tale of Two Cities, The Mummy, The Wicker Man, The Private Life of Sherlock Holmes, The Three and The Four Musketeers, The Man with The Golden Gun* (James Bond-Autor Ian Fleming war sein Cousin), *1941, Airport '77* und *Gremlins II* genannt. Als das vielleicht wichtigste Ereignis in seiner Karriere betrachtet er die „Saturday Night Live" im Jahr 1978 – mit John Belushi, Dan Aykroyd, Bill Murray, Gilda Radner, Laraine Newman und Jane Curtin.

In seiner Arbeit gibt es drei Besonderheiten: Er ist der einzige Schauspieler, der sowohl Sherlock Holmes gespielt hat als auch seinen Bruder Mycroft. Er hat den englischen König Charles I. getötet und den französischen König Ludwig XVI. Und er hält den Weltrekord für mehr Schwertkämpfe vor der Kamera als jeder andere Schauspieler. Er hat auch alle seine Stunts selbst gemacht und ist Ehrenmitglied von drei Stuntmen-Gewerkschaften.

Schon auf dem College war er in Squash und Fechten Spitze, aber auch in Cricket, Rugby, Fußball und Hockey. Er spricht Französisch, Italienisch, Spanisch und Deutsch und kommt in Schwedisch, Russisch und Griechisch ganz gut zurecht. Seine Hobbies sind Reisen, Opernbesuche und Golf. Sein Handicap hat er auf acht verbessert und wird bald der einzige Schauspieler sein, der es je in den noblen Golfclub "The Honourable Company of Edinburgh Golfers" geschafft hat, den ältesten Golfclub der Welt, gegründet 1744.

Für seine Filmarbeit hat er Auszeichnungen in den USA, Frankreich, Deutschland, Spanien, Italien und Großbritannien erhalten; außerdem ist er ein hoher Würdenträger des Johanniter-Ordens.

Seit 44 Jahren (Stand 2010) ist er mit dem Dänin Gitte Kroencke verheiratet, die einst als Model für Balenciaga, Balmain, Chanel und Christian Dior gearbeitet hat. Ihre Tochter Christina wurde in der Schweiz geboren. Christopher Lee und seine Frau leben in Großbritannien. Er gilt als der Kinostar mit den meisten Filmpreisen...

Christopher Lee hat Glück gehabt; durch den Welterfolg des „Herrn der Ringe" konnte er das Dracula-Image weitgehend ablegen. Dabei waren es nicht einmal die frühen, die „echten" Filme, sondern die weit unterdurchschnittlichen Folgefilme, die zum Teil bewußt, aber sicher nicht immer in diesem Ausmaß, als Parodien angelegt waren (etwa *Die Herren Dracula*).

Peter Cushing

Der Jäger der Blutsauger

Keiner, aber wirklich keiner hat in sovielen Vampirfilmen mitgewirkt wie Peter Cushing. Allerdings war er der Gute, wenn man Abraham van Helsing so bezeichnen möchte, den unerschrockenen Vampirjäger aus den Niederlanden, den Bram Stoker schon erfunden hatte. Für Cushing wurde er beinahe zur Lebensrolle, doch hat er soviele Filme gedreht, dass die Vampir-Streifen nur einen kleineren Teil seiner Arbeit bilden.

- 1958: Dracula
- 1960: Dracula und seine Bräute
- 1964: Frankensteins Ungeheuer
- 1965: Blut für Dracula
  (ungenannt – Archiv-Material von 1958)
- 1970: Totentanz der Vampire
- 1970: Gruft der Vampire
- 1971: I, Monster
- 1971: Draculas Hexenjagd
- 1972: Incense for the Damned
- 1972: Dracula jagt Minimädchen
- 1972: Geschichten aus der Gruft
- 1973: Dracula braucht frisches Blut
- 1974: Die sieben goldenen Vampire
- 1975: Tendre Dracula
- 1975: Der Ghul

Als Grand Moff Tarkin in *Krieg der Sterne I* wurde er noch einmal weltbekannt; doch hatte er schon im *Hamlet*-Film neben Laurence Olivier gespielt und war insgesamt einer der angesehensten britischen Schauspieler. 1994 starb er, 81 jährig. Neben den Erinnerungen an ihn hinterließ er mehrere Bücher und Gemälde – eine Alterskarriere als Maler hatte ihn endgültig unter den Unvergessenen etabliert.

So viele andere spielten auch Vampire und van Helsing, durchaus eindrucksvoll bis katastrophal, hochartifiziell bis gelangweilt; bisweilen könnte man das Gefühl bekommen, es gehört in Hollywood mittlerweile zum guten Ton, wenigstens einmal einen verführerischen Blutsauger gespielt zu haben. Für Frauen ist es da schon schwerer, erst in den letzten zwanzig Jahren haben sie sich von der grundlegenden Opfer-/Helfer-Rolle emanzipiert und dürfen nunmehr auch selbst führend Zahn anlegen. Ein Ende des Booms ist nicht abzusehen, und solange es Künstlern gelingt, dem Motiv und Thema immer neue Aspekte und Facetten abzugewinnen, soll es allen Beteiligten ein Fest sein. Allen voran dem Publikum …

07
o
die du
wie
des messers
kalter
stoß in mein jammernd herze bist gefahren
die du stark bist wie dämonenscharen
und im tollen rausch erbarmungslos
Blade

Von der Göttin zur Vampirin –

Ängste und Lüste

„Die gefährliche Frau wurde im 19. Jahrhundert nachgerade zu einem der Leitthemen der künstlerischen Einbildungskraft. Bis zur Jahrhundertmitte hatten dämonische, destruktive Männer die Bühne beherrscht; dann kamen die dämonischen, destruktiven Frauen."

„Und wir werden zum ersten Mal,
seit der Mensch die Keule erhob,
um seinen Bruder zu erschlagen,
eine Welt sehen, die von Frauen
gestaltet wurde, und erleben, was
die Frauen die Männer zu lehren
haben. Und nur wenn die Männer sich belehren lassen, dürfen
sie wieder frei unter Frauen herumlaufen." (Anne Rice)

Ich bin ein Vamp!
von Marcellus Schiffer

Ich schlaf` im Bett der Pompadour,
ich habe Lulus rotes Haar,
ich habe Salomes Figur,
ich hab` die Gier der Pothiphar!
Ich trage Mona Vannas Kleid,
den Ring der Marie Antoinette,
ich trag` sogar seit ein'ger Zeit
der schönen Helena Korsett,
ich bin das Gift der Medici,
bin eine Hexe wie Jeanne d`Arc;
ich trag` den Strumpf der Dubarry,
ich bade nackt in einem Sarg.
Ich bin ein Vamp!

Ich bin ein Vamp, ich bin halb vertiert!
Ich saug` die Männer an und aus!
Ich mache Fricassee daraus!
Ich bin ein Vamp!
Ich bin ein Vamp aus Fleisch und mit Bein!
Ich wär` so gern sanft wie ihr!
Aber nein, aber nein!
Ich bin ja verpflichtet, gemein zu sein,
und da bin ich halt eben ein Tier!

Die tollsten Dinger samml` ich mir,
ich sammle nur, was wild und echt!
Ich sammle Klemperers Klavier,
ich hab` die Mütze von Bert Brecht!
Ich hab` von Wallace jeden Band!
Und ich verschlang ihn mit Genuß!
Es hängt gerahmt an meiner Wand
ein alter Valentino-Kuß!
Ich sammle Ullsteins Gratisfahrt,
das ist ein schöner wilder Brauch!
Ich habe sogar Hitlers Bart
und Brünings alten Gehrock auch!

Ich bin ein Vamp, ich bin halb vertiert!
Ich saug` die Männer an und aus!
Ich mache Fricassee daraus!
Ich bin ein Vamp!
Ich bin ein Vamp aus Fleisch und mit Bein!
Ich wär` so gern sanft wie ihr!
Aber nein, aber nein!
Ich bin ja verpflichtet, gemein zu sein,
und da bin ich halt eben ein Tier!

adonna
aria Maddalena
ola Lola
arlene Dietrich
arilyn Monroe
yne Mansfield
ausi
e schöne Helena
ata Hari
icht Paris Hilton
e Sirenen des Odysseus
ae West
osalind Russell
ophia Loren
rke
undel Gaukeley als Kirke
audia Cardinale
randot
ola Negri
arbarella
odesty Blaise
nma Peel
.N. (jeder kennt
ita
therine Hepburn, wenn sie wollte
o die No Angels
reley

Ein Fürst, das ist mein Sekretär,
und jeder Diener ist ein Graf!
Die Königin von Griechenland,
die singt persönlich mich in Schlaf!
Der König Alfons ist mein Boy,
der Prince of Wales mein schönster Traum!
Es liest mir alles vor was neu,
die liebe gute Vicky Baum!
Ich hab` den seltsamsten Besuch!
Heut` erst kam Emil Ludwig rauf,
er sagt, er schreibt von mir ein Buch!
Wenn er es schreibt, fress` ich ihn auf!

Ich bin ein Vamp, ich bin halb vertiert!
Ich saug` die Männer an und aus!
Ich mache Fricassee daraus!
Ich bin ein Vamp!
Ich bin ein Vamp aus Fleisch und mit Bein!
Ich wär` so gern sanft wie ihr!
Aber nein, aber nein!
Ich bin ja verpflichtet, gemein zu sein,
und da bin ich halt eben ein Tier!

Marilyn Monroe | Jayne Mansfield | Mausi | Die schöne Helena | Mata Hari | Nicht Paris Hilton | Die Sirenen des Odysseus | Mae West | Rosalind Russell

Carmilla – lange vor Psycho...
Von Sheridan Le Fanu

Nach einem Kutschenunfall wird ein junges Fräulein gastfreundlich in einem Haus aufgenommen.

(...)

Wenn sie sich lächelnd, melancholisch und hartnäckig weigerte, mich auch nur einen Schimmer der Wahrheit erhaschen zu lassen, glaubte ich eine Kälte zu spüren, die sich mit ihrer Jugend nicht vertrug.

Ich kann nicht behaupten, dass wir uns deswegen zankten. Sie zankte sich nie mit mir. Es war gewiss sehr unfair und unhöflich von mir, sie mit Fragen zu bedrängen, aber ich konnte einfach nicht anders. Ich hätte es lieber bleiben lassen sollen.

Was sie mir tatsächlich erzählte, schätzte ich, unvernünftig wie ich war, gering. Es ließ sich in drei mageren Sätzen zusammenfassen: Sie hieß Carmilla. Ihre Familie war sehr alt und von Adel. Ihre Heimat lag irgendwo im Westen.

Sie wollte mir weder ihren Familiennamen noch ihr Wappen verraten, weder den Namen ihres Wohnsitzes noch ihr Heimatland. Denken Sie bitte nicht, dass ich sie unablässig mit meiner Neugier quälte. Ich wartete stets auf eine gute Gelegenheit und auch dann stellte ich eher beiläufige als drängende Fragen. Einige Male ging ich allerdings geradewegs auf mein Ziel los. Aber welche Taktik ich auch anwandte, Erfolg hatte ich nie. Weder mit Vorwürfen noch mit Zärtlichkeiten war ihr beizukommen. Und dennoch – wenn sie mir auswich, tat sie es mit soviel sanfter Schwermut und leisem Tadel, mit so vielen fast leidenschaftlichen Vertrauens- und Sympathiebekundungen und mit so vielen Versprechungen, mir eines Tages

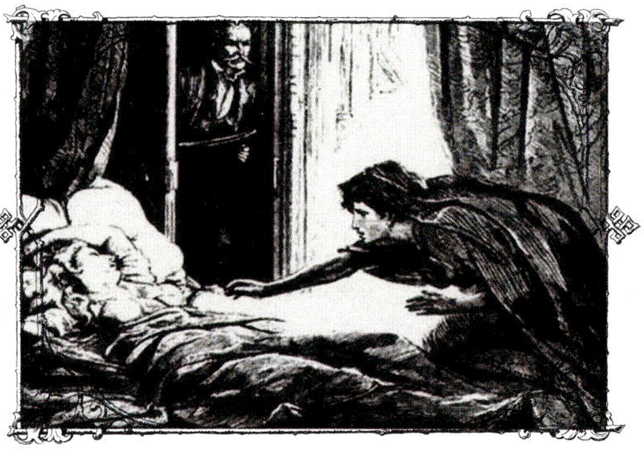

alles zu erzählen, dass ich es nicht übers Herz brachte, ihr lange zu grollen.

Oft schlang sie dann ihre schönen Arme um meinen Hals, zog mich an sich, legte ihre Wange an die meine und flüsterte, die heißen Lippen an mein Ohr gepreßt: „Liebste, ich weiß, du fühlst dich im Innersten verletzt. Halte mich nicht für grausam, wenn ich so handle, wie die Stärken und Schwächen meiner Natur es mir vorschreiben. Wenn dein sanftes Herz verwundet ist, blutet mein wildes Herz mit ihm. Meine tiefe Demütigung genießend, lebe ich in deinem warmen Leben, und du wirst in mein Leben hineinsterben – süß sterben. Ich kann nicht anders: So, wie ich dir heute nahe bin, wirst du eines Tages anderen nahe sein und die Wonne dieser Grausamkeit, die doch nichts als Liebe ist, kennenlernen. Versuche also vorläufig nicht mehr, etwas über mich und die Meinen zu erfahren, sondern vertraue mir mit der ganzen Kraft deiner Liebe."

Nach derart überschwenglichen Worten schlossen sich ihre bebenden Arme stets noch fester um mich, und ihre warmen Lippen küßten sanft die meinen.

Ihre Empfindungen waren mir ebenso unverständlich wie ihre Worte. Ich gebe zu, dass ich mich diesen törichten Umarmungen, zu denen es übrigens nicht so oft kam, gern entzogen hätte; aber mir fehlte die Kraft dazu. Ihr Flüstern klang mir wie ein Wiegenlied, lähmte meinen Widerstandswillen und versetzte mich in einen tranceähnlichen Zustand, aus dem ich erst erwachte, wenn sie ihre Arme sinken ließ. (...)

Sie hatte einige seltsame Angewohnheiten. Jemand, der in der Stadt wohnt wie Sie, mag darüber freilich anders denken als wir auf dem Land. Sie kam immer erst sehr spät zu uns herunter, meist nicht vor ein Uhr mittags, trank eine Tasse Schokolade, aß aber nichts dazu. Dann machten wir gewöhnlich einen Spaziergang, einen sehr kurzen allerdings, da sie sofort müde wurde und entweder ins Schloss zurückkehrte oder sich auf einer Bank im Schatten niederließ. Ihre körperliche Ermattung wirkte sich aber nicht im geringsten auf ihren Geist aus. Stets unterhielt sie sich angeregt, stets zeigte sie eine wache Intelligenz.

Manchmal spielte sie kurz auf ihre Heimat an oder erwähnte ein Erlebnis, eine Einzelheit oder eine Kindheitserinnerung, die auf ein Volk mit seltsamen Gepflogenheiten schließen ließen, mit Sitten, die uns unbekannt waren. Ich entnahm diesen gelegentlichen Bemerkungen, dass ihr Heimatland viel ferner sein musste, als ich anfangs vermutet hatte.

Als wir eines Nachmittags unter den Bäumen saßen, kam ein Leichenzug vorbei. Man trug ein junges, hübsches Mädchen zu Grabe, dem ich oft begegnet war: die Tochter eines Waldhüters. Der Arme ging gramgebeugt hinter dem Sarg seines einzigen Kindes. Ihm folgten, ein Kirchenlied singend, die Bauern. Ehrfurchtsvoll stand ich auf und stimmte in den traurigen Gesang ein. Da gab mir meine Begleiterin einen recht unsanften Stoß. Überrascht sah ich sie an. „Hörst du nicht, wie entsetzlich falsch das klingt?“ fragte sie schroff.

„Im Gegenteil, ich finde es schön und rührend“, antwortete ich, verärgert über die Störung und peinlich berührt von dem Gedanken, die Leute im Leichenzug könnten die Szene beobachtet und übelgenommen haben.

Ich sang weiter, wurde aber sofort wieder unterbrochen. „Du ruinierst mein Trommelfell!“ rief Carmilla ärgerlich und hielt sich mit ihren schlanken Fingern die Ohren zu. „Und weißt du denn überhaupt, ob du und ich dieselbe Religion haben? Dein Ritual verletzt mich, und außerdem hasse ich Beerdigungen. So ein Getue! Sterben muss schließlich jeder, und jeder wird dadurch glücklicher.“

„Vater ist mit dem Pfarrer zum Friedhof gegangen. Ich dachte, du weißt, dass sie heute begraben wird.“

„Wer ist sie? Ich verschwende meine Gedanken nicht an Bauern. Ich weiß nicht, wer sie ist“, erwiderte Carmilla mit blitzenden Augen.

„Das arme Mädchen, das sich vor zwei Wochen eingebildet hatte, ein Gespenst zu sehen, und das seitdem immer kränker wurde und gestern starb.“

„Sprich bloß nicht von Gespenstern, sonst kann ich heute nacht nicht schlafen!“

„Hoffentlich ist keine Seuche im Anzug“, fuhr ich fort. „Alles scheint darauf hinzudeuten. Die junge Frau des Schweinehirten ist vorige Woche gestorben. Sie behauptete, jemand habe sie nachts im Bett am Hals gepackt und fast erwürgt. Papa sagt, dass solche Träume bei bestimmten fiebrigen Erkrankungen auftreten. Sie war am Tag zuvor völlig gesund.“

„Nun, ihr Begräbnis ist hoffentlich vorbei, und ihr Kirchenlied gesungen! Jedenfalls wird man unsere Ohren nicht noch einmal mit dergleichen Misstönen und Kauderwelsch martern. Setz' dich zu mir, ganz nah! Halte meine Hand, ganz fest – fester, fester!"

Wir waren ein Stück zurückgegangen, und nun ließ sie sich auf einer anderen Bank nieder. Ihr Gesicht verwandelte sich in einer Weise, die mir Schrecken, einen Augenblick lang sogar Entsetzen einjagte. Es verdüsterte sich und wurde furchtbar fahl. Mit zusammengebissenen Zähnen, geballten Händen, gerunzelten Brauen und aufeinandergepreßten Lippen starrte sie zu Boden und zitterte dabei am ganzen Körper, als sei sie von heftigem Schüttelfrost befallen. Sie schien mit äußerster Anstrengung einen Anfall zu unterdrücken. Endlich, nach atemlosem Kampf, brach ein dumpfer, erschütternder Schmerzensschrei aus ihr hervor, und dann verebbte ihre hysterische Erregung. „Siehst du, das kommt davon, wenn sie einem mit Kirchenliedern den Hals zuschnüren!" sagte sie schließlich. „Halt' mich fest, laß' mich nicht los! Es geht schon vorüber."

Es ging vorüber. Und dann, vielleicht um mich diese deprimierende Szene vergessen zu lassen, wurde sie ungewöhnlich lebhaft und gesprächig. So machten wir uns auf den Heimweg.

Es war das erste Mal, dass ich Zeichen jener Anfälligkeit an ihr entdeckte, von der ihre Mutter gesprochen hatte. Und es war das erste Mal, dass ich sie gereizt sah. Beides verflüchtigte sich wie eine Wolke am Sommerhimmel. (...)

In jener Nacht hatte ich einen Traum, mit dem für mich eine höchst seltsame Leidenszeit begann. Ich kann ihn nicht als Alptraum bezeichnen, denn ich war mir die ganze Zeit über bewusst, dass ich fest schlief. Gleichzeitig aber war mir bewusst, dass ich mich in meinem Zimmer befand und in meinem Bett lag, ganz so, wie es der Wirklichkeit entsprach. Ich sah – oder bildete mir ein, es zu sehen – das Zimmer und die Möbel, wie ich sie vor dem Einschlafen gesehen hatte, nur war der Raum jetzt sehr dunkel. Am Fußende des Bettes bewegte sich etwas, das ich anfangs nicht genau erkennen konnte. Dann sah ich, dass es ein kohlschwarzes Tier war, ähnlich einer riesigen Katze. Es schien vier bis fünf Fuß lang zu sein, genau so lang wie der Kaminvorleger, über den ich es schleichen sah. Unheimlich ruhelos wie ein wildes Tier im Käfig lief es ständig hin und her. Ich war nicht fähig zu schreien, obwohl ich, wie Sie sich denken können, entsetzliche Angst hatte. Es bewegte sich immer schneller, im Zimmer wurde es immer dunkler, und schließlich konnte ich nur noch seine Augen sehen. Ich spürte, wie es geschmeidig aufs Bett sprang. Die großen Augen näherten sich meinem Gesicht, und plötzlich spürte ich einen stechenden Schmerz, so, als drängen mir zwei lange Nadeln im Abstand von nur wenigen Zoll tief in die Brust. Ich erwachte mit einem Schrei. Im Schein der Kerze, die die ganze Nacht gebrannt hatte, sah ich eine weibliche Gestalt am Fußende des Bettes stehen, etwas rechts von der Mitte. Sie trug ein dunkles, loses Gewand, und die Haare fielen ihr auf die Schultern. Bewegungslos wie ein Felsblock stand sie da. Nicht der leiseste Atemzug war zu vernehmen. Doch während ich sie anstarrte, schien sie sich unmerklich von der Stelle bewegt und der Türe genähert zu haben. Als sie kurz davor stand, öffnete sich die Tür, und die Gestalt verschwand.

Ich fühlte mich befreit, konnte wieder atmen und mich bewegen. Mein erster Gedanke war, dass Carmilla mir einen Streich gespielt und dass ich vergessen hatte, die Tür abzuschließen. Ich lief hin und fand sie wie stets von innen versperrt. Ich hatte Angst, sie zu öffnen – ich war von Entsetzen gepackt. Ich floh ins Bett, zog mir die Decke über den Kopf und blieb, mehr tot als lebendig, bis zum Morgen so liegen.

Es wäre sinnlos, wollte ich versuchen, Ihnen den Schauder zu beschreiben, der mich noch heute bei der Erinnerung an jene Nacht ergreift. Ich fühlte damals nicht den vorübergehenden Schrecken, den ein Traum hervorruft; es war vielmehr ein Schrecken, der ständig intensiver wurde, der sich dem Zimmer und dem Mobiliar, das die Erscheinung umgeben hatte, mitteilte.

Am folgenden Tag ertrug ich es nicht, auch nur einen Augenblick allein zu sein. Ich hätte Papa alles erzählen sollen, aber zwei Gründe hielten mich davon ab: zum einen glaubte ich, er würde mich auslachen, und ich hätte es nicht ertragen, wenn man das Ganze als einen Scherz abgetan hätte; zum anderen fürchtete ich, er könnte denken, ich sei von jenem geheimnisvollen Leiden befallen, das in der Gegend grassierte. Ich selbst hatte in dieser Hinsicht keine Bedenken und wollte ihm, da er seit einiger Zeit kränkelte, jede Aufregung ersparen.

Für mich war die Anwesenheit meiner liebenswürdigen Gesellschafterinnen, Madame Perrodons und der munteren Mademoiselle Lafontaine, beruhigend genug. Da beide bemerkten, dass ich deprimiert und nervös war, erzählte ich ihnen schließlich, was mich so tief bedrückte.

Mademoiselle lachte, in Madame Perrodons Gesicht hingegen glaubte ich Angst zu lesen. „Übrigens", sagte Mademoiselle lachend, „auf der langen Lindenallee unter Carmillas Schlafzimmerfenster spukt's!"

„Unsinn", rief Madame, der ein solches Thema im Augenblick wohl unpassend erschien. „Wer verbreitet denn solche Geschichten, meine Liebe?"

„Martin sagt, als das alte Hoftor repariert wurde, sei er zweimal vor Sonnenaufgang heraufgekommen und habe jedes Mal gesehen, wie eine weibliche Gestalt die Lindenallee hinunterging."

„Das ist leicht möglich, denn schließlich sind auf den Weiden drunten am Fluß Kühe, die gemolken werden müssen."

„Gewiß. Aber Martin will sich eben unbedingt fürchten. Und ein Tölpel, der sich mehr fürchtet als dieser, ist mir noch nicht begegnet."

„Sie dürfen Carmilla kein Wort davon sagen", warf ich ein. „Sie kann von ihrem Fenster aus die Allee sehen und sie ist, wenn das überhaupt möglich ist, noch feiger als ich."

Carmilla kam an diesem Tag noch später als sonst zu uns herunter.

„Ich hatte heute nacht solche Angst", sagte sie, sobald wir allein waren, „und ich bin überzeugt, dass ich etwas Furchtbares gesehen hätte, wenn ich nicht dem armen kleinen Buckligen, den ich so hart gescholten habe, ein Amulett abgekauft hätte. Ich sah im Traum etwas Schwarzes um mein Bett kriechen und als ich voller Entsetzen erwachte, glaubte ich, am Kaminsims eine dunkle Gestalt zu erkennen; doch dann suchte ich unterm Kopfkissen nach dem Amulett und als ich es berührte, verschwand die Erscheinung. Ich bin sicher, dass ohne das Amulett etwas Schreckliches aufgetaucht und mich vielleicht gewürgt hätte, genau so, wie jene Bedauernswerten es erlebt haben." „Lass dir erzählen", begann ich und dann schilderte ich ihr, was mir widerfahren war. Sie schien bestürzt.

„Hattest du das Amulett bei dir?" fragte sie ernst.

„Nein, ich hatte es in eine Vase im Salon gelegt, aber da du so fest daran glaubst, werde ich es heute abend bestimmt mit ins Bett nehmen."

Nach so langer Zeit kann ich Ihnen nicht mehr sagen – und auch selbst nicht mehr verstehen –, wie es mir gelang, meine Angst so rasch zu bezwingen, dass ich in der folgenden Nacht allein in meinem Zimmer blieb. Ich erinnere mich genau, dass ich das Amulett ans Kopfkissen steckte. Kurz darauf schlummerte ich ein und bis zum Morgen schlief ich tief, tiefer noch als sonst.

Auch die nächste Nacht ging gut vorüber. Mein Schlaf war wunderbar tief und traumlos. Beim Erwachen allerdings war ich matt und melancholisch, aber noch war es ein Zustand, den ich fast genoss.

„Hab' ich's dir nicht gesagt?" gab mir Carmilla zur Antwort, als ich ihr erzählte, wie gut ich jetzt schlief. „Auch ich habe herrlich geschlafen. Ich hatte das Amulett ans Nachthemd gesteckt. Die Nacht vorher war es zu weit von mir entfernt. Ich bin ziemlich sicher, dass bis auf die Träume alles Einbildung gewesen ist. Früher glaubte ich, Träume seien das Werk böser Geister, aber unser Arzt hat mir das ausgeredet. Er sagte, sie könnten durch ein vorübergehendes Fieber hervorgerufen werden oder dadurch, dass irgend eine andere Krankheit an die Tür klopft und uns erschreckt, sich dann aber, da sie nicht eingelassen wird, wieder entfernt."

„Und was hat es mit dem Amulett auf sich?"

„Es ist wahrscheinlich in Rauch gebeizt oder in eine Arznei getaucht worden und wirkt nun wie ein Mittel gegen die Malaria."

„Dann wirkt es also nur bei körperlichen Leiden?"

„Natürlich. Du glaubst doch wohl nicht, dass böse Geister vor ein wenig Band und Apothekengeruch Angst bekommen? Aber wenn eine Krankheit in der Luft liegt, versucht sie zuerst, die Nerven anzugreifen und auf diesem Weg das Gehirn zu infizieren. Doch bevor sie uns attackieren kann, wird sie von dem Gegenmittel abgestoßen. Ich glaube bestimmt, dass unsere Amulette so gewirkt haben. Das ist keine Zauberei, sondern ein ganz natürlicher Vorgang."

Mir wäre wohler gewesen, hätte ich Carmillas Theorie voll und ganz zustimmen können. Aber ich versuchte es wenigstens und spürte, wie die Wirkung jenes Erlebnisses allmählich nachließ.

In den folgenden Nächten schlief ich tief, aber am Morgen fühlte ich mich stets abgespannt, und den ganzen Tag wich die lastende Müdigkeit nicht von mir. Ich fühlte mich ver-

Es ist die Verborgenheit, die das Unsichtbare
sichtbar werden läßt, aber nur für den, der
sich ins Unsichtbare hineingibt.
Es ist das Wagnis, das dem Wagenden hilft
in der Auseinandersetzung mit dem Unwägbaren.
Es ist das Wissen, das erst eintreten kann,
wenn das Verstehen das vorgefundene Wissen
verändert und aufbricht.
Es ist das Verstehen, das dem Erkennen
nachfolgt, wenn dieses dem Nichtwissenwollen
gewichen ist.
Es ist das Bild, das kein Spiegelbild hat,
und es ist der Spiegel, der kein Bild zeigt.
Es ist das, wofür du dich hältst.
Es ist das, wovor du dich hütest.
Es ist das, wohin du dich begibst.

Liber sapientiae vampiri

Lernen fürs Leben

In verschiedenen, zum Teil sehr schön und aufwändig gemachten Vampirbüchern werden allerlei Ratschläge erteilt, wie man Vampire erkennen kann. Woran. Beim ersten Date. Beim ersten Kuss. Beim ersten Biss. Bevor es zu spät ist. Oder zumindest wenn es zu spät ist. Es tut uns leid. Hier verweigern wir uns. Dieses Buch ist kein Ratgeber.

Aber wir geben Ihnen einen Rat. Schließlich wäre es unfair, wissenschaftliche Forschungsergebnisse nicht zu teilen.

Es ist ein Rat zu Hilfe und Selbsthilfe. Die gegenüberstehende Testkarte eignet sich für beides. Also für Versuch und Selbstversuch.

Sie nehmen das Buch und drehen es um 90 Grad. Nein, in die andere Richtung... So. Jetzt zeigt der Seitenschnitt zu Ihnen. Nun heben Sie das Buch leicht an, nehmen die Seite mit dem Bissometer vorsichtig zwischen Zeigefinger und Daumen der linken Hand (Linkshänder nehmen die rechte Hand) und führen sie zum Mund.

Wichtig: Dieser ist vorher gesäubert und krümelfrei!

Nun beißen Sie ebenso vorsichtig wie für Sie typisch hinein. Aus der Konstellation Zahnstellung und Druck lässt sich ablesen, welcher Vampirtyp Sie sind.

Natürlich ist das nur ein Schnellverfahren, aber für erste Erkenntnisse, etwa über die weitere Gestaltung des Abends, reicht es.

Wichtig: Sollten Sie sich bei diesem Test mit der Papierkante in die Mundwinkel schneiden, schicken Sie uns bitte ein lustiges Foto. Aber lassen Sie uns mit allen Haftungsfragen in Ruhe. Wir haben Sie hiemit ausdrücklich gewarnt und zur Achtsamkeit aufgerufen.

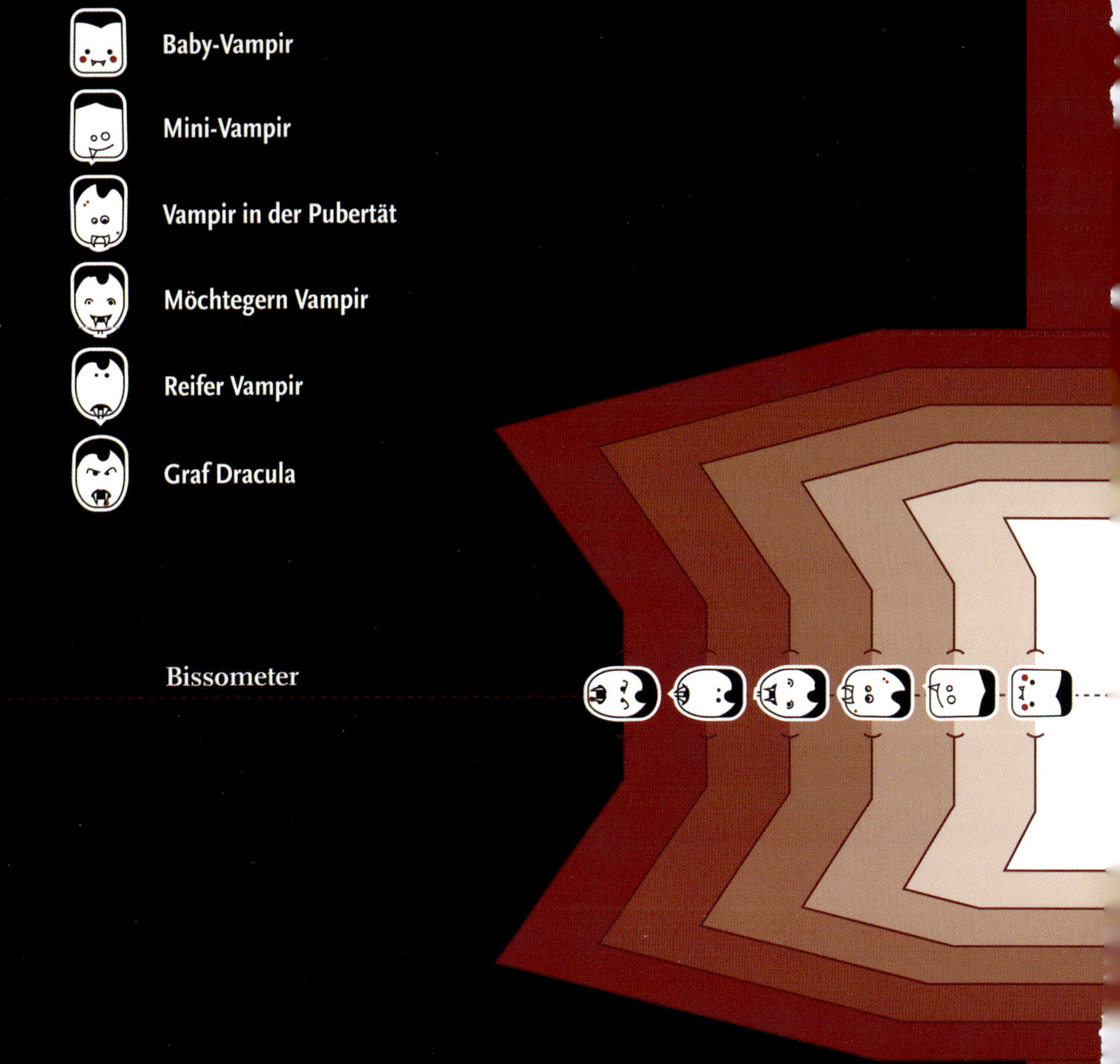
Baby-Vampir
Mini-Vampir
Vampir in der Pubertät
Möchtegern Vampir
Reifer Vampir
Graf Dracula
Bissometer

Malen mit Hirn

Wenn Sie dieses Buch aufmerksam gelesen haben, vielleicht sogar in der Reihenfolge der Seiten von vorne nach hinten; oder wenn Sie beim zufälligen Stöbern darauf gestoßen sind: der Zählzwang spielt im Leben eines Vampirs eine nicht unwesentliche Rolle. Er leidet auch durchaus darunter (ausführlich behandelt im Text).

Dagegen haben die behandelnden Psychologen, die um die Sensibilität des Vampires Bescheid wissen, ein therapeutisches Schulungsinstrument entwickelt, das uralt ist. In den Ruinen griechischer Städte finden sich gut erhaltene Beispiele dafür, in der einschlägigen Fachliteratur taucht es immer wieder unter verschiedenen Namen auf. Ja es spielt auch in der Astronomie eine Rolle: die gedankliche Herstellung von Sternbildern am Nachthimmel funktioniert nur durch die geschulte Wahrnehmungsfähigkeit. Oder – hat denn schon mal jemand wirklich einen Großen Bären am Himmel gesehen? Es bleibt eine strukturierte Anzahl von Lichtpunkten.

Dieses Schulungsinstrument wurde von den Menschen als „Malen mit Zahlen“ übernommen und zum Kinderamüsement gemacht. Für den Vampir ist es einmal mehr die Bestätigung, dass man sich gerne seiner Erfindungen bedient, aber kreischt, wenn er lächelt...

Nehmen Sie einen weichen Stift und malen Sie das Blatt gemäß den Anweisungen aus (die da sind: nach 1 kommt 2, dann 3, dann 4, dann 5, dann 6 usw.). Wenn Sie sich nicht auskennen, schicken Sie uns ein Mail (info@vampirhandbuch.at), wir helfen Ihnen weiter.

Wir haben dieses Blatt extra in die Geheimen Seiten genommen, damit es kein anderer vor Ihnen ausmalt. Wie gestern im Kaffeehaus das Kreuzworträtsel in der Zeitung...

V

Überall ist Vampirland

Der Vampir ist ein international vernetztes Wesen. Durch die verschiedenen Wanderschaften ist er überall herumgekommen, hat überall seine Verwandten sitzen. In schlaflosen Tagen führt er ausgedehnte Korrespondenzen, entwickelt Spiele und schreibt Gedichte, meistens geprägt von großer Schwermut, ja man kann sagen: Traurigkeit.

Der Postbote ist ein gern gesehener Gast im Vampirhaus (man muss einräumen, dass dieses Wohlwollen durchaus mit manch stattlichem Trinkgeld erkauft ist und immer wieder erneuerten Beteuerungen, dass man ihm keineswegs an den Hals wolle). Doch sei es drum, er bringt mit großer Regelmäßigkeit Dinge aus fernen Ländern, die dann das Vampirheim schmücken, den Gaumen erfreuen. Nicht alles was gleich aussieht, schmeckt überall gleich...

Die Verwandten in Asien schicken gerne schöne Dinge. Ein Blumengesteck etwa, einen besonderen Likör, oder, besonders gerne gesehen, kostbares Papier. Denn, rundheraus, der Vampir liebt Origami.

Kaum Schöneres gibt es an Wintertagen, als mit Geduld und Fleiß schöne Dinge aus Papier zu falten, die dann gerne als kleine Geschenke ins Kinderzimmer weitergereicht werden – oder auch, die leicht anzüglichen Varianten, ins Sargstübchen...

Wir präsentieren hier eine Origami-Arbeit von erlesener Schönheit. Falten Sie und spüren Sie den Vampir in sich...

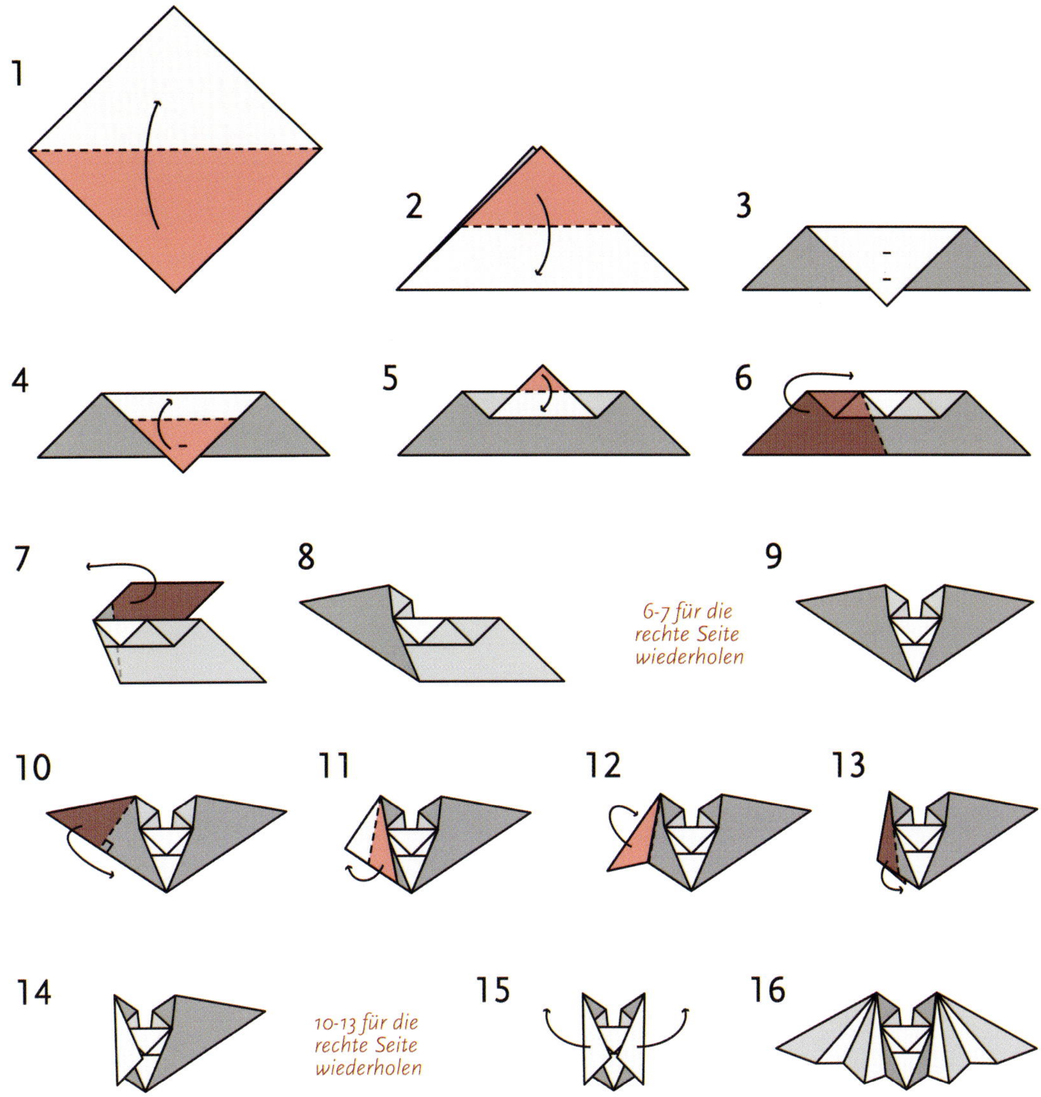
1
2
3
4
5
6
7
8
6-7 für die rechte Seite wiederholen
9
10
11
12
13
14
10-13 für die rechte Seite wiederholen
15
16

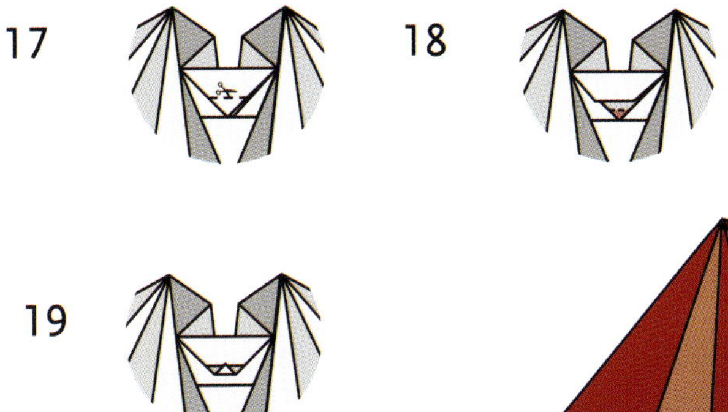
17
18
19

Das Geheimnis der Geheimen Seiten

Nun haben Sie also die Seiten aufgeschnitten. Jetzt gehört das Buch wirklich Ihnen. Vielleicht haben Sie geglaubt, die Seiten bergen Verbotenes, Jugendverbotenes. Im Zusammenhang mit Vampiren gehen die Vorstellungen ja oft recht einbahnige Wege.

Nein. Diese Seiten schützen etwas viel Kostbareres, etwas wirklich Wichtiges. Die Freude am Spiel, am Ausprobieren, kurz: ein Stück Kindheit. Jenes Stück, das jeder in der Tasche mit sich herumtragen sollte. Um es anzufassen, sich zu vergewissern, dass es noch da ist. Und dass sie auch noch da ist, die Phantasie.

Wir haben noch eine kleine Überraschung für Sie bereit.

Es gibt bei manchen Vampiren ein seltsames Verhalten. Sie ertragen nicht, dass ihre Bücher bei Tag, hinter zugezogenen Vorhängen, gleich aussehen wie im Mondlicht. Deshalb erscheinen die Bücher in guten Vampirverlagen mit einem doppelten Schutzumschlag. Wie das funktioniert? Schauen Sie doch einfach einmal nach...

Und dann können Sie jeden Morgen Ihr Vampirhandbuch umziehen. Und am Abend wieder. Und am nächsten Morgen wieder. Und...

wandelt. Eine seltsame Schwermut beschlich mich, eine Schwermut, aus der ich nicht aufgestört sein wollte. Vage Todesgedanken begannen sich in mir zu regen, und das Gefühl eines langsamen Hinabsinkens ergriff sanft und gewissermaßen mit meiner traurigen Zustimmung Besitz von mir. Mag es noch so traurig gewesen sein, die Stimmung, in die es mich versetzte, empfand ich jedenfalls als wohltuend. Ganz gleich, was mit mir geschah, meine Seele fügte sich drein.

(...)

Ich will Ihnen jetzt von einem Traum berichten, der geradewegs zu einer seltsamen Entdeckung führte.

Eines Nachts vernahm ich statt der gewohnten Stimme eine andere, die sanft und zärtlich klang und doch furchtbar war. Sie sagte: „Deine Mutter warnt dich vor dem Mörder." Im gleichen Augenblick wurde es hell, und ich sah Carmilla am Fußende des Bettes stehen, in ihrem weißen Nachthemd und von Kopf bis Fuß mit Blut bespritzt.

Ich erwachte mit einem gellenden Schrei, besessen von dem Gedanken, dass Carmilla ermordet werden sollte. Ich weiß noch, dass ich aus dem Bett sprang, und das nächste, woran ich mich erinnern kann, ist, dass ich im Korridor stand und um Hilfe rief. Madame und Mademoiselle stürzten aufgeregt aus ihren Zimmern, erblickten mich im Schein der Lampe, die stets im Korridor brannte, und erfuhren den Grund meines Schreckens. Ich bestand darauf, an Carmillas Tür zu klopfen. Wir erhielten keine Antwort. Dann hämmerten wir ungestüm auf die Tür ein und riefen laut ihren Namen, aber alles war vergebens.

Furcht ergriff uns, denn die Tür war verschlossen. In panischer Angst rannten wir in mein Zimmer, stürzten zur Klingel und läuteten lang und heftig. Hätte mein Vater auch in diesem Flügel des Hauses geschlafen, wir hätten ihn sofort zu Hilfe gerufen. Aber leider war er außer Hörweite, und keine von uns hatte den Mut, sich auf den langen Weg bis zu seinem Zimmer zu machen.

Kurz danach eilten Dienstboten die Treppe herauf. Meine Gefährtinnen und ich hatten inzwischen Morgenröcke und Pantoffeln angezogen. Als wir die Stimmen der Diener hörten, gingen wir zu dritt hinaus und nachdem wir wieder vergeblich an Carmillas Tür geklopft hatten, befahl ich den Männern, das Schloss aufzubrechen. Dann standen wir, mit Kerzen in den Händen, auf der Schwelle und starrten ins Zimmer.

Wir riefen ihren Namen, aber noch immer kam keine Antwort. Wir sahen uns im Zimmer um. Nichts war verändert. Alles war noch genau so wie am Abend, als ich ihr Gutenacht gesagt hatte. Aber Carmilla war verschwunden.

Beim Anblick des Zimmers, in dem sich außer unserem gewaltsamen Eindringen nichts ereignet hatte, ließ unsere Aufregung nach, und bald waren wir gefasst genug, um die Dienerschaft wegzuschicken. Mademoiselle kam auf den Gedanken, Carmilla sei vielleicht durch den Lärm vor ihrer Tür aufgeschreckt worden, habe sich in einem Schrank oder hinter einem Vorhang verborgen und sich verständlicherweise nicht hervorgewagt, solange der Hausmeister und seine Gehilfen im Zimmer waren. Wir begannen also, nach ihr zu suchen und riefen von neuem ihren Namen.

Von der Göttin zur Vampirin 08

Es war zwecklos. Unsere Bestürzung und Erregung wuchs. Wir untersuchten die Fenster, aber sie waren verriegelt. Ich bat Carmilla inständig, sich nicht länger zu verstecken und uns so grausam mitzuspielen, sondern hervorzukommen und unserer Sorge ein Ende zu machen. Aber alles war umsonst. Jetzt war ich überzeugt, dass sie sich weder im Zimmer noch im Ankleideraum aufhielt, dessen Tür von außen versperrt war. Ich war völlig verwirrt. Hatte Carmilla etwa einen jener Geheimgänge entdeckt, die nach Aussage der alten Haushälterin früher existiert hatten, deren genaue Lage aber niemand mehr kannte? Nun, so verblüfft wir im Augenblick waren – binnen kurzem würde sich gewiss alles aufklären.

Es war jetzt nach vier Uhr morgens, und ich zog es vor, solange es noch dunkel war, in Madames Zimmer zu bleiben. Aber auch das Tageslicht brachte uns der Lösung des Rätsels nicht näher.

Der ganze Haushalt, mein Vater an der Spitze, war am nächsten Morgen in Aufruhr. Das Schloss wurde genau durchsucht, desgleichen die nähere Umgebung. Von der vermissten jungen Dame keine Spur. Man schickte sich an, den Fluß nach ihr abzusuchen. Mein Vater war verzweifelt. Was sollte er der Mutter des armen Mädchens bei ihrer Rückkehr sagen? Auch ich war außer mir, wenngleich mein Kummer ganz anderer Art war. Der Vormittag verging in Sorge und Aufregung. Es war jetzt ein Uhr, und noch immer hatten wir keine Nachricht. Ich ging hinauf in Carmillas Zimmer – und sah sie vor ihrer Frisierkommode stehen! Ich traute meinen Augen nicht. Schweigend hob sie die Hand und winkte mich zu sich. Ihr Gesicht verriet schreckliche Angst.

In einem Freudentaumel rannte ich zu ihr. Wieder und wieder küßte und umarmte ich sie. Dann lief ich zur Klingel und läutete mit aller Kraft, um Leute herbeizurufen und meinem Vater sofort die gute Nachricht überbringen zu lassen.

(...)

Die folgende Nacht verlief ruhig, und am frühen Vormittag erschien der Arzt, den mein Vater, ohne mir ein Wort zu sagen, meinetwegen bestellt hatte.

Madame begleitete mich in die Bibliothek. Dort erwartete mich der ernste kleine Mann mit dem weißen Haar und der Brille, derselbe, von dem ich bereits berichtet habe.

Ich erzählte ihm meine Geschichte und er wurde zusehends ernster.

Er stand mir in einer der Fensternischen gegenüber. Als ich ihm alles gesagt hatte, lehnte er sich gegen die Wand und sah mich scharf an; in seinen Augen glomm Entsetzen auf. Nach kurzem Überlegen fragte er Madame, ob er meinen Vater sprechen könne.

Kurz darauf trat dieser lächelnd ein und sagte: „Herr Doktor, Sie wollen mir sicher sagen, dass ich ein alter Narr bin und Sie umsonst hergebeten habe. Hoffentlich ist es so!"

Doch sein Lächeln verschwand, als der Arzt ihn mit ernster Miene zu sich winkte. Die beiden unterhielten sich eine Zeitlang in derselben Fensternische, in der ich mit dem Arzt gesprochen hatte. Sie schienen ernsthaft und verbissen zu diskutieren. Madame und ich standen am anderen Ende des sehr großen Raumes und brannten vor Neugier. Aber wir konnten nicht ein Wort verstehen, denn sie sprachen sehr leise. Zudem verdeckte die Nische den Arzt ganz, und von meinem Vater konnten wir nur eine Schulter, einen Fuß und einen Arm sehen. Und wahrscheinlich wirkte die Nische selbst, die von den starken Mauern und dem Fenster gebildet wurde, schalldämpfend.

Nach einiger Zeit sah mein Vater zu uns herüber. Sein Gesicht war blaß, nachdenklich und verriet, wie mir schien, tiefe Erregung.

„Laura, komm' einen Augenblick her! Madame, der Doktor meint, dass wir Ihrer Hilfe im Augenblick nicht bedürfen."

Als ich auf die beiden zuging, empfand ich zum ersten Mal eine leichte Besorgnis. Bisher hatte ich mich, obwohl ich sehr geschwächt war, nicht eigentlich krank gefühlt, und man bildet sich ja immer ein, dass man schon wieder zu Kräften kommen wird, wenn man es ernstlich versucht. Mein Vater streckte mir die Hand hin, sah aber nicht mich, sondern den Arzt an. Er sagte:

„Das ist alles sehr seltsam. Ich kann es nicht ganz verstehen. Komm' her, Laura. Höre Doktor Spielsberg einmal ganz aufmerksam zu, Liebes."

„Sie erwähnten, Sie hätten in der Nacht Ihres ersten schrecklichen Traumes das Gefühl gehabt, als drängen Ihnen zwei Nadeln in die Haut, und zwar in der Halsgegend. Haben Sie dort noch Schmerzen?"

„Nicht im geringsten."

„Können Sie mir ungefähr zeigen, wo Sie damals den Schmerz spürten?"

„Es war dicht unter der Kehle – hier!"

Ich trug ein Hauskleid, das die Stelle, auf die ich deutete, verbarg.

„Jetzt können Sie sich vergewissern", sagte der Arzt zu meinem Vater. „Laura, Sie werden nichts dagegen haben, wenn Ihr Papa Ihr Kleid ein wenig hinunterschiebt. Nur so können wir ein Symptom der Krankheit entdecken, unter der Sie gelitten haben."

Ich gehorchte. Die Stelle war nur ein oder zwei Zoll unter dem Kragenrand. „Großer Gott – hier ist es!" rief mein Vater erbleichend.

„Jetzt sehen Sie es mit eigenen Augen", sagte der Arzt im Ton düsteren Triumphes.

„Was ist denn da zu sehen?" fragte ich voller Angst.

„Nichts weiter, mein Fräulein, als ein winziger blauer Fleck, nicht größer als die Spitze Ihres kleinen Fingers. Und jetzt", fügte er, zu Papa gewandt, hinzu, „ist zu überlegen, was wir tun sollen."

„Ist es gefährlich?" fragte ich bestürzt.

„Ich glaube nicht, liebes Kind", erwiderte der Arzt. „Nichts spricht dagegen, dass Sie wieder ganz gesund werden, und nichts dagegen, dass Sie sofort damit beginnen! Geht das würgende Gefühl von dieser Stelle aus?"

Ich bejahte.

„Und – versuchen Sie, sich genau zu erinnern – war das auch die Stelle, von der das Erschauern ausging, das Sie mir vorhin beschrieben haben, das Gefühl, als ständen Sie in der kalten Strömung eines Flusses?"

„Es kann sein, ich glaube, ja."

„Sehen Sie?" sagte er zu meinem Vater. „Soll ich jetzt mit Madame sprechen?"

„Unbedingt!"

Der Arzt rief Madame zu sich und erklärte ihr:

„Ich bin mit dem Gesundheitszustand unserer jungen Freundin gar nicht zufrieden. Ich hoffe, es ist nichts Ernstes, aber wir müssen trotzdem etwas unternehmen. Ich werde die nötigen Anweisungen rechtzeitig geben. Bitte sorgen Sie, Madame, inzwischen dafür, dass Fräulein Laura keinen Augenblick allein ist. Fürs erste genügt diese Vorsichtsmaßnahme. Sie ist unbedingt zu beachten!"

„Madame, ich weiß, dass wir uns auf Sie verlassen können", setzte mein Vater hinzu. Sie bestätigte es ihm nachdrücklich.

„Und ich weiß, dass du, Laura, diese Anweisung befolgen wirst."

Zum Arzt gewandt fuhr er fort: „Ich würde gerne Ihre Meinung über eine andere Patientin hören, deren Krankheitssymptome eine entfernte Ähnlichkeit mit denen meiner Tochter haben. Sie sind zwar längst nicht so ausgeprägt, scheinen aber auf die gleiche Ursache zurückzugehen. Es handelt sich um eine junge Dame, die bei uns zu Gast ist. Da Sie mir sagten, dass Ihr Weg Sie heute abend wieder hier vorbeiführen wird, wäre es das beste, wenn Sie bei uns speisten und sie bei dieser Gelegenheit treffen könnten. Sie kommt immer erst am Nachmittag herunter."

„Vielen Dank für die Einladung", sagte der Arzt. „Ich werde also gegen sieben Uhr hier sein."

Noch einmal legten die beiden Madame und mir ans Herz, die Anweisungen genau zu befolgen, und dann begleitete Papa den Arzt hinaus. Ich beobachtete, wie er mit ihm auf dem grasbewachsenen Plateau vor dem Schloss, zwischen Weg und Burggraben, auf und ab ging, offenbar in ein ernstes Gespräch vertieft.

Der Arzt kam nicht zu uns zurück. Fast zur gleichen Zeit, als ich ihn dort unten aufs Pferd steigen, sich verabschieden und ostwärts durch den Wald davonreiten sah, trat der Mann ein, der uns regelmäßig die Post aus Dransfeld brachte. Ich sah ihn absitzen und meinem Vater die Posttasche übergeben.

Madame und ich stellten inzwischen eifrig Vermutungen über die Gründe an, die den Arzt und Papa zu jener strikten Anweisung bewogen haben könnten. Wie sie mir später erzählte, befürchtete Madame, der Arzt rechne mit einem plötzlichen Anfall, der mich, falls nicht sofort Hilfe zur Hand wäre, das Leben kosten oder mir zumindest ernsthaft schaden könnte.

Mir kam dieser Gedanke nicht. Ich glaubte – und das war sicher besser für meine Nerven –, die Vorsichtsmaßnahme ziele lediglich darauf ab, dass ständig jemand bei mir war, der aufpaßte, dass ich mich nicht überanstrengte, kein unreifes Obst aß und keine der vielen Torheiten beging, die man von jungen Leuten zu erwarten scheint.

Etwa eine halbe Stunde später trat mein Vater ins Zimmer. Er hielt einen Brief in der Hand.

„Dieses Schreiben ist verspätet angekommen. Es ist von General Spielsdorf. Er hätte bereits gestern hiersein können, es kann aber auch sein, dass er heute oder morgen eintrifft."

Er gab mir den Brief. Mir fiel auf, dass Papa, der gern Besuch empfing und besonders gern den General, diesmal nicht sehr erfreut schien. Im Gegenteil, er sah aus, als wünschte er ihn dorthin, wo der Pfeffer wächst. Offenbar bewegte ihn etwas, worüber er nicht sprechen wollte.

„Papa, willst du mir eine Frage beantworten?" Ich faßte impulsiv nach seinem Arm und sah ihn flehend an.

„Vielleicht", antwortete er und strich mir zärtlich übers Haar. „Hat der Doktor gesagt, dass ich sehr krank bin?"

„Nein, Liebes. Er glaubt, dass du, falls die richtigen Maßnahmen getroffen werden, in ein bis zwei Tagen wieder ganz gesund, oder doch auf dem Weg zur völligen Genesung sein wirst", sagte er etwas zurückhaltend. „Ich wollte, unser Freund, der General, hätte sich nicht gerade jetzt angemeldet. Es wäre mir jedenfalls lieber, wenn du bei seinem Besuch wieder ganz gesund wärst."

„Bitte, Papa", drängte ich, „was hat der Arzt gesagt? Was fehlt mir?"

„Nichts. Quäle mich doch nicht mit solchen Fragen!" Er war ärgerlicher, als ich ihn je gesehen hatte. Dann schien er zu bemerken, dass ich mich verletzt fühlte, küßte mich und sagte: „In ein paar Tagen sollst du alles erfahren, das heißt, alles, was ich selbst weiß. Bis dahin darfst du dir aber keinesfalls den Kopf darüber zerbrechen."

Dann ging er hinaus. Aber noch bevor ich darüber nachdenken konnte, wie seltsam das alles war, kam er zurück, um mir mitzuteilen, dass er etwas in Karnstein zu erledigen habe, dass die Kutsche um zwölf Uhr bereitstände und Madame und ich ihn begleiten sollten. Er habe einiges mit dem Geistlichen zu besprechen, der in der Nähe des malerischen Ortes wohnte. Und da Carmilla noch nie dort gewesen sei, solle sie uns später zusammen mit Mademoiselle folgen, die alles Notwendige für ein Picknick in der Schlossruine einpacken werde.

Ich war pünktlich fertig und kurz nach zwölf Uhr brachen Papa, Madame und ich auf. Hinter der Zugbrücke bogen wir nach rechts in den Weg ein, der über die gotische Brücke westwärts zu dem verlassenen Dorf und dem verfallenen Schloss führt.

Die Fahrt durch den Wald war unvergleichlich schön. Über sanfte Hügel und Talsenken breitete sich der grüne Teppich der Wälder, deren Unberührtheit noch nicht der forstwirtschaftlichen Kultivierung zum Opfer gefallen war. In diesem unerschlossenen Gelände windet sich der Weg häufig am Rande zerklüfteter Täler und am Fuß steiler Anhöhen entlang, inmitten einer unerschöpflich abwechslungsreichen Landschaft.

An einer Biegung sahen wir plötzlich unseren alten Freund, den General, auf uns zureiten. Er wurde von einem berittenen Diener begleitet, sein Gepäck folgte per Mietwagen oder, wie wir hier sagen, per Fuhrwerk.

Er saß ab, wir hielten an, und nach der Begrüßung erklärte er sich gern bereit, bei uns einzusteigen. Sein Pferd übergab er dem Bediensteten, der zu unserem Schlosse weiterritt. (...)

Er deutete auf die grauen Mauern des gotischen Bauwerks, das, von Baumwipfeln halb verdeckt, etwas unterhalb des Schlosses am Abhang lag. „Dort scheint ein Holzfäller zu arbeiten. Ich höre Axtschläge. Vielleicht kann er mir zeigen, was ich suche: das Grab von Mircalla, Komtess Karnstein. Unter der Landbevölkerung hält sich gewöhnlich die Erinnerung an berühmte Familien lebendig, während reiche, adelige Kreise das meiste vergessen, sobald die betreffenden Geschlechter ausgestorben sind."

„Wir haben zu Hause ein Portrait von Mircalla, Komtess Karnstein. Möchten Sie es sehen?" fragte mein Vater.

„Das können wir uns für später aufsparen. Ich glaube, ich habe die wirkliche Mircalla gesehen. Einer der Gründe, warum ich früher als beabsichtigt zu Ihnen gekommen bin, war der Wunsch, die Kapelle genau zu untersuchen."

„Was sagen Sie da? Die Komtess Mircalla gesehen? Die ist doch seit über hundert Jahren tot!"

„Nicht so tot wie Sie glauben, nach allem, was ich erfahren habe!"

„Ich muss gestehen, dass Sie mir Rätsel aufgeben." Mein Vater warf ihm einen Blick zu, in dem ich die gleichen Zweifel wie vorhin zu lesen glaubte. Aber wenngleich der General einige Male vor Zorn und Abscheu gebebt hatte, deutete nichts darauf hin, dass er sich Hirngespinsten hingab.

Als wir durch das hohe Portal in die Kirche traten (die Ausmaße des Bauwerks entsprachen tatsächlich denen einer Kirche), sagte der General: „In den wenigen Jahren, die ich noch zu leben habe, gibt es für mich nur noch ein Ziel: die Rache an ihr zu üben, die, wie ich zu Gott hoffe, einem Sterblichen vorbehalten ist."

„Was für eine Rache?" fragte mein Vater aufs höchste verwundert.

„Das Ungeheuer köpfen!" In wilder Erregung stampfte der General mit dem Fuß auf, dass es dumpf durch das Gewölbe hallte. Er hob die geballte Faust, als umklammerte er den Stiel einer Axt, und schüttelte sie wutentbrannt.

„Was?" rief mein Vater verblüfft.

„Ihm den Kopf abschlagen!"

„Den Kopf abschlagen?"

„Jawohl, mit einer Axt oder einem Spaten oder etwas anderem, womit man ihr die mörderische Kehle spalten kann! Ich will es Ihnen erklären." Vor Wut zitternd eilte er weiter.

„Dieser Balken", sagte er, „kann als Sitzgelegenheit dienen. Ihre Tochter ist müde. Sie soll sich ausruhen, und ich werde meine schreckliche Geschichte rasch zu Ende erzählen."

Ich war froh, den kantigen Balken, der auf dem von Gras überwucherten Steinboden der Kapelle lag, als Bank benutzen zu können. Inzwischen hatte der General dem Holzfäller, der gerade einige an den alten Mauern lehnende Äste wegtrug, etwas zugerufen. Kurz danach stand der stämmige alte Mann, die Axt in der Hand, vor uns.

Über die Grabstätten wußte er nichts zu berichten. Er erzählte aber, dass sich in dem etwa zwei Meilen entfernten Pfarrhaus zur Zeit ein alter Herr aufhalte, der viel in diesem Wald umherwandere und uns sämtliche Gräber der Familie Karnstein zeigen könne. Für ein Trinkgeld erklärte er sich bereit, diesen Mann in einer guten halben Stunde herbeizuholen, falls wir ihm eins unserer Pferde leihen wollten.

„Arbeiten Sie schon lange in dieser Gegend?" fragte mein Vater den Alten.

„Ich bin seit meiner Jugend beim hiesigen Förster als Waldarbeiter beschäftigt", antwortete er im landesüblichen Dialekt, „genau wie mein Vater und mein Großvater und viele meiner Vorfahren. Ich kann Ihnen sogar das Haus drüben im Dorf zeigen, in dem sie gewohnt haben."

„Warum ist das Dorf verödet?" fragte der General.

„Weil hier die Geister der Toten gespukt haben, Herr. Einige hat man bis zu ihren Gräbern verfolgt, durch die üblichen Untersuchungen identifiziert und dann auf die übliche Art vernichtet: durch Köpfen, Pfählen und Verbrennen. Vorher allerdings mussten viele Dörfler ihr Leben lassen. Aber obwohl man, streng nach dem Gesetz, zahlreiche Gräber geöffnet und viele Vampire ein für allemal am Weiterleben gehindert hatte, konnte das Dorf keine Ruhe finden. Da fuhr eines Tages ein Edelmann aus Mähren durch diese Gegend, hörte von den Vorfällen und erbot sich, da er wie viele seiner Landsleute in solchen Dingen Erfahrung hatte, das Dorf von seinem Peiniger zu befreien. Das gelang ihm auf folgende Weise: Da in jener Nacht heller Mondschein war, stieg er kurz nach Sonnenuntergang auf den Turm dieser Kapelle, von wo aus er den Friedhof, den Sie durchs Fenster dort sehen, genau beobachten konnte. Er wartete, bis er sah, wie der Vampir aus seinem Grab stieg, die Leintücher, in die er gehüllt war, daneben legte und davonhuschte, um die Leute im Dorf zu peinigen.

Nun stieg der Fremde vom Turm herab, nahm die Grabtücher des Vampirs an sich und begab sich wieder auf seinen Wachtposten. Als der Vampir von seinem nächtlichen Streifzug zurückkehrte, die Tücher nicht vorfand und den Mann auf dem Turm oben stehen sah, stieß er einen wütenden Schrei aus. Darauf bedeutete ihm der Herr aus Mähren, heraufzukommen und die Tücher zu holen. Der Vampir erklomm den Turm und hatte kaum die Plattform erreicht, als der Fremde ihm mit einem Schwertstreich den Schädel spaltete. Dann schleuderte er den Körper in den Friedhof, lief die Wendeltreppe hinunter und schlug dem Vampir den Kopf ab. Am nächsten Tag übergab er Körper und Kopf den Dorfbewohnern, die die Pfählung und Verbrennung vornahmen.

Der mährische Edelmann erhielt vom damaligen Oberhaupt der Familie die Erlaubnis, die Grabstätte Mircallas, Komtess Karnstein, zu zerstören, und das tat er so gründlich, dass wenig später fast niemand mehr wußte, wo sie sich befunden hatte."

„Können Sie uns die Stelle zeigen?" fragte der General gespannt.

Der Holzfäller schüttelte freundlich lächelnd den Kopf. „Das kann heute niemand mehr. Außerdem heißt es, die Leiche sei weggeschafft worden. Aber auch das weiß man nicht genau."

Dann ließ er, da die Zeit drängte, seine Axt zu Boden fallen und machte sich auf den Weg. Wir aber hörten nun den Rest der seltsamen Geschichte des Generals.

(...)

Da ich nicht an Erscheinungen wie Vampire glaubte, sah ich in der übernatürlichen Erklärung des Arztes einen weiteren Beweis dafür, dass Gelehrsamkeit und Intelligenz häufig einen seltsamen Bund mit irgendwelchen Wahnvorstellungen eingehen. Aber ich war so verzweifelt, dass ich, um überhaupt etwas zu tun, den schriftlichen Anweisungen folgte. Ich versteckte mich in dem dunklen Ankleideraum neben dem von einer einzigen Kerze erleuchteten Zimmer der Patientin und beobachtete, wie sie einschlief. Ich stand hinter der Tür und spähte durch den schmalen Spalt. Der Instruktion entsprechend hatte ich mein Schwert neben mich auf den Tisch gelegt. Kurz nach ein Uhr glaubte ich zu sehen, wie ein großes schwarzes Etwas, dessen Umrisse verschwommen waren, über das Fußende des Bettes kroch, sich rasch bis zum

Hals des Mädchens vorschob und im nächsten Moment zu einem riesigen, vibrierenden Klumpen anschwoll.

Ein paar Augenblicke lang war ich wie versteinert. Dann ergriff ich mein Schwert und stürmte ins Zimmer. Urplötzlich zog sich das schwarze Ungeheuer am Fuß des Bettes in sich zusammen, ließ sich zu Boden gleiten, und dann erblickte ich, etwas vom Bett entfernt stehend und mich mit einem lauernden Blick voller Grausamkeit und Wut anstarrend – Millarca! Ohne zu überlegen ließ ich mein Schwert auf sie niedersausen. Da aber sah ich sie unverletzt neben der Türe stehen. Von Entsetzen gepackt lief ich auf sie zu und hieb wieder auf sie ein. Doch sie war verschwunden! Und mein Schwert zersplitterte an der Tür.

Ich kann jetzt nicht alles schildern, was in jener furchtbaren Nacht geschah. Der ganze Haushalt war in Aufruhr. Das Gespenst Millarca war verschwunden, und sein Opfer verfiel zusehends und starb noch vor Morgengrauen."

Der alte General zitterte vor Erregung. Wir anderen schwiegen. Mein Vater ging hinüber zu den Grabsteinen und las die Inschriften. Mit seinen Nachforschungen beschäftigt, verschwand er in einem Seitenschiff. Der General hatte sich gegen die Mauer gelehnt und trocknete sich mit einem tiefen Seufzer die Augen. Ich atmete auf, als ich Stimmen hörte: Carmilla und Madame waren auf dem Weg zu uns. Doch kurz darauf entfernten sich die Stimmen wieder.

In dieser Einsamkeit – noch ganz unter dem Eindruck der seltsamen Geschichte, die zweifellos etwas mit den erlauchten Toten, deren Gräber rings um uns unter Staub und Efeu vermoderten, zu tun hatte und die in allen Einzelheiten meinem eigenen rätselhaften Fall glich – an diesem gespenstischen Ort, dessen stumme Mauern von hohen Bäumen umgeben waren, durch deren dichtes Laub kaum ein Lichtstrahl drang, fühlte ich das Entsetzen nach mir greifen. Der Gedanke, dass meine Gefährtinnen möglicherweise nicht hereinkommen und diese traurige, düstere Szene beenden würden, erfüllte mich mit Angst.

Der alte General stand gesenkten Blickes da, den Arm auf die Steinplatte eines verfallenen Grabmales gestützt.

Durch einen schmalen Torbogen, über dem sich eine jener grotesken Dämonenfratzen befand, wie sie immer wieder der zynischen, grausamen Phantasie der gotischen Steinmetzen entsprungen sind, sah ich in diesem Augenblick zu meiner Erleichterung die schöne Gestalt Carmillas in die düstere Kapelle treten.

Ich nickte ihr zu, sie grüßte mit ihrem eigentümlich anziehenden Lächeln zurück. Ich wollte gerade aufstehen und zu ihr gehen, als plötzlich der alte Mann neben mir mit einem Aufschrei nach der Axt des Holzfällers griff und auf Carmilla zustürzte. Als sie ihn erblickte, nahm ihr Gesicht einen brutalen Ausdruck an. Diese furchtbare Verwandlung ging blitzartig vor sich, und im selben Moment duckte sich ihre Gestalt und machte einen Schritt rückwärts. Bevor ich schreien konnte, schlug er mit aller Kraft nach ihr, sie aber wich dem Hieb aus, blieb unverletzt und umklammerte mit ihren zarten Fingern sein Handgelenk. Einen Augenblick lang versuchte er verzweifelt, seinen Arm zu befreien, dann ließ er die Axt zu Boden fallen. Carmilla war verschwunden.

Taumelnd lehnte er sich gegen die Mauer. Seine grauen Haare waren gesträubt, und der Schweiß stand ihm ins Gesicht. Er sah aus, als würde er in der nächsten Sekunde seinen Geist aufgeben.

Die ganze entsetzliche Szene hatte nur einen Moment gedauert. Das nächste, an das ich mich erinnern kann, ist, dass Madame vor mir stand und immer wieder fragte: „Wo ist Mademoiselle Carmilla?"

Schließlich stammelte ich: „Ich weiß nicht – ich kann's nicht sagen – sie ist dorthin gegangen." Ich deutete auf die Pforte, durch die Madame eingetreten war.

„Aber ich war doch in dem Durchgang dort drüben, seit Mademoiselle Carmilla hier hereingekommen ist. Und dort ist sie bestimmt nicht wieder aufgetaucht."

Dann begann sie, an sämtlichen Türen, in allen Gängen und von den Fenstern aus nach Carmilla zu rufen. Es kam keine Antwort.

„Sie hat sich ‚Carmilla' genannt?" fragte, noch immer erregt, der General.

Ich bejahte.

„Es stimmt", sagte er, „sie ist Millarca. Und sie ist dieselbe, die vor langer Zeit Mircalla, Komtess Karnstein, hieß. Liebes Kind, verlassen Sie diesen verfluchten Ort, so schnell Sie können! Fahren Sie zum Pfarrhaus und warten Sie dort auf uns. Hoffentlich sehen Sie Carmilla niemals wieder. Hier werden Sie sie nicht finden."

(...)

Während er sprach, trat von dem Torbogen her, unter dem Carmilla erschienen und verschwunden war, einer der seltsamsten Menschen, die mir je begegnet sind, in die Kapelle. Er war groß und schmalbrüstig, ging mit hochgezogenen Schultern vornübergebeugt und war schwarz gekleidet. Sein braunes, vertrocknetes Gesicht war von tiefen Furchen durchzogen. Er trug einen merkwürdigen, breitkrempigen Hut und eine Brille mit Goldrand. Er ging langsam, mit seltsam watschelnden Bewegungen, und sein manchmal dem Himmel, manchmal der Erde zugekehrtes Gesicht schien ständig zu lächeln. Er schwenkte die langen, dünnen Arme und gestikulierte mit den schmalen Händen, die in viel zu weiten schwarzen Handschuhen steckten.

„Da ist er ja!" rief der General und ging mit allen Zeichen der Freude auf den Mann zu.

„Mein lieber Baron, ich bin glücklich, Sie hier zu sehen. Ich hatte nicht gehofft, Ihnen sobald wiederzubegegnen." Er gab meinem inzwischen zurückgekehrten Vater ein Zeichen, führte den wunderlichen alten Herrn zu ihm und stellte ihn vor. Darauf vertieften sie sich in ein ernstes Gespräch. Der Fremde zog ein zusammengerolltes Dokument aus der Tasche und breitete es auf einer verwitterten Grabplatte aus. Mit einem Bleistift deutete er auf dem Papier Verbindungslinien zwischen einzelnen Punkten an. Daraus, dass die drei immer wieder aufsahen und bestimmte Stellen des Bauwerks ins Auge faßten, schloß ich, dass sie einen Grundriß der Kapelle vor sich hatten. Seinen Vortrag, wie ich es nennen möchte, ergänzte der Fremde durch gelegentliches Vorlesen aus einem abgegriffenen kleinen Buch, dessen vergilbte Seiten eng beschrieben waren.

Kurz darauf gingen die drei plaudernd durch das meinem Platze gegenüberliegende Seitenschiff. Dann begannen sie, Entfernungen abzuschreiten und schließlich blieben sie

08

an einer bestimmten Stelle der Außenmauer stehen, die sie peinlich genau untersuchten. Zuerst entfernten sie die Efeuranken, dann kratzten und klopften sie mit ihren Stöcken den Verputz herunter. Endlich stießen sie auf eine große Marmorplatte mit erhöhten, aus Stein gemeißelten Lettern.

Bald danach kam der Holzfäller zurück, und mit seiner Hilfe legten sie eine imposante Inschrift und ein Wappen frei, die bewiesen, dass es sich um das so lange in Vergessenheit geratene Grabmal Mircallas, Komteß Karnstein, handelte.

Der alte General, der eigentlich nicht den Eindruck machte, als betete er oft, hob die gefalteten Hände und sandte ein stummes Dankgebet zum Himmel.

„Morgen", hörte ich ihn sagen, „wird der Kommissär hier sein und die amtlichen Untersuchungen durchführen."

Dann wandte er sich zu dem alten Mann mit der goldgeränderten Brille und schüttelte ihm herzlich die Hände.

„Herr Baron, wie soll ich Ihnen danken? Wie sollen wir alle Ihnen danken? Sie haben diesen Landstrich von einer Plage befreit, die seit über hundert Jahren die Bevölkerung heimgesucht hat. Gott sei Lob und Dank, der schreckliche Feind ist endlich aufgespürt!"

Mein Vater nahm den Fremden beiseite, der General folgte ihnen. Ich wußte, dass sie außer Hörweite gingen, weil mein Vater über meinen Fall berichten wollte, und ich bemerkte, wie sie im Verlauf des Gesprächs mehrmals kurz zu mir herübersahen. Dann trat Papa zu mir, küßte mich immer wieder und begleitete mich schließlich hinaus.

„Es ist höchste Zeit zum Heimfahren, aber zuvor wollen wir den Geistlichen, der ganz in der Nähe wohnt, bitten, mit uns zu kommen."

Unsere Einladung wurde angenommen. Ich war unbeschreiblich müde und freute mich, wieder zu Hause zu sein. Doch die Freude wich der Bestürzung, als ich erfuhr, dass niemand etwas von Carmilla gehört hatte. Über die Bedeutung der Szene, die ich in der verfallenen Kapelle beobachtet hatte, wurde ich nicht aufgeklärt. Mein Vater war offenbar entschlossen, mir das Geheimnis vorläufig nicht zu enthüllen.

Die unerklärliche Abwesenheit Carmillas ließ mir jenen Vorfall noch schrecklicher erscheinen. Die Vorbereitungen für die kommende Nacht waren außergewöhnlich. Zwei Hausangestellte und Madame sollten in meinem Zimmer wachen, der Geistliche und mein Vater nebenan.

Der Priester zelebrierte an jenem Abend feierliche Riten, deren Sinn ich ebensowenig verstand wie die Gründe für die ungewöhnlichen Sicherheitsmaßnahmen. Ein paar Tage später war mir alles klar. Nach dem Verschwinden Carmillas hörten meine nächtlichen Heimsuchungen auf.

Sie haben bestimmt schon von dem gräßlichen Aberglauben gehört, der in der Steiermark, in Mähren, Schlesien, im türkischen Serbien, in Polen und sogar in Rußland grassiert, dem Aberglauben – denn so müssen wir es nennen –, dass es Vampire gibt.

Wenn man den Zeugenaussagen Wert beimessen will, die mit größter Genauigkeit und in aller Feierlichkeit vor unzähligen Kommissionen abgelegt wurden, deren Mitglieder auf

Grund ihrer Integrität und Intelligenz ernannt wurden und deren Berichte wahrscheinlich umfangreicher sind, als alles, was jemals über andere Fälle veröffentlicht wurde, dann wird man schwerlich bestreiten, ja nicht einmal bezweifeln können, dass es Phänomene wie den Vampir tatsächlich gibt.

Was mich betrifft, so habe ich für meine eigenen Erlebnisse und Erfahrungen noch keine andere Erklärung finden können als diejenige, die der alte, vielfach bestätigte Volksglaube anzubieten hat.

Am folgenden Tage fand in der Kapelle zu Karnstein das vorschriftsmäßige Verfahren statt. Komtess Mircallas Grab wurde geöffnet, und als der General und mein Vater das Gesicht im Sarg erblickten, erkannten beide ihren schönen, heimtückischen Hausgast. Obwohl seit dem Begräbnis Mircallas hundertundfünfzig Jahre vergangen waren, zeigte ihr Gesicht die warmen Farben des Lebens. Die Augen standen offen, dem Sarg entströmte kein Leichengeruch. Die beiden anwesenden Ärzte – der eine war von der Kommission, der andere vom Initiator der Untersuchung zugezogen worden – machten die erstaunliche Feststellung, dass die Atmungsorgane und das Herz schwach funktionierten. Die Gliedmaßen waren biegsam, das Fleisch elastisch. Der Sarg war mit Blut gefüllt, der Körper lag sieben Zoll tief in Blut getaucht. Damit waren alle erforderlichen Beweise für einen Fall von Vampirismus erbracht. Dem alten Brauch gemäß wurde der Körper aus dem Sarg gehoben und ein spitzer Pfahl durch das Herz des Vampirs getrieben, der im selben Moment einen gellenden Schrei ausstieß. Es klang nicht anders, als wenn ein Mensch im Todeskampf schreit. Dann wurde der Kopf abgeschlagen. Aus dem durchhackten Hals quoll ein Blutstrom. Körper und Kopf legte man auf einen Scheiterhaufen, ließ sie zu Asche verbrennen, warf diese in den Fluß und ließ sie wegschwemmen. Seitdem ist dieser Landstrich nie wieder von einem Vampir geplagt worden.

Ach ist der süss –
Der Vampir im Kinderzimmer

Als das Kind geboren wurde, erschraken die Eltern und alle Umstehenden sehr. Denn es hatte einen Zahn mitten im Mund. Und es roch aus den Ohren.

Irgendwie glaubt man es ja nicht. Auch Vampire fangen klein an. Kommen zur Welt. Erfreuen ihre Eltern. Werden größer. Kriegen die ersten Zähne ... Gehen in die Schule. Haben dort ein paar Freifächer, die etwas unüblich sind. Spielen. Lernen. Lachen. Sind ganz normale Kinder. Nur hin und wieder ist es dann doch ein bisschen anders. Aber biss es so weit ist, vergeht doch eine ganze Weile.

Mona der Vampir
daheim im Kinderzimmer

„Wenn Außerirdische das Rathaus angreifen oder Zombies ihr Unwesen auf dem Friedhof treiben, ist Mona zur Stelle! Mona ist zehn Jahre alt und hat ein sicheres Näschen für makabere und übernatürliche Erscheinungen. Als Mischung aus Batwoman und Gruftie will Mona den dunklen Mächten nämlich das Fürchten lehren. Dafür setzt sie extra ihre leuchtenden Plastikzähne ein und wirft sich den Vampirumhang um. Und wenn es mal brenzlig wird, helfen ihr Zähnchen, der Vampirkater, Lilly als Prinzessin Gigantia und Charly ‚Turboman' weiter." (KIKA)

So charakterisiert der Sender eine Zeichentrickserie, die in vielen Kinderzimmern ab 2000 (ZDF, tabaluga tivi und KIKA) das Bild vom Vampir prägte. Wer nicht rastlos die Programmzeitschriften durchsuchen möchte kann, sich unter www.wunschliste.de/3444 über einen etwaigen Neustart informieren lassen.

1. Die Nacht der lebenden Vogelscheuche
   Der Babysitter-Roboter
2. Von Kreepsula dreht durch
   Der ruchlose Computervirus
3. Das gemeinsame Hundefänger-Phantom
   Der Frankensteinosaurus
4. Das wirbelnde Nichts
   Grüße aus Zwergenhausen
5. Der menschliche Riesenkäfer
   Die lebenden Schaufensterpuppen
6. Der Austauschschüler
   Die roten Mondmonster
7. Das reitende Skelett
   Männer in dunklen Anzügen
8. Die Vampirjägerin
   Die verführerische Sirene
9. Das Buch der Schleimigen
   Die menschlichen Bakterien
10. Der Fluch des Mumiengrabs
    Freaky – der Schneemensch
11. Der fiese Dr. Voodoo
    Der tanzende Unterhosen-Ghul
12. Das verfluchte Haus der Washburns
    Der Schrei des Sumpfdings
13. Der Geist der Wälder
    Der Butzemann
14. Der Mann mit den neun Leben
    Die stammelnde Süßkartoffel
15. Die geschrumpfte Stadt
    Die fiese Doppelgängerin
16. Das Abflussrohr-Monster
    Der wilde Werwolf
17. Angelas Flaschengeist
    Die lebenden Puppen
18. Flohzirkus des Grauens
    Der verschwundene Schatten
19. Geheimnisvolle Glückskekse
    Der fantastische Feen-Staub
20. Der Energiesauger
    Die unmenschlichen Vertretungslehrer
21. Der vermaledeite Valentinstag
    Das Piratenschiff
22. Die verhexte Ballett-Tänzerin
    Der geheimnisvolle Papagei
23. Die Zeitreise
    Stillstand
24. Der Vogeljunge
    Fleischfressende Pflanzen
25. Ein unheimlicher Onkel
    Die vierte Dimension
26. Die außerirdischen Gehirnwäscher
    Von Kreepsulas Comeback
27. Dr. Java und Mr. Hyde
    Die teuflische Buchstabensuppe

28. Der Polyester-Power-Anzug
Der Scherz-Troll
29. Die fiese Bauchrednerpuppe
Die Loser-Limousine
30. Ruchlose Radiowellen
Der finstere Fußballtrainer
31. Ein Cyborg sieht rot
Katzennapping
32. Zwei alte Hexen
Das Rätsel um Agatha Misty
33. Die Sonnenkönigin
Der Gruselsaurus
34. Der Ninjakrieger
Karl T. Neander
35. Der Schamane sollte sich was schämen
Programmierte Pfadfinder
36. Gripptopia
Das Grauen kommt per Post
37. Die Baby-Bezauberin
Müllmonster
38. Der Granit-Goliath
Astronautenfraß
39. Angriff der Kartoffelquallen
Die Schwarze Witwe
40. Das schwarze Loch
Mr. Waskas Wachsmuseum
41. Freddy Frosty
Angriff der bösen Vampire
42. Die Verwandlung des Frank Stein
Die verhexte Hochzeitstorte
43. Die verknallte Zeichentrickfigur
Der reimende Ritter
44. Der alte Steuermann
Die Wiederkehr des Pharao
45. Der doppelte Jack
Im Getreide-Labyrinth
46. Unheimliche Superfreunde
Angriff der Killerperücken
47. Die grausam perfekte Ms. Fabelhaft
Der Bienenmensch
48. Geheimnisvolle Steine
Der Geisterzug
49. Die Katzenfrau
Der Werclown
50. Geister an die Macht
Werwolf sucht Vampir
51. Die Mikrowellen-Zeitmaschine
Das verfluchte 17. Loch
52. Der Troll und die Prinzessin
Der außerirdische Magier
53. Angriff der Lehmwesen
Rachedurstige Seeäffchen
54. Der durchgedrehte Donnergott
Der Rattenfänger
55. Das Horrorskop
Durchgeknallte Elfen
56. Hai-Alarm
Der Katzenflüsterer
57. Atlantis taucht auf
Invasion der Eintagsfliegen
58. Gotto-Robotto
Der finstere Zauberer
59. Bowling-Gremlins
Der Geist des magischen Marsusvius
60. Ein Alien kommt selten allein
Der Koyoten-Gott
61. Einmal Aliensoße, bitte!
Der Spuk-Schulbus
62. Im Kino spukts
Yeti-Alarm
63. Der Sandmann
Der oberfiese Dr. Ruchlos
64. Rockende Reptilien
Der Saugomat 5000
65. Die Rache der Medusa
Der wütende Wettergot

Sehr zu empfehlen ist auch die Serien-Homepage www2.monalevampire.com/mona_e/page-indextest.html

Was Darwin übersehen hat

Wo kommen die kleinen Vampire her?

Wer sich durch die vielen, vielen Vampirbücher beißt, die in den letzten hundert Jahren erschienen sind, wird bald feststellen, dass in ganz elementaren Dinge tiefe Unklarheit herrscht. Zum Beispiel: Warum gehen Vampire zu Fuß, wenn sie doch eigentlich fliegen können müssten? Oder: Wo kommen eigentlich die kleinen Vampire her?

Die erste Frage ist leicht beantwortet. Das ist wie bei den Elefanten. Können Elefanten auf einen Baum klettern? Natürlich können sie. Sie wollen nur nicht. Warum sollten sie auch. Es gibt nichts auf dem Baum, was den Elefanten genügend interessieren würde, um ihn zum Klettern zu animieren. Also warum soll der Vampir dauernd fliegen. Das tut er zu seinem Vergnügen, wenn er allein oder unter seinesgleichen ist. Aber doch nicht wenn Menschen zusehen und komische Fragen stellen.

Bei der zweiten Frage ist das schon wesentlich schwieriger.

Let me tell ya 'bout the birds and the bees
And the flowers and the trees
And the moon up above
And a thing called „Love".

Let me tell ya 'bout the stars in the sky
And a girl and a guy
And the way they could kiss
On a night like this.

When I look into your big brown eyes
It's so very plain to see,
That it's time you learned about the facts of life
Starting from A to Z.

Let me tell ya 'bout the birds and the bees
And the flowers and the trees
And the moon up above
And a thing called „Love" (Yeah!)

When I look into your big brown eyes
It's so very plain to see
That it's time you learned about the facts of life
Starting from A to Z

Let me tell ya 'bout the birds and the bees
And the flowers and the trees
And the moon up above
And a thing called „Love".

Let me tell ya 'bout the birds and the bees
And the flowers and the trees
And the birds and the bees
And the flowers and the trees,
Bout the birds
FADE
And the bees.

Ja also wie jetzt nun. Blumen und Bäume, Vögel und Bienen – die ja, der Vampir nein? Es ist komplex. Manche Vampire wollen mit Kindern gar nichts zu tun haben. Höchstens als praktische Zwischendurchmahlzeit. Klein, handlich, frisch. Andere lieben ihre Kinder und würden den letzten Eckzahn für sie opfern, ohne mit der Wimper zu zucken. Na ja, das sagt man so, aber es wird schon stimmen. Wieder anderen sind Kinder völlig egal, solange sie ihre Ruhe haben.

Bei der Familie Cullen kann man das ja ganz schön sehen. Die eigentlich unsterblichen Vampire ergänzen sich hin und wieder und bilden so eine generationenübergreifende Patchwork-Familie. Also quasi Familiengründung per Zuruf.

Andere rekrutieren den Nachwuchs aus der Schar der Gebissenen, die durch den Biss selbst zum Vampir werden und mit, in manchen Familienverbänden nicht unkomplizierten, bestimmten Aufnahmeritualen feierlich aufgenommen werden.

Wieder bei anderen wird das Problem einfach ausgeblendet, Vampire sind einfach da und basta, und solange sie nicht mit einem Pfahl kollidieren, sind sie unsterblich.

Ja aber da ist doch noch was. Eltern, halten Sie Ihren Kindern jetzt die Augen zu. Ja, auch Vampire können Kinder kriegen. Aber, und das ist ein großes Aber: diese Kinder müssen nicht notwendig auch Vampire werden. Da kann auch ein entfernter menschlicher Vorfahre mit durchmendeln, und Schluss ist mit dem Vampirnachwuchs. Da wächst dann ein stinknormales Kind heran, das irgendwann Fragen stellt, warum es nur ganz bestimmte Kinder zum Geburtstag nach Hause einladen darf... Und warum manche nicht mit ihm spielen dürfen.

In jedem Fall ist die Prägung wichtig, das Vorbild. Dem Vampirkind muss von Anfang an das Gefühl gegeben werden, dass es etwas Besonderes ist. Dass es Dinge kann, die nicht jeder Gleichaltrige kann. Dass ihm Dinge schmecken, die nicht jedem Gleichaltrigen schmecken. Nein, nicht nur Blut!

Das Vampirkind geht in die Schule wie jedes andere auch. In größeren Siedlungen gibt es eigene Schulen mit eigenen Arbeitsbüchern für die Kleineren, die älteren Schüler nehmen hauptsächlich die Menschenbücher – auch damit sie sich in dieser anderen Welt zurecht finden. Vieles, was dem Vampirkind als Marotte ausgelegt wird, erscheint ihm ganz normal. Pappi macht es auch so. Und Mammi und Pappi – das sind die wirklichen Vorbilder für das kleine Vampirkind. Es gibt nichts Schöneres, als Samstagnachmittag noch schnell ins überfüllte Kaufhaus zu gehen. So ein kleiner Biss zwischendurch...

Es ist einleuchtend, dass sich im Zimmer des Vampirkindes seine Welt widerspiegelt. Sie ist uns irgendwie vertraut, und doch anders. Sein absoluter Begleiter in allen Lebenslagen ist der Vampär. Der schläft bei ihm im Sarg, dem kann man alle Sorgen erzählen. Er ist der König im Kinderzimmer!

Die Grundfrage bleibt ungeklärt. Finden wir uns damit ab: der Vampirnachwuchs ist von einem tiefen Geheimnis umgeben. Und die Birds und die Bees sind nur ein Teil der Wahrheit...

Aus dem Schulbuch des Vampirkindes

Was Hänschen nicht lernt …

Rechenaufgabe 1

1 Mann … 95 kg … 7,6 Liter Blut
1 Frau … 60 kg … 5,2 Liter Blut
1 Kind … 28 kg … 2,3 Liter Blut

Tagesbedarf eines Vampirs an Frischblut

1 Vampir … 2,9 Liter Blut
1 Vampirin … 2,1 Liter Blut
1 Vampirkind … 0,8 Liter Blut

Wenn eine Vampirfamilie, bestehend aus Mutter, Vater, Oma (*) und zwei Kindern einen Nachtausflug macht – wieviele Menschen muss sie mitnehmen oder fangen, um beim Picknick satt zu werden?

Rechne 3 verschiedene Möglichkeiten aus und runde auf halbe Menschen auf.

(*) Oma ist zahnlos.

Rechenaufgabe 2

Für das Wohhaus einer Vampirfamilie werden 12.466 Ziegelsteine gebraucht! 1 Vampir kann in der Stunde 88 Ziegelsteine vermauern. 1 Vampirin kann in der Stunde 66 Ziegelsteine vermauern. 1 Vampirkind kann in der Stunde 12 Ziegelsteine vermauern.
Wenn eine Vampirfamilie, bestehend aus Mutter, Vater, Oma (*) und zwei Kindern ein Haus baut – wieviele Stunden müssen sie bauen, wenn der Vater doppelt so viele Stunden baut wie die Mutter und die Mutter doppelt so viele Stunden baut wie die Kinder?

Rechne das aus und runde auf halbe Stunden auf.

(*) Oma baut nix. Sie sitzt im Schaukelstuhl und gibt nützliche Hinweise.

Lesebuchübung 1

A__ Brun__en vo__ dem To__e,

da si__zt ein Vam__ir.

Er w__rt__t auf den M__nsc__en,

de__n der geh__rt j__tzt mir.

Fülle die fehlenden Buchstaben aus.

Lesebuchübung 2

Vampire trinken am liebsten
Leitungswasser
Blut
Himbeersaft

Vampire spielen am liebsten
im Sonnenschein
im Keller
im Mondlicht

Vampire beißen ihre Opfer am liebsten
in die Schuhe
ins Knie
in den Hals

Vampire schlafen am liebsten
im Bett
im Sarg
im Hundekorb

Kreuze die richtige Lösung bei jeder Frage an.

Hausaufgabe

Beobachte deine Fledermaus in ihrem Käfig. Mit welchem Auge schaut sie nach oben? Wieviele Haare hat ihr Schnurrbart? Welche Farben haben ihre Krallen? Wie würdest du ihren Pfiff beschreiben? Wem in deiner Familie sieht sie ähnlich? (zur letzten Frage gibt es einen Tipp: schau dir das Familienalbum an oder besuche die Ahnengalerie.)

Denkaufgabe

Welcher Begriff passt nicht in die Reihe?

Cape – Sarg – Telefonzelle – rumänische Landkarte – Grabstein
Knoblauch – Pfahl – Blutbeutel – Sonne – Sternzeichen Drache
Film – Theater – Buch – Steintafel – Oper
Anne Rice – Karl May – Bram Stoker – Stephenie Meyer – Stephen King

Mache um den falschen Begriff in jeder Reihe einen Kreis.

Bei TAG sind alle Katzen GRAU
Vampir ärgere dich nicht
Alles Gute

NOSFERATU
BATMAN FOREVER
die Welt
DRACULA
MYTHEN und WAHRHEITEN
BLUTSAUGEN - ab
um die Welt in 80 Nächten
Guten TAG - GESCHICHTEN

Schneewittchen (die jugendfreie Version)
Kinder brauchen Märchen

Es war einmal in einer Zeit, als die Vampire noch größer waren als die Menschen. Die Wälder waren voll von ihnen und voller Zwerge. In der Morgensonne saßen auf den Baumstümpfen Elfen und Baumnymphen und kämmten ihre goldenen Haare. Zuweilen wagte sich ein Mensch in den undurchdringlichen Wald, und wenn er nicht von einem Wolf gefressen wurde oder einem Bären oder einem Vampir, so konnte es geschehen, dass er mit großen, vor Staunen geweiteten Augen zurückkam und seinen Freunden und Verwandten von den seltsamen Dingen erzählte, die er gesehen hatte.

Bisweilen aber kam auch ein Vampir in das Land der Menschen, angelockt vom herrlichen Duft von Gebratenem und Gesottenem, von Gekochtem und Gebackenem. Dann erzitterte das Land unter seinen Schritten, die Blumen schlossen ihre Blütenkelche, die Vogelkinder hielten sich in ihren Nestern fest. Und wenn der Vampir mit seinen riesigen Nasenlöchern tief den Duft einsog, dann flogen die Töpfe und Pfannen nur so durch die Luft. Die Vampire hinterließen den Menschen tiefe Fußstapfen, in denen beim nächsten Regen sich das Wasser sammelte und fruchtbares Land entstand, wo vorher trockene Erde gewesen war.

Bisweilen kam aber auch ein Zwerg in das Land der Menschen, angelockt von der Musik, die sie an Sonntagen machten, und vom Gesang der Mädchen, die in der Wiese saßen und von ihren Liebsten träumten. Dann spitzten die Zwerge die Ohren, und wenn die Lieder besonders süß waren, dann rannen ihnen die Tränen der Rührung in die Bärte. Die Zwerge hinterließen den Menschen Geschenke, und man erzählt, dass manch ein rechtschaffener Mann ein funkelndes Goldstück fand, das ihn der größten Sorge um das tägliche Brot enthob.

Bisweilen kam aber auch eine der Elfen in das Land der Menschen, ging zu einem Fest, mischte sich unter die Feiernden, fremd und schön und schweigsam, und tanzte, dass den jungen Burschen Hören und Sehen verging und den jungen Mädchen das Blut in die Wangen schoss. Sie tanzte, bis der erste Bursch sie nach ihrem Namen fragte. Dann lächelte sie wehmütig und ging davon. Wer ihr nachsah, vermeinte zu beobachten, dass sie sich im Nebel des Waldrandes verlor. Wer ihr aber nachging, der verlief sich im Wald und konnte froh sein, wenn er am nächsten Tag wieder heraus fand. Ohne Bissmale am Hals...

In jenen Tagen, da maß man noch nicht in Metern und Zentimetern, sondern in Elle und Fuß und Klafter und Spanne. Da aber nun ein jeder einen anders langen Arm hatte und einen anders langen Fuß, so gab es immer wieder Zank, wenn einer zum Schneider ging, um sich Tuch anmessen zu lassen. Oft war der Mantel kürzer als die Jacke, die Hosenbeine schliffen hinterdrein, die Mütze fiel dem einen über die Augen, dem andern saß sie auf dem Kopf wie dem Schwein die Borste. Das wäre alles nicht so schlimm gewesen, denn schließlich wusste ein jeder, warum das so war, und man gewöhnte sich daran.

Doch die vielen kleinen und großen Seen, die aus den Fußstapfen der Vampire gewachsen waren, und die Musik der Menschen in diesem Land lockten viele Fremde an, und die wussten nicht, warum der eine so lange Ärmel hatte und der andere so arg kurze. Und sie lachten über die wunderlichen Kleider und nannten die Menschen in diesem Land seltsam und absonderlich.

Und selbst das wäre nicht so schlimm gewesen, denn an das Lachen konnte man sich gewöhnen, und spätestens wenn aus den Fremden Freunde geworden waren, hatten auch sie die Ursache begriffen. Nur mit einem Kleidungsstück, da hatte es so seine besondere Bewandtnis. Das war das Hemd, das die Menschen zur Nacht trugen. Dieses Nachthemd hatte seine eigene Funktion. Die einen schützte es vor der Kälte, denn es konnte so dick sein, dass man auch im strengsten Winter darin nicht fror. Die andern schützte es vor der Hitze, denn es konnte so dünn sein, dass man selbst in der heißesten Nacht darin noch gut schlief. Wichtig war die Länge dieses Hemdes. Denn mit ihr gaben Mann und Frau einander ein Zeichen, ob sie heute beieinander liegen wollten oder lieber für sich allein bleiben. Ein Zeichen, ob sie in gemeinsamen Träumen versinken wollten, oder lieber ein jeder seinen Gedanken nachhing. Und wenn nun einer zur Nacht nicht allein sein wollte, der Schneider ihm aber das neue feine Nachthemd zu lang angemessen hatte, so blieb er allein. Und wollte einer partout lieber in einem Buch lesen als in den Augen seiner Liebsten, trug aber das kurze Hemd, so blieb das Buch eher ungeöffnet.

Da nun immer wieder Zank und Traurigkeit entstand, so sannen die Menschen auf Abhilfe. Und weil es kluge Menschen waren, so setzten sie sich zusammen und dachten nach. Anderswo mochte man sich auf Maßzahlen einigen, auf Meter und Zentimeter statt Fuß und Zoll, doch die Menschen hier in diesem Land dachten anders. Sie fragten ihre Herzen, und so kamen sie zu einer Lösung. Alle Schneider wurden zusammengerufen, und es wurde so lange gezeichnet und zugeschnitten und genäht, bis es passte. Als die Sonne unterging, war das Nachthemd fertig. Das Hemd zur Nacht, das wärmt und schützt, einlädt und umfängt. Das Hemd zur

Nacht, dessen Signale ein jeder versteht. Und mit einem Male spielte es keine Rolle mehr, ob das Hemd nun kurz war oder lang. Denn es war ein besonderes Hemd. Eines, in dem der uralte Zauber der Landschaft mitverwoben ist. Eines, in dem das Lächeln wohnt und das Seufzen. Ein Hemd nach menschlichem Maß.

Die Vampire sind aus den Wäldern verschwunden. Die scheuen Elfen zeigen sich nur noch sehr selten. Die Zwerge warten geduldig, bis man sie ruft. Das Nachthemd ist heute noch im Gebrauch. Vielleicht sogar öfter als das Buch.

Doch wie jede gute Geschichte hat auch diese ein Nachspiel.
Die Vampire waren traurig. Niemand, der ihnen ein Hemd angemessen hätte. Sie waren einfach zu groß, das feine Leinen vom Webstuhl passte nicht auf ihren Leib. Und wer will schon ein Nachthemd mit Nähten. Also setzten sich die Vampire zusammen und ratbeschlagten. So sagt man in Vampirkreisen, nehmen wir es achselzuckend hin. Und sie beschlossen, kleiner zu werden. Unauffälliger. Menschlicher. Schon in der nächsten Generation war ein Fortschritt zu bemerken, und die Enkel waren kaum noch zu unterscheiden. Das machte ihnen nun doch auch wieder zu schaffen, den Vampiren, dass man sie nun gar nicht mehr als diejenigen erkannte, die sie doch waren.

In jeder Gemeinschaft gibt es einen klugen Kopf. So fiel es dem hier ansässigen klugen Kopf ein: wir lassen uns die Zähne gestalten.

Der Rest ist schnell erzählt. Die Vampire ließen sich die Zähne gestalten, die Zahnärzte wurden steinreich. Es gibt Unterschiede, das hängt vom Geschmack ab, vom Zufall, von wasweißdennich. Die einen haben sie in der Mitte, die anderen tragen sie als Fangzähne, die dritten, etwas weniger begünstigten, haben den Mund voll wie eine Muräne. Bei vierten kommt der Zahn auf einen Impuls heraus, beim fünften ist so, beim sechsten anders. Eines ist jetzt gleich, überall auf der Welt sehen die Vampire ein kleines Bisschen anders aus...

Ach übrigens, Schneewittchen: so nennen die Vampire einen, der sieben weiße Zähne hat. Sehr selten...

Eine Erfolgsgeschichte
Der kleine Vampir

Angela Sommer-Bodenburg hat wunderbar gruselige Helden geschaffen, die den Leser schnell begeistern. Verrückt, was so alles passieren kann, wenn sich ein junger Vampir und ein Menschenjunge anfreunden.

Anton liest wahnsinnig gerne Gruselgeschichten. Besonders Vampire haben es ihm angetan. Doch eines Nachts begegnet ihm tatsächlich ein leibhaftiger Vampir: Rüdiger.

Doch der kleine Vampir ist gar nicht so schrecklich wie er sein sollte, wenn man den Büchern glauben schenken würde. Doch Rüdiger ist erst 150 Jahre alt und hat deswegen noch keinen Blutdurst. Die beiden ungleichen Jungen freunden sich an. Auch Rüdigers Vampirschwester Anna mag Anton sofort und verliebt sich sogar unsterblich in ihn.

Nach der ersten Begegnung sind Anton und Rüdiger nicht mehr zu trennen. Doch da sie aus verschiedenen Welten kommen, die sich eigentlich gegenseitig gar nicht mögen, müssen sie ihre Freundschaft vor ihren Familien geheimhalten. Das stellt sich als ganz schön schwierig heraus und bringt die beiden immer wieder in heikle Situationen. Doch dann taucht ein noch viel größeres Problem auf: der fiese Vampirjäger Geiermeier.

Der kleine Vampir ist längst ein Klassiker. Ihn kennt man nicht nur aus Kinderbüchern, sondern auch aus zwei erfolgreichen Fernsehserien und mehreren Kinofilmen. Auch die Hörspiele des kleinen Vampirs sind einfach klasse. (Kai Hirschmann)

Folgende Abenteuer sind bisher als Buch und Hörspiel erschienen: ◆ Der kleine Vampir ◆ Der kleine Vampir zieht um ◆ Der kleine Vampir verreist ◆ Der kleine Vampir auf dem Bauernhof ◆ Der kleine Vampir und die große Liebe ◆ Der kleine Vampir in Gefahr ◆ Der kleine Vampir im Jammertal ◆ Der kleine Vampir liest vor ◆ Der kleine Vampir und der geheimnisvolle Patient ◆ Der kleine Vampir in der Höhle des Löwen ◆ Der kleine Vampir und der Lichtapparat (Das rätselhafte Programm) ◆ Der kleine Vampir und der rätselhafte Sarg (Böse Überraschungen) ◆ Der kleine Vampir und die große Verschwörung ◆ Der kleine Vampir und die Klassenfahrt ◆ Der kleine Vampir feiert Weihnachten ◆ Der kleine Vampir und Graf Dracula ◆ Der kleine Vampir und die Tanzstunde ◆ Der kleine Vampir hat Geburtstag

Angela Sommer-Bodenburg wuchs in Reinbek bei Hamburg auf. Schon als Kind entwickelte sie ein beachtliches Zeichen- und Maltalent. Bald schrieb sie kleine Geschichten und stellte ihre eigenen Bücher her, die sie illustrierte und mit Garn zusammen nähte.

Zwölf Jahre arbeitete sie als Grundschullehrerin. Bereits in dieser Zeit beginnt die Entstehungsgeschichte des KLEINEN VAMPIR. 1979 erschien der erste Band vom KLEINEN VAMPIR im Rowohlt Verlag in der Reihe „rotfuchs“. In der Folgezeit entstanden aus den Vampir-Geschichten Hörspiele und Theaterfassungen, mehrere Fernsehserien und ein Hollywoodfilm.

Angela Sommer-Bodenburg hat eine Tochter. Sie malt auch heute noch bzw. wieder und lebt inzwischen mit ihrem Ehemann in Silver City, New Mexico.

Fragen eines Vampirkindes an den lieben Gott

Auch kleine Geschöpfe haben große Sorgen

Lieber Gott, ich weiß, dass Du ganz andere Probleme lösen musst als meine, aber vielleicht hast Du doch eine Minute Zeit. Am besten in der Nacht, weil da schlafen ja alle anderen und nur ich bin wach.

Ich kränk mich so, weil ich in der Schule immer ausgespottet werde. Die anderen Kinder sagen, meine Zähne sind so komisch, aber ich weiß nicht, was daran so komisch sein soll. Ich habe schöne Eckzähne, die genau das richtige bisschen hervorstehen, sagt meine Mama. Selber sehen kann ich sie nicht, denn ich bin noch zu klein für ein eigenes Spiegelbild, sagt meine Mama.

Irgendwie ist das komisch. Unlängst hab ich mit einem Hasen gespielt, der hat die Zähne in der Mitte. Da habe ich mir noch nichts dabei gedacht. Aber dann war ich in der Ahnengalerie und durfte mir ein paar Bilder anschauen. Da war ein Bild von Onkel Max, der hatte sie auch in der Mitte. Und der Onkel Max war berühmt, der hat in einem ganz berühmten Film mitgespielt, den Vampir, und alle haben geglaubt, dass er ein so toller Schauspieler ist. Das muss lustig gewesen sein. Na ja, und weil der Hase die Zähne in der Mitte hat und der Biber auch und die Maus und der Onkel Max, da frag ich mich jetzt, ob die alle auch Vampirhaustiere sind oder irgendwie mit dem Onkel Max verwandt. Und dann mach ich mir schon auch Sorgen, ob bei mir alles in Ordnung ist, oder ob die Kinder recht haben mit mich ausspotten, weil meine Beißzähne nicht in der Mitte sind. Dabei haben die meisten noch gar keine Beißzähne. Bitte lieber Gott, sag was.

Was ich dich noch fragen wollte. Es gibt jetzt so urcoole Tatoos, und ich glaube, ich würde mir gerne eines machen lassen. Aber irgendwie trau ich mich nicht, weil ich hab Angst, dass das weh tut. Und außerdem geht das dann vielleicht nie wieder raus, und wenn ich dann groß bin und hab dann immer noch so ein Kindertatoo, dann lachen vielleicht die anderen Vampire. Am liebsten würde ich es ausprobieren. Aber das geht nicht. Das ist schwer.

Lieber Gott, ich muss Dir ein ganz tolles Geheimnis sagen, aber Du musst schwören, dass Du es niemandem sagst. Auf gar keinen Fall meinem Papa, weil der würde schimpfen. Vielleicht meiner Mama, weil die weiß es eh. Aber sonst ganz bestimmt niemandem! Ich mag kein Blut. Ich finde, es schmeckt superekIig, und jetzt weiß ich nicht, was ich machen soll. Das in der Schule geht ja noch, das mit dem Blutgeschmacklernen. Da kann ich schwindeln und mir einsagen lassen. Aber zu Hause ist es schwer. Da gibts fast jeden Tag Blut und es ist ganz toll und frisch, sagt der Papa. Aber mir schmeckts nicht. Ein paar mal hab ich es in den Topf von der Palme gegossen. Aber jetzt hat die rote Blätter, und der Papa hat geschimpft und gesagt, ich soll mich nicht so blöd anstellen. Andere Kinder wären froh, sie hätten so etwas Gutes. Ich würde es ihnen ja gerne geben, den anderen Kindern. Aber ich bin nicht sicher, ob die das wollen. Jetzt weißt Du es, lieber Gott, aber bitte, bitte verrat mich nicht. Ich nehm mich eh zusammen und denk, es ist ein besonderer Saft.

Danke, lieber Gott, dass Du Dir Zeit genommen hast. Wo ich doch nur ein kleines Vampirkind bin. Ich wäre auch lieber ein Panda.

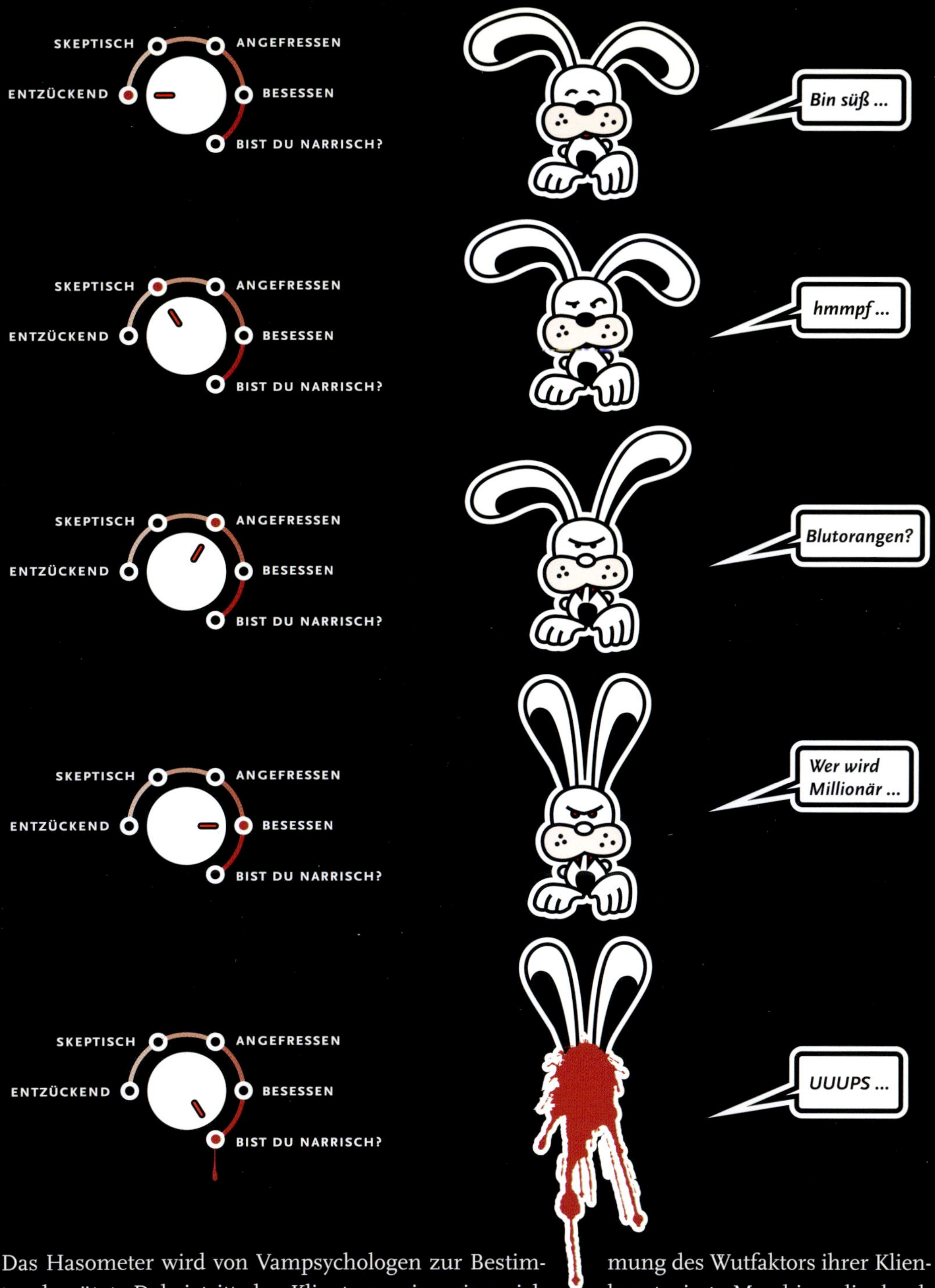

Das Hasometer wird von Vampsychologen zur Bestimmung des Wutfaktors ihrer Klienten benützt. Dabei tritt der Klient vor eine sinnreich konstruierte Maschine, die durch ein Projektionsverfahren die Illusion eines Spiegelbildes schafft. Durch Drehen des gleichnamigen Knopfes wird versucht, Übereinstimmung mit dem eigenen Gesichtsausdruck herzustellen. Manchmal gibt es Überraschungseffekte.

Die liebe Verwandtschaft –
von Untoten und Wiedergängern

Keiner kann sich seine bucklige Verwandtschaft aussuchen. Keiner!
Das gilt auch für Sie!

„Haben Sie schon einmal bei Vampiren Weihnachten gefeiert? Sie bemühen sich, echt. Da fehlt es an nix. Salate, Fleischberge, Kekse, Kuchen, Gemüse. Einen Weihnachtsbaum gibt's auch, klar. Aber Hand aufs Herz: mit Stimmung ist da gar nichts. Da haperts. Die singen ja nicht einmal. Geschenke gibt's auch, aber sie machen sie nicht auf. Sie heben sie auf fürs nächste Jahr. Seit über hundert Jahren... Das ist echt krank..."

(Ein Augenzeuge)

Seltsames und Denkwürdiges
Es fliegt und saugt und flattert ...

Verwandtschaft kann man sich nicht aussuchen. Auch der Vampir nicht. Ohnmächtig muss er hinnehmen, dass mit ihm Geschäfte gemacht werden. Die Geschichte mit den diversen Fledermäusen, das kann man ja noch akzeptieren. Schließlich werden ihnen ebenso wie ihm allerlei häßliche Eigenschaften angedichtet. Dabei hat sich noch keine Fledermaus aus Versehen in einer Damenfrisur verfangen. Höchstens aus Spaß. Auch eine Fledermaus will spielen... Nein, die Fledermäuse mag er, der Vampir. Und in der Not ist sie ein willkommener Snack. Gegen den kleinen Hunger ...

Etwas ganz anderes ist das mit dem Staubsauger. Ein Staubsauger! Von der Logik her dreimal um die Ecke gedacht. Traditionelle Vampire zerfallen bei Tageslicht zu Staub, das weiß jedes Kind. Also sind sie schön zu Hause, schlafen in ihrem Sarg oder tun ganz andere Dinge (siehe Seite VII). Sie verwenden keine Staubsauger! Schon aus Selbstachtung nicht! Man wird nicht gerne erinnert an die eigene Verletzlichkeit!

Und das mit dem Flugzeug. Ein Militärflugzeug, ausgerechnet. Und dann noch eines mit schlechtem Ruf. Eines, das in der Schweizer Luftwaffe nur von unverheirateten Piloten geflogen werden durfte. Weil es häufig vom Himmel fiel und die Schweizer gerne die Witwenpension einsparten...

Die Menschen sind schon seltsam. Es soll sogar Filme geben über Vampire. Dabei haben sie doch allen Grund, uns zu fürchten...

10

Bilder der Unsterblichkeit
Die Tradition ist heilig

Die Nachrichten gehen ja doch sehr auseinander. Die Familie ist weit herumgekommen, um nicht zu sagen: heruntergekommen. Von den zugigen Burgen der Karpaten in die idyllische Hölle der amerikanischen Kleinstädte. Aus dem eleganten London und Paris des Fin de Siecle in die Anonymität expressionistischer Hafenstädte. Vom Fürsten zum Film-Stereotyp. Vom Gefürchteten zum Belächelten. Vom Elitären zum Egalitären. Fehlt nur noch der Cape-Wechsel in der Telefonzelle...

Stets im Gepäck: die Ahnengalerie. Bei aller Unsterblichkeit: die einen oder anderen hat man aus dem Augen verloren, mit manchen ist man standesgemäß zerstritten.Wieder andere haben nicht rechtzeitig vor Sonnenanbruch den Heimweg geschafft (der stille Zecher ist eine Gefahr für den Vampir...) und stehen jetzt als Häufchen Staub in einer geschmackvollen Urne auf dem Kaminsims, so eines vorhanden ist... Ihr Andenken wird aber doch hoch gehalten, und so gibt es in jeder anständigen Vampirfamilie einen Erinngerungsort, bei entsprechendem Ambiente: eine Ahnengalerie.

An diesem Ort werden die Kinder in die Familiengeheimnisse, in das Besondere ihrer Existenz eingeweiht. Hier werden sie vertraut gemacht mit den großen Taten ihrer Vorfahren, hier zeigt man ihnen mit Abscheu das Bild von Christopher Lee, der so tut als ob... Hier werden die Anekdoten und Fixpunkte vampirischer Geschichte weitergegeben. Hier studiert der junge Vampir mit heißen Ohren die vergilbten Zeitschriften und Kritiken seiner berühmten Verwandten. Hier betrachten sie nachdenklich den Pfahl, der in Urgroßonkels Herz steckte, als man ihn fand. Hier werden Lebenspläne und Intrigen geschmiedet, hier werden Verlobungen gefeiert und Seitensprünge geplant. Hier ist eines der Zentren der vampirischen Identität.

Unsterblichkeit und Wiedergängertum, gesellschaftliche Ausgrenzung und verschobene Lebensrhythmen führen zur Sehnsucht nach Verortung, nach dem Wissen um die eigenen Wurzeln, nach der eigenen systemischen Positionsbestimmung. So ist die Ahnengalerie das Herzstücke jeder vampirischen Wohnstatt, ein so sicheres Zeichen wie der Sarg im Schlafzimmer. Da aber auch die Vampire mobil sind und sich (➲ Fluch der Kleinstadt) an veränderte Lebensformen gewöhnt haben, gewöhnt haben müssen, gibt es die Ahnengalerie natürlich auch in ihrer handlichen Erscheinungsform, dem Familienalbum. Ein solches lässt sich auch unauffällig in „normale“ Systeme einschmuggeln. Aber welche Familie ist schon normal...

➲ ENZYKLOPÄDIE:

Rotwein als vampirische Ersatzdroge: Es kann durchaus passieren, dass der Vampir bei Sonnenaufgang nicht schlafen kann. Damit ihm da kein Missgeschick mit der Sonne passiert, nimmt er im Zweifelsfall lieber ein Glas mehr zu sich und zieht sich in den Sarg zurück.

Der schöne Claus
(1612 – 1994)
Eine Autobahnleitplanke war sein Schicksal

Tante Olga
(*1824, jetzt in New York)

DDr. A. Cula
(*1912, leitet die Finanz-
landesdirektion Salzburg)

Die Ahnfrau
(Als Fledermaus verkleidet, gelangte sie
auf die Arche Noah)

Cäcilia
(nicht jung; bei akutem
Blutmangel findet sie immer
einen jungen Mann)

Pappi
(unsterblich)
Er liebt die schmucke Tracht der Heimat

Cousin Sergio
(*1907, lebt in Hollywood)
Seit Jahrzehnten bewirbt
er sich als Vampirdarsteller.
Und er kannte Marilyn...

Cousine Tatjana
(*1918)
Das Nesthäkchen berichtet
für CNN von jedem
Kriegsschauplatz

Onkel Charles
(*1789)
Der Junggeselle bringt gelegentlich frisches
Blut in die Familie

Urgroßonkel Anatol
(1524 – 2009)
Never drink a junkie!

Tante Berenice
(*1812, lebt in Wien)
Sie sammelt Schauspieler

Onkel Radscha
(1618 – 1938)
Er trank ausschließlich Engländerinnen.
Eine Schottin war sein Schicksal

Fred (*1899)
Kommt aus kleinen Verhältnissen,
hat sich durchgebissen

Cousin Leone
(*1907, lebt in Hollywood)
Der Zwillingsbruder von Cousin Sergio schreibt romantische Drehbücher

In jeder Familie gibt es ein schwarzes Schaf

Das Ende des Vampirs 2
von Stephen King

Ben lief durch den beinahe dunklen Keller, in der Linken einen Pfahl, in der rechten den Hammer. Ein schallendes triumphierendes Lachen ertönte. Barlow setzte sich in seinem Sarg auf. Seine Augen fingen Bens Blick auf, und dieser spürte jede Willenskraft schwinden. Mit einem wilden, irren Schrei hob er den Pfahl hoch und stieß ihn in Barlows Brust. Barlow brüllte auf. Es war das Heulen eines verwundeten Wolfes. Er fiel in den Sarg zurück. Seine Hände, zu Klauen geformt, fuhren durch die Luft.
Ben ließ den Hammer auf den Pfahl fallen, und wieder schrie Barlow auf. Eine seiner Hände, kalt wie das Grab, fasste nach Bens Hand, die den Pfahl umklammert hielt.
Ben starrte auf das hasserfüllte Gesicht hinab.
„Lass mich aus!“ brüllte Barlow.
„Hier, du Schweinehund“, schluchzte Ben. „Hier und hier.“
Wieder und wieder schlug er zu. Blut spritzte, quoll aus Barlows Nase. Sein Körper begann sich im Sarg zu winden wie der Leib eines aufgespießten Fisches. Hände krallten sich in Bens Wangen und hinterließen tiefe Kratzwunden auf seiner Haut.
„Lass mich aus –“ Noch einmal schlug der Hammer zu. Das Blut, das aus Barlows Brust quoll, wurde schwarz.
Dann vollzog sich die Auflösung.
Sie kam in Sekundenschnelle und doch langsam genug, um in Alpträumen wieder und wiederzukehren – in furchtbarem Zeitlupentempo.
Barlows Haut färbte sich gelblich, warf Blasen wie ein altes Segeltuch. Die Augen sanken ein. Wie Federbüschel fiel das schlohweiße Haar aus. Der Körper in dem dunklen Anzug schrumpfte zusammen. Die Fingernägel wurden schwarz und verschwanden, bis nur noch beringte Knochen übrig blieben. Durch das Leinenhemd quoll Staub, der nackte Kiefer öffnete sich zu einem tonlosen letzten Schrei. Aber es war unmöglich, den Blick von Barlows letzter Metamorphose abzuwenden. Sie war faszinierend.
Alle Arten von Gestank drangen da in die Nase und verschwanden auch gleich wieder: Gasgeruch, der Geruch verfaulten Fleisches, ein Modergeruch wie in Bibliotheken, chemische Dünste, dann wieder gar nichts. Die fleischlosen Fingerknöchel, die in einem letzten Protest zitterten, zerfielen und blätterten ab wie die Holzhülle von einem gespitzten Bleistift. Die Nasenhöhle wurde weiter und verschmolz mit der Mundhöhle. Die leeren Augen verschwanden in einem irrealen Ausdruck von Überraschung und Schrecken und lösten sich schließlich auf. Der ganze Schädel zerfiel zu Asche. Die Kleider lagen am Boden flach da, als ob sie für die Reinigung bestimmt wären.
Und dennoch war Barlows hartnäckiges Dasein auf dieser Welt noch nicht zu Ende. Sogar in den kleinsten Staubkörnern am Boden des Sarges lebte das Böse weiter.

10

Melancholie

Träume von der Vergangenheit

Die Melancholie der Vampire hat eine tiefe Ursache: Sie sind umgeben von Vergänglichkeit. Auch der interessanteste Hals wird welk, die Nächte sind von Licht verseucht, es gibt immer mehr Menschen, die nicht an ihre Existenz glauben wollen. Selbst in den Karpaten dient der Vampir mehr als Touristenattraktion denn als ferner, ehrfurchtgebietender Schlossherr auf düsterem Bergesgipfel. Das mit dem Flugzeug hat ihnen gut gefallen, aber die Geschichte mit dem Staubsauger haben sie nie so recht verwunden ... (*)

Wenn sie zusammensitzen im Mondenschein, erzählen sie sich gerne Geschichten von früher, denn der Vampir vergisst keinen Geschmack, den er jemals im Mund hatte. Höhepunkt eines solchen Treffens ist dann die Blutverkostung, bei der kostbare und seltene Kreszenzen gereicht werden. Wer da die meisten richtig rät, der kann schon zufrieden schmunzelnd wieder in seinen Sarg torkeln.

Von vergessenen Blutgruppen ist da die Rede, von längst ausgestorbenen Arten, von dem seltsam dünnen Blut der Hobbits, von dem dicken, fast sirupartigen Neandertaler-Blut, von dem moussierenden Prickeln der Azteken, als Urgroßvater in der Gestalt des Cortez Amerika eroberte. Als ob er nach Gold gesucht hätte... Ein gelungener Streich! Schweigend erheben sie die Gläser auf sein Angedenken, wehmütig gedenken sie des Abends, an dem er einen Scheck auf der Sonnenbank einlösen wollte...

Den größten Geniestreich der Vampire feiern sie aber immer zuletzt, fast rituell endet damit der Morgen, ehe die Dämmerung die Nacht zu erhellen beginnt. Damals, als es ihnen gelungen war, den Pharaonen das Prinzip Mumie einzureden! „Nothing better than a lunch for free!“ Das war das Paradies, ohne Aufsehen, völlig legal.

Und sie verneigen sich vor den uralten Symbolen für Himmel und Erde, die in jedem Vampir-Club hängen, trinken auf die alten Zeiten, als sie noch über die Welt geritten sind, in den Tagen der Assyrer, der Chinesen, der Ägypter. Ehrfürchtig sitzen die Jungvampire dabei und träumen von der Wiederkehr vergangener Herrlichkeit.

(*) siehe Seite 234

Lenore

Gottfried August Bürger

Lenore

Lenore fuhr um's Morgenroth
Empor aus schweren Träumen:
„Bist untreu, Wilhelm oder todt?
Wie lange willst du säumen?“ –
Er war mit König Friedrich's Macht
Gezogen in die Prager Schlacht,
Und hatte nicht geschrieben,
Ob er gesund geblieben.

Der König und die Kaiserinn,
Des langen Haders müde,
Erweichten ihren harten Sinn,
Und machten endlich Friede;
Und jedes Heer, mit Sing und Sang,
Mit Paukenschlag und Kling und Klang,
Geschmückt mit grünen Reisern,
Zog heim zu seinen Häusern.

Und überall all überall,
Auf Wegen und auf Stegen,
Zog Alt und Jung dem Jubelschall
Der Kommenden entgegen.
Gottlob! rief Kind und Gattin laut,
Willkommen! manche frohe Braut.
Ach! aber für Lenore'n
War Gruß und Kuß verloren.

Sie frug den Zug wohl auf und ab,
Und frug nach allen Namen;
Doch keiner war, der Kundschaft gab,
Von Allen, so da kamen.
Als nun das Heer vorüber war,
Zerraufte sie ihr Rabenhaar,
Und warf sich hin zur Erde,
Mit wüthiger Geberde.

Die Mutter lief wohl hin zu ihr: –
„Ach, daß sich Gott erbarme!
Du trautes Kind, was ist mit dir?“ –
Und schloß sie in die Arme.
„O Mutter, Mutter! hin ist hin!
Nun fahre Welt und Alles hin!
Bei Gott ist kein Erbarmen.
O weh, o weh mir Armen!“ –

„Hilf Gott, hilf! Sieh uns gnädig an!
Kind, bet' ein Vaterunser!
Was Gott thut, das ist wohl gethan.
Gott, Gott erbarmt sich unser!“ –
„O Mutter, Mutter! Eitler Wahn!
Gott hat an mir nicht wohl gethan!
Was half, was half mein Beten?
Nun ist's nicht mehr vonnöthen.“ –

„Hilf Gott, hilf! Wer den Vater kennt,
Der weiß, er hilft den Kindern.
Das hochgelobte Sakrament
Wird deinen Jammer lindern.“ –
„O Mutter, Mutter! was mich brennt,
Das lindert mir kein Sakrament!
Kein Sakrament mag Leben
Den Todten wiedergeben.“

„Hör', Kind! wie, wenn der falsche Mann,
Im fernen Ungerlande,
Sich seines Glaubens abgethan,
Zum neuen Ehebande?
Laß fahren, Kind, sein Herz dahin!
Er hat es nimmermehr Gewinn!
Wann Seel' und Leib sich trennen,
Wird ihn sein Meineid brennen.“ –

„O Mutter, Mutter! Hin ist hin!
Verloren ist verloren!
Der Tod, der Tod ist mein Gewinn!
O wär ich nie geboren!
Lisch aus, mein Licht, auf ewig aus!
Stirb hin, stirb hin in Nacht und Graus!
Bei Gott ist kein Erbarmen.
O weh, o weh mir Armen!“ –

„Hilf Gott, hilf! Geh' nicht in's Gericht
Mit deinem armen Kinde!
Sie weiß nicht, was die Zunge spricht.
Behalt' ihr nicht die Sünde!
Ach, Kind, vergiß dein irdisch Leid,
Und denk' an Gott und Seligkeit!
So wird doch deiner Seelen
Der Bräutigam nicht fehlen.“ –

„O Mutter! was ist Seligkeit?
O Mutter! Was ist Hölle?
Bei ihm, bei ihm ist Seligkeit,
Und ohne Wilhelm Hölle! –
Lisch aus, mein Licht, auf ewig aus!
Stirb hin, stirb hin in Nacht und Graus!
Ohn' ihn mag ich auf Erden,
Mag dort nicht selig werden.“ – –

So wüthete Verzweifelung
Ihr in Gehirn und Adern.
Sie fuhr mit Gottes Vorsehung
Vermessen fort zu hadern;
Zerschlug den Busen, und zerrang
Die Hand, bis Sonnenuntergang,
Bis auf am Himmelsbogen
Die goldnen Sterne zogen.

Und außen, horch! ging's trap trap trap,
Als wie von Rosseshufen;
Und klirrend stieg ein Ritter ab,
An des Geländers Stufen;
Und horch! und horch! den Pfortenring
Ganz lose, leise, klinglingling!
Dann kamen durch die Pforte
Vernehmlich diese Worte:

Fortsetzung von Seite 75

(...) Aber durch das kleine Gespräch waren die anderen Familienmitglieder darauf aufmerksam geworden, daß Gregor wider Erwarten noch zu Hause war, und schon klopfte an der einen Seitentür der Vater, schwach, aber mit der Faust. »Gregor, Gregor«, rief er, »was ist denn?« Und nach einer kleinen Weile mahnte er nochmals mit tieferer Stimme: »Gregor! Gregor!« An der anderen Seitentür aber klagte leise die Schwester: »Gregor? Ist dir nicht wohl? Brauchst du etwas?« Nach beiden Seiten hin antwortete Gregor: »Bin schon fertig«, und bemühte sich, durch die sorgfältigste Aussprache und durch Einschaltung von langen Pausen zwischen den einzelnen Worten seiner Stimme alles Auffallende zu nehmen. Der Vater kehrte auch zu seinem Frühstück zurück, die Schwester aber flüsterte: »Gregor, mach auf, ich beschwöre dich.« Gregor aber dachte gar nicht daran aufzumachen, sondern lobte die vom Reisen her übernommene Vorsicht, auch zu Hause alle Türen während der Nacht zu versperren.
Zunächst wollte er ruhig und ungestört aufstehen, sich anziehen und vor allem frühstücken, und dann erst das Weitere überlegen, denn, das merkte er wohl, im Bett würde er mit dem Nachdenken zu keinem vernünftigen Ende kommen. Er erinnerte sich, schon öfters im Bett irgendeinen vielleicht durch ungeschicktes Liegen erzeugten, leichten Schmerz empfunden zu haben, der sich dann beim Aufstehen als reine Einbildung herausstellte,

„Holla, Holla! Thu' auf, mein Kind!
Schläfst, Liebchen, oder wachst du?
Wie bist noch gegen mich gesinnt?
Und weinest oder lachst du?
„Ach, Wilhelm, du? .. So spät bei Nacht? ..
Geweinet hab' ich und gewacht;
Ach, großes Leid erlitten!
Wo kommst du her geritten?" –

„Wir satteln nur um Mitternacht.
Weit ritt ich her von Böhmen.
Ich habe spät mich aufgemacht,
Und will dich mit mir nehmen." –
„Ach, Wilhelm, erst herein geschwind'!
Den Hagedorn durchsaust der Wind,
Herein, in meinen Armen,
Herzliebster, zu erwarmen!" –

„Laß sausen durch den Hagedorn,
Laß sausen, Kind, laß sausen!
Der Rappe scharrt; es klirrt der Sporn.
Ich darf allhier nicht hausen.
Komm, schürze, spring' und schwinge dich
Auf meinen Rappen hinter mich!
Muß heut noch hundert Meilen
Mit dir in's Brautbett eilen." –

„Ach! wolltest hundert Meilen noch
Mich heut in's Brautbett tragen?
Und horch! es brummt die Glocke noch,
Die elf schon angeschlagen." –
„Sieh hin, sieh her! der Mond scheint hell.
Wir und die Todten reiten schnell.
Ich bringe dich, zur Wette,
Noch heut in's Hochzeitbette."

Lenore

„Sag' an, wo ist dein Kämmerlein?
Wo? wie dein Hochzeitbettchen?“ –
„Weit, weit von hier! .. Still, kühl und klein! ..
Sechs Bretter und zwei Brettchen!“ –
„Hat's Raum für mich?“ – „Für dich und mich!
Komm, schürze, spring' und schwinge dich!
Die Hochzeitgäste hoffen;
Die Kammer steht uns offen.“ –

Schön Liebchen schürzte, sprang und schwang
Sich auf das Roß behende;
Wohl um den trauten Reiter schlang
Sie ihre Lilienhände;
Und hurre hurre, hop hop hop!
Ging's fort in sausendem Galopp,
Daß Roß und Reiter schnoben,
Und Kies und Funken stoben.

Zur rechten und zur linken Hand,
Vorbei vor ihren Blicken,
Wie flogen Anger, Heid' und Land!
Wie donnerten die Brücken! –
„Graut Liebchen auch? .. Der Mond scheint hell!
Hurrah! die Todten reiten schnell!
Graut Liebchen auch vor Todten?“ –
„Ach nein! .. Doch laß die Todten!“ –

Was klang dort für Gesang und Klang?
Was flatterten die Raben? ..
Horch Glockenklang! horch Todtensang:
„Laßt uns den Leib begraben!“
Und näher zog ein Leichenzug,
Der Sarg und Todtenbahre trug.
Das Lied war zu vergleichen
Dem Unkenruf in Teichen.

„Nach Mitternacht begrabt den Leib,
Mit Klang und Sang und Klage!
Jetzt führ' ich heim mein junges Weib.
Mit, mit zum Brautgelage!
Komm, Küster, hier! Komm mit dem Chor,
Und gurgle mir das Brautlied vor!
Komm, Pfaff', und sprich den Segen,
Eh' wir zu Bett uns legen!“ –

Still Klang und Sang. .. Die Bahre schwand. ..
Gehorsam seinem Rufen,
Kam's, hurre hurre! nachgerannt,
Hart hinter's Rappen Hufen.
Und immer weiter, hop hop hop!
Ging's fort in sausendem Galopp,
Daß Roß und Reiter schnoben,
Und Kies und Funken stoben.

Wie flogen rechts, wie flogen links
Gebirge, Bäum' und Hecken!
Wie flogen links, und rechts, und links
Die Dörfer, Städt' und Flecken! –
„Graut Liebchen auch? .. Der Mond scheint hell!
Hurrah! die Todten reiten schnell!
Graut Liebchen auch vor Todten?“ –
„Ach! Laß sie ruhn, die Todten.“ –

Sieh da! sieh da! Am Hochgericht
Tanzt' um des Rades Spindel,
Halb sichtbarlich bei Mondenlicht,
Ein lustiges Gesindel. –
„Sasa! Gesindel, hier! Komm hier!
Gesindel, komm und folge mir!
Tanz' uns den Hochzeitreigen,
Wann wir zu Bette steigen!“ –

und er war gespannt, wie sich seine heutigen Vorstellungen allmählich auflösen würden. Daß die Veränderung der Stimme nichts anderes war, als der Vorbote einer tüchtigen Verkühlung, einer Berufskrankheit der Reisenden, daran zweifelte er nicht im geringsten.

Und das Gesindel, husch husch husch!
Kam hinten nachgeprasselt,
Wie Wirbelwind am Haselbusch
Durch dürre Blätter rasselt.
Und weiter, weiter, hop hop hop!
Ging's fort in sausendem Galopp,
Daß Roß und Reiter schnoben,
Und Kies und Funken stoben.

Wie flog, was rund der Mond beschien,
Wie flog es in die Ferne!
Wie flogen oben über hin
Der Himmel und die Sterne! –
„Graut Liebchen auch? .. Der Mond scheint hell!
Hurrah! die Todten reiten schnell!
Graut Liebchen auch vor Todten!" –
„O weh! Laß ruhn die Todten!" – –

„Rapp'! Rapp'! Mich dünkt der Hahn schon ruft –
Bald wird der Sand verrinnen – –
Rapp'! Rapp'! Ich wittre Morgenluft – –
Rapp'! Tummle dich von hinnen! –
Vollbracht, vollbracht ist unser Lauf!
Das Hochzeitbette thut sich auf.
Die Todten reiten schnelle!
Wir sind, wir sind zur Stelle." – –

Rasch auf ein eisern Gitternthor
Ging's mit verhängtem Zügel.
Mit schwanker Gert' ein Schlag davor
Zersprengte Schloß und Riegel.
Die Flügel flogen klirrend auf,
Und über Gräber ging der Lauf.
Es blinkten Leichensteine
Rund um im Mondenscheine.

Nacht

Angst

Nebel

mit schwachem

Atem

Kopf

Rücken

Ha sieh! Ha sieh! im Augenblick,
Huhu, ein gräßlich Wunder!
Des Reiters Koller, Stück für Stück,
Fiel ab, wie mürber Zunder.
Zum Schädel, ohne Zopf und Schopf,
Zum nackten Schädel ward sein Kopf;
Sein Körper zum Gerippe,
Mit Stundenglas und Hippe.

Hoch bäumte sich, wild schnob der Rapp',
Und sprühte Feuerfunken;
Und hui! war's unter ihr hinab
Verschwunden und versunken.
Geheul! Geheul aus hoher Luft,
Gewinsel kam aus tiefer Gruft.
Lenorens Herz, mit Beben,
Rang zwischen Tod und Leben.

Nun tanzten wohl bei Mondenglanz,
Rund um herum im Kreise,
Die Geister einen Kettentanz,
Und heulten diese Weise:
„Geduld! Geduld! Wenn's Herz auch bricht!
Mit Gott im Himmel hadre nicht!
Des Leibes bist du ledig;
Gott sey der Seele gnädig!"

Stille

Bein

Wiederkehr

Bedenken

Rücksicht

Krach

Schrecken

Decke

Die Decke abzuwerfen war ganz einfach; er brauchte sich nur ein wenig aufzublasen und sie fiel von selbst. Aber weiterhin wurde es schwierig, besonders weil er so ungemein breit war. Er hätte Arme und Hände gebraucht, um sich aufzurichten ...

Lenore

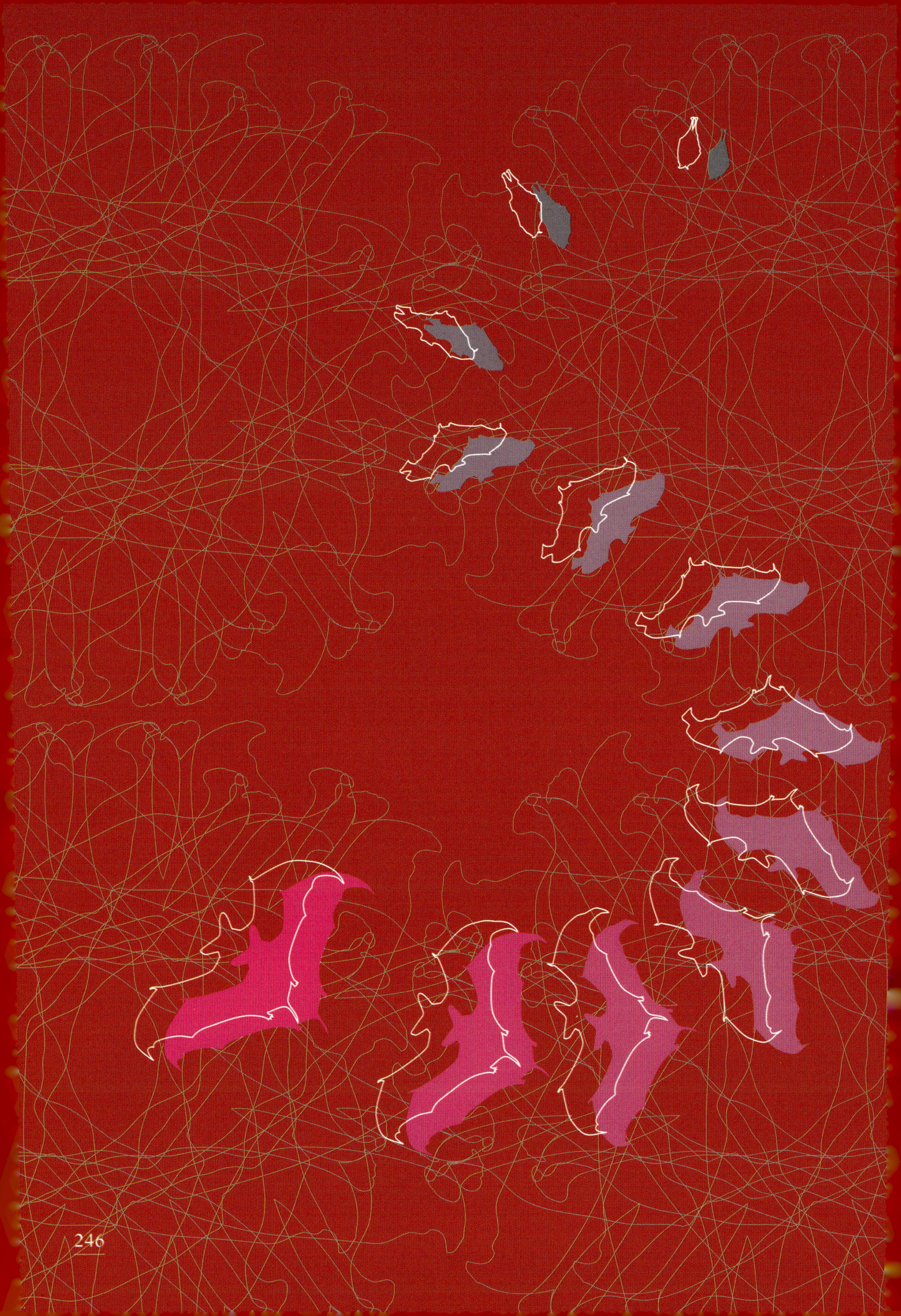

Vampirischer Ernst –
Witze haben Folgen ...

Der volle Ernst, das war ein berühmter Vampir,
der gerne einen über den Durst trank.
Was ihm zwar viel Freude machte, aber nicht nur Freunde.

Manchmal ist es schwer, zu unterscheiden zwischen dem, was die Menschen meinen und dem, was sie glauben zu meinen, ebenso wie zwischen dem, was sie glauben und dem was sie glauben wollen. Die Menschen wollen getröstet werden in ihrem Schmerz, gestärkt in ihrem Zweifel. Und außerdem – wollen sie sich amüsieren.

Vitzige Vampire

Man kanns auch überblättern ...

Wir wollen Ihnen hier ja jetzt keine billigen Vampirwitze erzählen, aber ganz unterdrücken können wir es doch auch nicht. Also:

Es ist Nacht. Tiefe Nacht. Eine Kutsche fährt durch Wien. Schwarz. Schwarze Pferde. Schwarzer Kutscher. Es ist kalt und es regnet. Auf dem Kutschbock sitzt ein Vampir. Er ist hungrig und durstig, ihm ist jede Beute recht. Doch die Straße ist leer. Doch halt! Da vorne fährt ein kleiner Junge auf dem Fahrrad. Der Vampir gibt den Pferden die Peitsche, prescht nach vorne, schneidet dem Jungen den Weg ab, reißt ihn vom Fahrrad, saugt ihn aus und wirft ihn ins Gebüsch. Zufrieden steigt er auf den Bock und fährt weiter, beschwingt und heiter. Auf einmal sieht er hinter sich Blaulicht. Das gibt jetzt Stress. Die Polizei stoppt ihn. Die Beamten steigen aus. „Papiere." Der Vampir zeigt sie „Hom S' wos trunken?" fragt der Polizist. Der Vampir räuspert sich. „Nur einen kleinen Radler..."

Getränk kommt in 3, 2, 1 ...

Gemeinsames Abendsessen bei den Flemis.

Warum Vampire verfärbte Zähne haben.

Betrunken aufs Klo gehen: Mensch, Tier, Vampir: wir sind alle gleich.

Indisches Inkasso – Das Finanzamt schreckt vor nichts zurück

Eunuchen als Steuereintreiber unterwegs

Säumige Steuerzahler in der indischen Stadt Patna müssen sich auf unerwarteten Besuch einstellen: Eine Gruppe von Eunuchen treibt im Auftrag der Finanzbehörden die Steuerschulden ein – indem sie sich vor den Häusern von säumigen Zahlern postiert und aufdringlich singt.

Zu Trommelmusik und mit bunten Saris bekleidet ziehen die Eunuchen singend und tanzend von Geschäft zu Geschäft. An ihrem ersten Arbeitstag am Mittwoch waren sie erfolgreich und sammelten nach Angaben der Behörden 425.000 Rupien (7700 Euro) ein.

Die etwa 20 Eunuchen werden von Mitarbeitern des Finanzamts begleitet, die die Steuerunterlagen der säumigen Zahler bei sich haben. Man baue dabei auf den Ruf und das Überzeugungstalent der Eunuchen, sagte der Finanzbeamte Bharat Sharma der Nachrichtenagentur AP.

Die Steuereintreiber erhalten kein festes Gehalt, sondern vier Prozent Provision von ihren Einnahmen. Ihr Aufgabenfeld soll demnächst auch auf Privathaushalte in Patna, der

In Indien leben schätzungsweise eine Million Eunuchen. Teilweise handelt es sich um kastrierte Männer, andere sind Transsexuelle oder Hermaphroditen. Von der Gesellschaft ausgestoßen, finden die Betroffenen nur schwer Arbeit. Viele verdienen sich ihr Geld durch ungebetene Auftritte bei Hochzeiten und Geburtstagsfeiern; dabei schrecken sie auch vor Erpressung nicht zurück. Eunuchen haben in Indien eine niedrige soziale Stellung, gelten aber als besonders hartnäckig. Frühere indische Herrscher hatten häufig Jungen kastrieren lassen, um sie als Wächter in ihren Harems zu missbrauchen.

Ram Sagar Singh, einer der Steuersünder, will nun ganz rasch seine Steuerschulden zahlen – sie summieren sich auf 100.000 Rupien (1.300 Euro). Am Mittwoch hatten die Eunuchen vor Sings Tür gestanden und gesungen: „Zahl' die Steuer, zahle die Patna-Kommunalsteuer."

Finde die Vampirente. (Blässhuhn)

ENZYKLOPÄDIE:

Swieten, Gerhard van: Er war Leibarzt, Berater, Mastermind von Maria Theresia. Als ihm die immer schriller werdende Berichterstattung über die Vampir-Ereignisse in den Grenzgebieten der Monarchie allzu seltsam erschien, zog er die Überprüfung an sich. Seine Feststellung, dass all die Vampirberichte von den Schmatzern und Untoten und Wiedergängern auf Täuschung, Wahnsinn und dumpfer Angst beruhten, führte dazu, dass Maria Theresia endgültig die Gesetze gegen Hexerei und Zauberei abschaffte. Die Aufklärung in Österreich war durchaus ein Prozeß von oben nach unten...

Fragen von Bedeutung
Auch für den Vampir

Regenwürmer haben fünf Herzen. Wenn es Regenwurmvampire gäbe – bräuchte man dann fünf Zahnstocher zum Pfählen?

In der EU werden jährlich 9.000 Postboten von Hunden gebissen. Warum gelten Vampire als gefährlich?

Etwa 70% aller Lebewesen sind Bakterien. Hat das auch Auswirkungen auf Vampire?

Beim Niesen hört das Herz für einen Augenblick auf zu schlagen. Hilft häufiges Niesen gegen Vampire?

Gegen einen Krokodilangriff hilft es, beide Daumen dem Krokodil in die Augen zu rammen. Hilft das auch gegen Vampire?

Einem Hai kann innerhalb einer Woche ein komplettes Gebiss nachwachsen. Für den Vampir ist Zahnverlust dramatisch. Wenn ihm das passiert – hat er dann Anspruch auf Pflegestufe 1?

Goldfische werden weiß, wenn sie im Dunkeln gehalten werden. Stimmt es, dass sie deswegen für Vampire einen besonderen Wert haben?

Was passiert mit einer Zecke, die an einem Vampir saugt?

In Peru gibt es keine öffentlichen Toiletten. Was bedeutet das für die peruanischen Vampire?

Ein Träne wiegt ungefähr 15 Milligramm. Wieviel wiegt ein Blutstropfen?

Die durchschnittliche Austrittsgeschwindigkeit von Ketchup beträgt etwa 40 km pro Jahr. Wieviele Ketchup-Flaschen verbraucht ein Vampir in seinem Leben?

11

Solidarität!
Verfolgungswahn oder traurige Realität?

Der anständige, solide Vampir hat es nicht leicht. Er sieht sich einer Diskriminierungswelle gegenüber, die ihresgleichen sucht. Dabei will er ja gar nichts als hin und wieder ein bisschen beißen.

Es ist nicht so, dass die Vampire nur im Verborgenen bleiben und sich alles gefallen lassen. Natürlich sieht man sie häufig im Kino, wo sie betont unauffällig-lässig darauf warten, dass endlich, endlich! die Vorstellung beginnt. Und unter all den Zahnspangenträgern fällt das bisschen Extrazahn gar nicht weiter auf.

Engagierte Jung-Vampire haben jetzt den **VGV** gegründet, den Verband gegen Vampirdiskrimierung. Alle Wohlgesonnenen sind herzlich willkommen, anmelden kann man sich unter info@vampirhandbuch.at
Da gibt es dann auch allerlei interessantes Material zur Weiterbildung.

NICHT ALLE VAMPIRE SIND GLEICH

VGV

VERBAND GEGEN VAMPIR · DISKRIMINIERUNG

Typografische Kunst des 21. Jahrhunderts △

Typografische Kunst des 18. Jahrhunderts ▷

M. Michael Ranfts
Diaconi zu Nebra,
TRACTAT
von dem
Kauen und Schmatzen
der Todten
in Gräbern,
Worin die wahre Beschaffenheit
derer Hungarischen
VAMPYRS
und
Blut-Sauger
gezeigt,
Auch alle von dieser Materie bißher
zum Vorschein gekommene Schrifften
recensiret werden.

Leipzig, 1734.
Zu finden in Teubners Buchladen.

Der Vampir
Charles Baudelaire

Die Du wie des Messers kalter Stoß
In mein jammernd Herze bist gefahren,
Die Du stark bist wie Dämonenscharen
Und im tollen Rausch erbarmungslos,
Die in meinem Geist schwach und gering
Eingenistet sich und eingebettet,
Schändliche, an die ich festgekettet
Wie der Sträfling an den Eisenring!
Wie der Spieler seiner tollen Sucht,
Wie der Trinker der Begierde Krallen,
Wie der Leichnam ist dem Wurm verfallen,
So verfiel ich Dir, o sei verflucht!
Oft rief ich das rasche Schwert herbei,
Daß es mir die Freiheit neu erringe,
Und ich bat das falsche Gift, es bringe
Mir Erlösung aus der Tyrannei.
Doch verächtlich hat das rasche Schwert,
Hat das falsche Gift zu mir gesprochen:
„So hat Dich die Sklaverei zerbrochen,
Daß Du nimmer der Erhebung wert.
Tor und Schwächling, selbst wenn unsre Kraft
Dir Erlösung von der Schmach gegeben,
Würde Deiner Küsse Leidenschaft
Deines Vampirs Leichnam neu beleben."

Die Verwandlung des Vampirs

Charles Baudelaire

Das Weib mit rosigem Mund begann den Leib zu recken,
Wie sich die Schlange dreht auf heißem Kohlenbecken,
Und in den Schnürleib fest die Brüste eingezwängt,
Sprach diese Worte sie, von Moschus ganz durchtränkt:
»Mein Mund ist rot und feucht, und auf des Lagers Kissen
Kann alle Tugend ich und alle Weisheit missen.
Die Tränen trockne ich auf meines Busens Pracht,
Mach' Alte fröhlich, wie man Kinder lachen macht.
Wer ohne Hüllen schaut des nackten Leibes Wonnen,
Dem ist der Mond verlöscht und Himmelswelt und Sonnen!
Ich bin, mein Weiser, so geübt in Wollustglut,
Dass tödlich fast dem Mann wird der Umarmung Wut,
Und wenn ich meinen Leib den Küssen überlassen,
Die frech und schüchtern mich und zart und roh erfassen,
Dann über meinem Pfühl, der sich vor Wonne bäumt,
Ohnmächtiger Engel Schar von meinen Reizen träumt.«

Nachdem aus dem Gebein sie mir das Mark gesogen,
Dreht ich mich matt zu ihr, von Liebe hingezogen,
Um sie zu küssen, doch nichts hat mein Aug' entdeckt,
Als einen leeren Schlauch, besudelt und befleckt!
Ich schloss die Augen schnell, gepackt von kaltem Grauen,
Und öffnete sie dann, beim hellen Licht zu schauen
An jener Puppe Statt, die neben mir geruht,
Und die zu strotzen schien von Leben, Kraft und Blut,
ein zitterndes Skelett, verwirrter Knochen Trümmer,
Daraus ein Stöhnen klang wie Wetterhahns Gewimmer,
Wie eines Schildes Schrei, das in den Angeln kracht,
Wenn es der Windstoss dreht in stürmischer Winternacht.

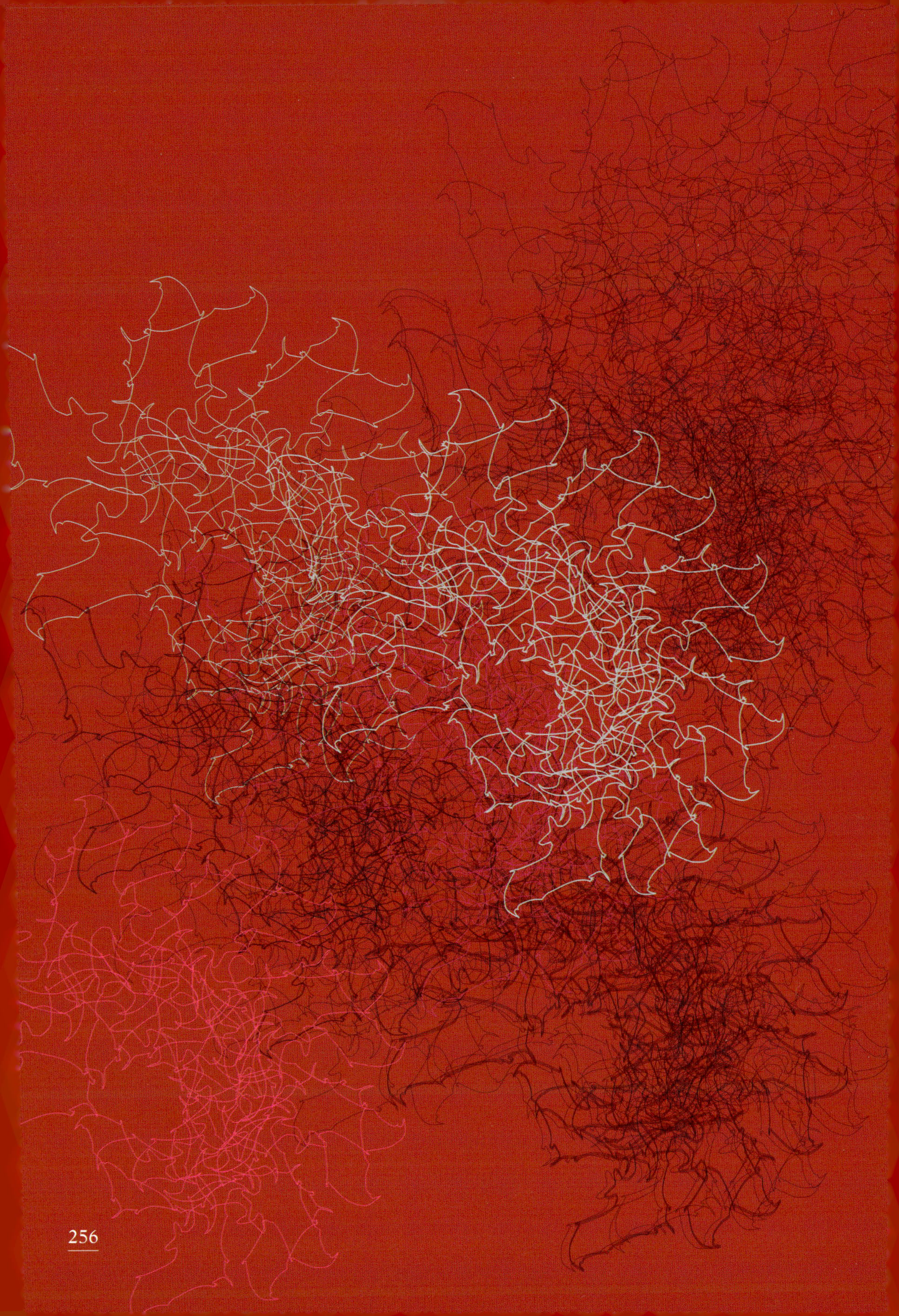

VAMPIRE SIND NICHT TOTZUKRIEGEN ...

Von der Zukunft des Vergangenen

Bleibt mir vom Leib mit eurem Pfahl. Das kitzelt!

So endete DRACULA von Bram Stoker, der Roman eines viktorianischen Schriftstellers, mit dem alles begann. Doch so wenig wie das Leben des Dracula endete, so wenig hat es begonnen. Die Anfänge des Mythos verlieren sich in der Zeit, und sein Ende ist nicht absehbar.

Die Vampyre Nation
Klage auf Unabhängigkeit

25. Februar 2009
Unabhängigkeitsbestrebungen gibt es überall auf der Welt und die Frage, ob das Selbstbestimmungsrecht der Völker eine Sezession zulässt, ist unter Völkerrechtlern umstritten. Hierzu wird nunmehr auch der U.S. District Court – District of Minnesota Stellung nehmen können.

Am 20. Februar hat der Jonathon Sharkey in seiner Eigenschaft als König der Vampyre Nation einen „Complaint for Sovereignty" gegen die USA eingereicht, wie das Blog Above the Law berichtet. Die ebenfalls dort zu findende 11-seitige Klageschrift liest sich flott weg. Der Kläger, eigenem Bekunden nach ein *„Sanguarian Vampire"* (bluttrinkender Vampir) und *„Hekate Witch"* (Hexe der Hekate) hat in seiner Eigenschaft als König der Vampyre Nation schon am 18. August 2008 in einem Schreiben an den damaligen Präsident George W. Bush die Unabhängigkeitserklärung der Vampyre Nation zusammen mit deren Verfassung übersandt. Die Vampyre Nation (VN) verfügt bereits über einen ansehnlichen Hofstaat, u.a. eine Premierministerin, eine Botschafterin, eine Justizministerin und eine UN-Botschafterin. An der Seite des Königs thront seine Ehefrau, Königin Amaya, deren Zukunft lt. Klageschrift allerdings nicht besonders rosig ist:

[...] Queen Amaya – Jonathon's wife who unfortunately has committed several crimes against the VN (High Treason, Treason, Murder of a member of the Royal Family..., as well as violated several of the Vampyre laws and is scheduled to be tried shortly for her crimes. Upon being found guilty, she will be executed in accordance to Vampyre Law).

Aufschlussreich ist die Liste der Präzedenzfälle. Verwiesen wird auf die Unabhängigkeitserklärung der USA, die Anerkennung des Kosovo als selbständiger Staat, die Unabhängigkeitserklärung Abchasiens von Georgien und die Indianer, denen die USA eigenes Land und eine eigene Regierung zugestanden hätten.

Der Kläger wirft den USA eine Verletzung der Menschen- bzw. Bürgerrechte vor. Denn schon seit 1692, als Massachusetts noch eine Kolonie war, seien jene, die Hexerei betrieben, dauerhaft angegriffen und in Furcht versetzt worden. Als Beispiel verweist der Kläger auf einen Zwischenfall im August 2007, als ihm vorgeworfen worden sei, eine Frau belästigt zu haben. Dabei habe die Strafverfolgungsbehörde nicht berücksichtigt, dass es sich bei dem angeblichen Opfer um eine Vampirjägerin gehandelt habe. Als einer der bekanntesten und berühmtesten Vampire sei der Kläger schon mehrfach von Vampirjägern angegriffen worden. Ein weiteres Beispiel bilde die fristlose Entlassung seiner damaligen Pagan-Ehefrau, nachdem der Kläger seine Kandidatur für den Posten des Gouverneurs von Minnesota angekündigt habe.

There are hundreds, if not thousands of unlawful and Civil/Human Rights violations committed by the U.S. upon civilians of the VN.

Die engstirnige Verweigerungshaltung der US-Regierung kann lt. Klageschrift schwerwiegende Folgen haben. Schon nach der Unabhängigkeitserklärung von 1776 sei ein Krieg ausgebrochen und die USA hätten Hilfe bei Alliierten gesucht. Dieses Recht wie auch das

Recht, den Krieg zu erklären, behalte sich auch die Vampyre Nation in ihrer Unabhängigkeitserklärung vor. Wie die Gründungsväter der USA habe die VN das Recht, Hilfe und Unterstützung bei ihren Alliierten, Russland und Staaten, die die USA hassen, zu suchen, wenn die USA sich weigerten, die Unabhängigkeit anzuerkennen. Warnend fährt die Klageschrift fort:

The U.S. cannot categorize such a military action as an act of terrorism for history has shown many countries to include the U.S. had to win their independence through military strength.

Russia has a history of going after territories it wants. Hence, the VN has the international precedence by Russia (and other countries) to acquire land by purchase or military force.

Like Russia, Jonathon and the VN fully believe that amassing military strength or using violence helps restore self-respect and honour.

Vom Präsidentenwechsel erhofft der Kläger sich wenig:

- Obama is of muslim faith;
- Muslims are sworn enemies of Vampyres, Satanists, Witches and other Kins;
- Muslims and Vampyrs have been at war with each other for centuries;
- With the fact Obama being of the Muslim faith, neither Jonathan nor the VN expects any better protection for our people's rights.

Der Kläger beantragt daher:

1. Die USA erkennen die Unabhängigkeit der VN an.
2. Die USA unterzeichnen eine Vereinbarung, in der sie sich verpflichten, sich nicht in die Angelegenheiten der Vampyre Nation einzumischen.
3. Die USA unterstützen die Aufnahme der Vampyre Nation in die Vereinten Nationen und die NATO.
4. Die USA geben der Vampyre Nation große Landteile im Bundesstaat Minnesota.
5. Die USA stellen der Vampyre Nation eine große Geldsumme (mehrere 100 Millionen US-Dollar) zur Verfügung, wie es auch bei anderen Staaten geschehen ist.

Das Verfahren ist noch nicht abgeschlossen ...

Vampir Tato

Schönheitsideal oder Stigma?
Vampir-Tatoos und Tatoos für Vampire

Manche Menschen lassen sich gerne Vampir-Tatoos machen. Lassen sich Vampire gerne Menschen-Tatoos machen? Diese Frage können wir nicht beantworten. Der Mitarbeiter, der das klären wollte, ist leider verschwunden. Was wir hingegen bieten können, sind einige Bilddokumente aus sehr alten Handschriften, gezeichnet auf feinstem Fledermausleder.

Vom Missbrauch der Vampire

Lasst uns doch in Ruhe beißen…

Vampire sind es gewöhnt… Kaum jemand spricht liebevoll über sie, von ihnen, geschweige denn mit ihnen. Es vergeht kein Tag, an dem der Vampir nicht die Zeitung aufschlägt und feststellen muss, wieder einmal für einen negativen Vergleich herhalten zu müssen. Das macht ihn müde, den Vampir. Denn in seiner Jahrhunderte währenden Existenz hat er schon so vieles gesehen und erlebt, das es ihm langsam bei den Ohren heraushängt, immer und immer wieder als Beelzebub bezeichnet zu werden.

So zum Beispiel in der Wiener Tageszeitung Die Presse am Sonntag, wenn es auf Seite 1 heißt: „Die Wiener Parteien scheuen im laufenden Wahlkampf die Inhalte wie Dracula das Tageslicht…

Er liebte das Blut, schätzte das Nachtleben, fürchtete das grelle Sonnenlicht und kämpfte gegen die Türken: Vlad III., der breiten Öffentlichkeit besser bekannt als Graf Dracula würde sich als Comicfigur für den Einsatz im Wiener Wahlkampf anbieten.

Man weiß nur nicht so genau, ob ihn die FPÖ oder ihre Gegner in ihren Wahlkampf einbauen sollten."

12

Badespaß im Land der Vampire

Kölner Stadtanzeiger, 19. August 2010

In Legenden treibt Graf Dracula sein Unwesen. Sein Name ist verbunden mit der mystischen Landschaft der rumänischen Karpaten. Doch das Land hat mehr zu bieten als sagenumwobene Gebirge. Weite Sandstrände, laues Meer und Sonne pur zum Beispiel.

Es tut sich etwas am Schwarzen Meer. Die rumänischen Urlaubsorte werden immer attraktiver und locken viele Westeuropäer an. Kein Wunder: Meer und Strände sind fantastisch, und der Komfort steht in gutem Verhältnis zu den Preisen. Eine Urlaubsgegend erlebt ihre Renaissance.

Günstig und paradiesisch

Denn dort, wo früher die kommunistische Führung des Landes in schicken Hotels und Luxusvillen Urlaub machte und über das Elend der eigenen Bevölkerung hinweg sah, hält die Demokratie Einzug. An Rumäniens Stränden tobt heute ein freiheitliches Strandleben. Die Orte am Schwarzen Meer haben sich herausgeputzt und empfangen wieder Gäste aus aller Welt. Die günstigen Preise sind derzeit noch das Hauptargument, das mehr und mehr Westeuropäer überzeugt. Aber es spricht sich auch herum, wie schön die Strände an der Schwarzmeerküste sind. Nicht überlaufen, sauber, das Wasser warm und klar - was will der Urlauber mehr?

Vom Donaudelta bis zur bulgarischen Grenze

Und nicht nur die weiten Strände sind eine Reise wert. Rund um die Schwarzmeerküste lässt sich einiges unternehmen. Sei es ein Ausflug ins Naturparadies Donaudelta oder ein kultureller Trip auf den Spuren der rumänischen Geschichte.

Ganz zu schweigen von einem Besuch in der Hauptstadt Bukarest, die eine moderne Metropole mit Kunst, Kultur und Nightlife geworden ist. Rumänien ist im Kommen, so viel ist sicher. Und an den blutrünstigen Grafen Dracula erinnert hier nur noch das eine oder andere Hotel, das nach ihm benannt ist.

ENZYKLOPÄDIE:

Vlad III. (ca. 1431-1476): Die Geschichte dieses rumänischen (nach heutiger politischer Landkarte) Despoten ist so oft erzählt worden, dass sie durch Wiederholung nicht richtiger wird. Er war grausam, er hatte seinen Spaß daran, Menschen zu quälen, per Pfählung zu Tode zu bringen, vielleicht sogar tatsächlich in Seh- und Hörweite ihrer Schmerzen zu frühstücken – aber mit dem Dracula, mit den Vampiren hat er nichts zu tun. Es ist schon seltsam: Shakespeare konnte durchaus schreiben, dass „Böhmen am Meer liegt" – und doch käme keiner auf die Idee, nach dem Verbleib der tschechischen Hochseeflotte zu forschen... Bram Stoker hatte von dem fernen Transsylvanien gehört und knetete sich daraus Karl-May-artig den wilden Osten, den er für seine Geschichte gut brauchen konnte. Der Name Dracul, Sohn des Drachen oder Mitglied des Drachenordens, den Vlad wohl auch geführt hat, wurde von Stoker aufgegriffen und umgebaut. Der Rest ist Legende, Zusammenführung verschiedener Überlieferungstraditionen, einer kumulierenden, selbstreferentiellen Geschichtsschreibung.

Angriff der Vampirfledermäuse
Und es gibt sie doch

In der brasilianischen Provinz Para sind in den vergangenen Monaten über 1700 Menschen von blutsaugenden Fledermäusen angegriffen worden, bis zu 22 starben an Tollwut.

Rio de Janeiro – „Wenn die Fledermäuse weiter angreifen, wird es weitere Todesfälle unter Rindern und Haustieren geben", sagte Amiraldo Pinheiro, Leiter der Seuchenforschung im Bundesstaat Para. „Aber wir hoffen, dass keine weiteren Menschen sterben."

Nachdem bei 17 Toten Tollwut als Todesursache nach Fledermausbissen festgestellt wurde, werden laut Pinheiro Bissopfer nun auf den Krankheitserreger behandelt. Fünf weitere Verstorbene hatten entsprechende Symptome gezeigt, waren jedoch ohne Obduktion beigesetzt worden.

In den letzten zwölf Monaten wurden aus der Region Viseu 1130 Angriffe gezählt, in der Region Portel etwa 600.

Vampirfledermaus: Daumengroße Blutsauger

Die Angreifer sind bloß daumengroß und gelten eigentlich als nicht agressiv, sondern als eher schreckhaft. Zum Blutsaugen fallen sie normalerweise nur große Vögel und Rinder an. Für die Attacken auf Menschen werden Waldrodungen verantwortlich gemacht, die das Zugverhalten der Tiere geändert haben sollen.

ENZYKLOPÄDIE:

Volterra: spielt eine wichtige Rolle in Stephenie Meyers „Bis(s) zur Mittagsstunde". Dort sind die Volturi angesiedelt, das uralte Vampirgeschlecht. Dorthin fährt Edward, um sich von ihnen töten zu lassen, dorthin pilgern jetzt jährlich zehntausende Vampir-Fans. Sie kommen mit Bussen aus Florenz und Siena, überrennen die kleine Stadt, deren eigentliche Attraktion Etruskergräber und Renaissancepaläste sind. Und sie suchen nach dem prächtigen Palast der Volturi. Der allerdings steht in Montepulciano...

Zahnfee: Die Zahnfee, auch Zahnmaus genannt, spielt im Leben eines jungen Vampirs eine besondere Rolle. Das Sichtbarwerden des ersten Eckzahns wird mit rituellen Freudentänzen gefeiert. Am nächsten Morgen findet der junge Vampir beim Schlafengehen in seinem Sarg ein kleines Geschenk.

12

Über den Wiedergänger von Lublau

Ein unsterbliches Gespenst

„Der Kasparek kommt!" Generationen von Kindern wurden mit diesem Schreckensruf dazu gebracht, schön artig zu sein. Wie der Krampus oder der Mo-Mo wurde eine Nähe zum Teufel hergestellt, also war er auf jeden Fall was Schauriges, dem selbst das abgebrühteste Kind lieber nicht zu nahe kam.

Wie kommt's, dass solch ein blutsaugender Geselle aus dem frühen 18. Jahrhundert zu europaweiter Berühmtheit gelangt, ehe sein Ruhm allmählich von Dracula überstrahlt wird. Na ja, überschattet sollte man in dem Fall wohl besser sagen...

Michael Kasparek scheint schon zu Lebzeiten kein angenehmer Zeitgenosse gewesen zu sein, und als der Steuereintreiber (also eine Mischung aus Gerichtsvollzieher und Finanzbeamter, ● Finanzamt) am 28. Februar 1718 in der ungarischen Stadt Lublau starb, hielt sich die allgemeine Trauer in Grenzen. Doch schon am nächsten Tag erschien er seinem Diener und verprügelte ihn. Auch andere wurden von dem Toten heimgesucht, gekratzt, getreten und gebissen. 40 Tage nach der Beerdigung war der Körper noch immer unversehrt. Die Bürger gerieten in Panik, daraufhin ordnete der Bischof von Krakauer eine posthume Hinrichtung an.

Zuerst wurde das Herz entnommen und unter einem Komposthaufen vergraben, dann wurde die Leiche verbrannt. Auf dem Scheiterhaufen zappelte sie mit den Beinen und quakte laut. Als Kaspareks Brüder gegen diese Maßnahmen protestierten, wurde ihnen das Herz zur Bestattung übergeben.

Es nutzte nichts. Der Spuk nahm kein Ende, in den nächsten Monaten kam es zu einer Reihe von Brandstiftungen, die allesamt dem toten Kasparek in die Schuhe geschoben wurden. Die Brüder und die Witwe Kaspareks mußten vor Gericht beeiden, dass er keinen Zauberring besessen und auch keinen Kontakt zu Hexen gehabt hatte. Schließlich verbrannte man auch sein Herz. Doch es half alles nichts.

Zeitgenössische Flugblätter, also Vorläufer der heutigen Boulevardblätter, verbreiteten in den folgenden Jahren das Bild eines Mannes, der als Toter lebte, der als Wiedergänger seine Frau und mehrere Mägde schwängerte, harmlose und brutale Streiche verübte – also zum Sündenbock wurde für alles, was ungeklärt blieb. Oder auch schlicht erfunden war. Nach dem Grund seiner doch ziemlich mühsamen Aktivitäten befragt, sagte der Kasparek: „Die Teufel wollen mich nicht in der Hölle haben, und Gott will mich auch nicht in den Himmel lassen, weil man nicht meines, sondern ein fremdes Herz verbrannt hat. Also muss ich sieben Jahre in der Welt herum irren."

„Der Kasparek kommt!" Bald wurde er zum Vampir gemacht, und die Kindermädchen in Europa hatten eine Geheimwaffe. Doch das ist eine andere Geschichte ...

Stirb für immer, Scheusal
Das Vampirgrab

In der ernsthaften wissenschaftlichen Auseinandersetzung mit dem Vampirismus spielt die Erforschung des „Vampirgrabes“ eine untergeordnete Rolle. Immer wieder werden Gräber freigelegt, in denen die Funde nahe legen, dass hier der Glaube an Vampire im Spiel war bzw. Schutzmassnahmen gegen die Wiederkehr des Toten getroffen wurden, also Sonderbestattungen – Bestattungen, die anders sind als die meisten anderen im jeweiligen Kulturkreis bzw. in der jeweiligen Zeit.

Dazu gehören Abweichungen der Körperhaltung, Manipulationen an Körper oder Grab oder auch außergewöhnliche Grabbeigaben oder ungewöhnliche Bestattungsorte. Manches mag als Weiterführung un- oder vorchristlicher Bestattungsform (miss)verstanden werden.

Fesselungen von Leichen werden gerne als Bannmaßnahmen interpretiert, sogar in den so geheimnisvoll wirkenden Gruftgrablegen der Wiener Michaelerkirche gibt es Leichen mit gefesselten Handgelenken – Phänomene, die eigentlich völlig ungeklärt sind, denen aber, ob aus (Ehr)furcht oder Sensationslust sei dahingestellt, immer wieder ein Zusammenhang mit den Wiedergängern zugeschrieben wird.

Die Pfählung, die ja bis heute als probates Mittel gegen Vampire gilt, deutet zumindest auch auf die Möglichkeit einer Lebendpfählung hin. Wer einmal des Nobelpreisträgers Ivo Andric' Roman „Die Brücke über die Drina“ gelesen hat, wird niemals die Pfählungsszene vergessen, die als äußerste Folter angewendet wurde.

Bei der Bauchlagenhaltung lassen die Funde wohl gar keinen Zusammenhang erkennen, auch wenn sie gerne als solches interpretiert wird. Die weit verbreitete Angst vor dem Scheintod, die zu skurrilen Maßnahmen wie Herzstich und Sargglöcklein führte, hatte sicherlich ihre guten Gründe. Und so mancher, der versehentlich lebendig begraben worden ist, mag sich in seiner Verzweiflung herumgedreht und aufgebäumt haben – nicht zuletzt, um zu versuchen, mit dem Rücken den lastenden Sargdeckel zu heben...

Gerne werden auch Gegenstände im Mund, also Nägel, Knochen, Steine, Ziegel, Münzen als Anti-Vampir-Maßnahme verstanden. Doch auch hier mag die nacheilende Interpretation auf spekulativen Flügeln daherkommen. Zu verstreut sind die Funde, zu abweichend die Möglichkeiten ganz anderer Sichtweise wie Wegzehrung und Fahrgeld in ein Jenseits.

Die vielen Berichte seit dem frühen Mittelalter über abgeschlagene Leichenköpfe sind wohl ernst zu nehmen und korrespondieren durchaus mit immer wieder gemachten Funden. Doch nicht jeder Leichnam ohne Kopf oder zumindest mit dem Kopf am falschen Platz steht unter Vampirverdacht – die Vorstellung von der Ganzheit des Körpers angesichts des Jüngsten Gerichts mag dazu führen, dass dem in der Schlacht oder auf dem Richtplatz Dekaputierten der Schädel mitgegeben wird. Man kennt die Bilder der frommen jüdischen Bruderschaft Chewra Kadischa, die nach Bombenanschlägen noch den letzten Hautfetzen der Opfer zu bergen versucht.

12

Gerne werden Leichen mit Nägeln posthum „vampirisiert"...

Grabbeigaben schließlich sind so unterschiedlich zu interpretieren, dass sie ebenso als Beweis herhalten mögen wie als Bündel von Gegenargumenten. Und wer heute auf einen beliebigen griechischen Dorffriedhof geht, müsste entsetzt zurückprallen angesichts der vermeintlichen Vampirfurcht der Bevölkerung – finden sich doch auf den meisten Gräbern Gaben von Honig und Ouzo...

Es mag sie geben, die Einzelfälle, in denen die Sonderform der Bestattung, der Behandlung des Leichnams auf Vampirfurcht zurückzuführen ist. Insgesamt muß man wohl festhalten, dass 100 Jahre Filmgeschichte mehr Vampirgräber geschaffen haben als die letzten 1000 Jahre Realität.

Und doch, es ist ja doch alles eine Frage des Glaubens...

Serapionsbrüder
E. T. A. Hoffmann

E. T. A. Hoffmann

Graf Hyppolit war zurückgekehrt von langen weiten Reisen, um das reiche Erbe seines Vaters, der unlängst gestorben, in Besitz zu nehmen. Das Stammschloss lag in der schönsten anmutigsten Gegend, und die Einkünfte der Güter reichten hin zu den kostspieligsten Verschönerungen. Alles was dem Grafen auf seinen Reisen als reizend, geschmackvoll, prächtig aufgefallen, sollte nun vor seinen Augen noch einmal entstehen. Handwerker und Künstler, wie sie gerade nötig, fanden sich auf seinen Ruf bei ihm ein, und es begann alsbald der Umbau des Schlosses, die Anlage eines weitläufigen Parks in dem größten Stil, so dass selbst Kirche, Totenacker und Pfarrhaus eingegrenzt wurden und als Partie des künstlichen Waldes erschienen. Alle Arbeiten leitete der Graf, der die dazu nötigen Kenntnisse besaß, selbst, er widmete sich diesen Beschäftigungen mit Leib und Seele. (…) Eben saß er eines Morgens am Zeichentisch, um den Grundriss eines neuen Gebäudes zu entwerfen, als eine alte Baronesse, weitläufige Verwandte seines Vaters, sich anmelden ließ. Hyppolit erinnerte sich, als er den Namen der Baronesse hörte, sogleich, dass sein Vater von dieser Alten immer mit der tiefsten Indignation, ja mit Abscheu gesprochen, und manchmal Personen, die sich ihr nähern wollen, gewarnt, sich von ihr fernzuhalten, ohne jemals eine Ursache der Gefahr anzugeben. Befragte man den Grafen näher, so pflegte er zu sagen, es gäbe gewisse Dinge, über die es besser sei zu schweigen als zu reden. So viel war gewiss, dass in der Residenz dunkle Gerüchte von einem ganz seltsamen und unerhörten Kriminalprozess gingen, in den die Baronesse befangen, der sie von ihrem Gemahl getrennt, aus ihrem entfernten Wohnort vertrieben, und dessen Unterdrückung sie nur der Gnade des Fürsten zu verdanken habe. Sehr unangenehm berührt fühlte sich Hyppolit durch die Annäherung einer Person, die sein Vater verabscheut, waren ihm auch die Gründe dieses Abscheus unbekannt geblieben. (…) Niemals hatte eine Person, ohne im mindesten hässlich zu sein, in ihrer äußern Erscheinung solch einen widerwärtigen Eindruck auf den Grafen gemacht, als eben die Baronesse. Bei dem Eintritt durchbohrte sie den Grafen mit einem glühenden Blick, dann schlug sie die Augen nieder und entschuldigte ihren Besuch in beinahe demütigen Ausdrücken. Sie klagte, dass der Vater des Grafen von den seltsamsten Vorurteilen befangen, die ihm gegen sie feindlich Gesinnte auf hämische Weise beizubringen gewusst, sie bis in den Tod gehasst, und ihr, unerachtet sie in der bittersten Armut beinahe verschmachtet, und sich ihres Standes schämen müssen, niemals auch nur die mindeste Unterstützung zufließen lassen. Endlich, ganz unerwartet in den Besitz einer kleinen Geldsumme gekommen, sei es ihr möglich geworden, die Residenz zu verlassen und in ein entferntes Landstädtchen zu fliehen. Auf dieser Reise habe sie dem Drange nicht widerstehen können, den Sohn eines Mannes zu sehen, den sie seines ungerechten unversöhnlichen Hasses unerachtet stets hochverehrt. – Es war der rührende Ton der Wahrheit, mit dem die Baronesse sprach, und der Graf fühlte sich um so mehr bewegt, als er weggewandt von dem widrigen Antlitz der Alten, versunken war in den Anblick des wunderbar lieblichen anmutigen Wesens, das mit der Baronesse gekommen. Die Baronesse schwieg; der Graf schien es nicht zu bemerken, er blieb stumm. Da bat die Baronesse, es ihrer Befangenheit an diesem Orte zu verzeihen, dass sie dem Grafen nicht gleich bei ihrem Eintritt ihre Tochter Aurelie vorgestellt. Nun erst gewann der Graf Worte, und beschwor, rot geworden bis an die Augen, in der Verwirrung des liebeentzückten Jünglings, die Baronesse, sie möge ihm vergönnen, das gutzumachen, was sein Vater nur aus Missverstand verschulden können, und vor der Hand es sich auf seinem Schlosse gefallen lassen. Seinen besten Willen beteuernd fasste er die Hand der Baronesse, aber das Wort, der Atem stockte ihm, eiskalte Schauer durchbebten sein Innerstes. Er fühlte seine Hand von im Tode erstarrten Fingern umkrallt, und die große knochendürre Gestalt der Baronesse, die ihn anstarrte mit Augen ohne Sehkraft, schien ihm in den hässlich bunten Kleidern eine angeputzte Leiche.

„O mein Gott, welch ein Ungemach gerade in diesem Augenblick!“ So rief Aurelie und klagte dann mit sanfter herzdurchdringender Stimme, dass ihre arme Mutter zuweilen plötzlich vom Starrkrampf ergriffen werde, dass dieser Zustand aber gewöhnlich ohne Anwendung irgendeines Mittels in ganz kurzer Zeit vorüberzugehen pflege. Mit Mühe machte sich der Graf los von der Baronesse, und alles glühende Leben süßer Liebeslust kam ihm wieder, als er Aureliens Hand fasste und feurig an die Lippen drückte. Beinahe zum Mannesalter gereift, fühlte der Graf zum ersten Mal die ganze Gewalt der Leidenschaft, um so weniger war es ihm möglich, seine Gefühle zu verbergen, und die Art, wie Aurelie dies aufnahm in hoher kindlicher Liebenswürdigkeit, entzündete in ihm die schönsten Hoffnungen. Wenige Minuten waren vergangen, als die Baronesse aus dem Starrkrampf erwachte, und sich des vorübergegangenen Zustandes völlig unbewusst, den Grafen versicherte, wie sie der Antrag, einige Zeit auf dem Schlosse zu verweilen, hoch ehre, und alles Unrecht, das ihr der Vater angetan, mit einemmal vergessen lasse. So hatte sich nun plötzlich der Hausstand des Grafen verändert, und er musste glauben, dass ihm eine besondere Gunst des Schicksals die einzige auf dem ganzen Erdenrund zugeführt, die als heißgeliebte angebetete Gattin ihm das höchste Glück des irdischen Seins gewähren könne. Das Betragen der alten Baronesse blieb sich gleich, sie war still, ernst, ja in sich verschlossen, und zeigte, wenn es die Gelegenheit gab, eine milde Gesinnung, und ein jeder unschuldigen Lust erschlossenes Herz. Der Graf hatte sich an das in der Tat seltsam gefurchte totenbleiche Antlitz, an die gespenstische Gestalt der Alten gewöhnt, er schrieb alles ihrer

Kränklichkeit zu, sowie dem Hange zu düstrer Schwärmerei, da sie, wie er von seinen Leuten erfahren, oft nächtliche Spaziergänge machte durch den Park nach dem Kirchhofe zu. (...) Von Aureliens innigster Liebe auf das lebhafteste überzeugt, bat er um ihre Hand, und man kann denken, mit welcher Freude die Baronesse, die sich aus tiefer Dürftigkeit gerissen, im Schoße des Glücks sah, diesen Antrag aufnahm. Die Blässe und jener besondere Zug, der auf einen schweren innern unverwindlichen Gram deutet, war verschwunden aus Aureliens Antlitz, und die Seligkeit der Liebe strahlte aus ihren Augen, schimmerte rosicht auf ihren Wangen. Am Morgen des Hochzeitstages vereitelte ein erschütternder Zufall die Wünsche des Grafen. Man hatte die Baronesse im Park unfern des Kirchhofes leblos am Boden auf dem Gesicht liegend gefunden, und brachte sie nach dem Schlosse, eben als der Graf aufgestanden und im Wonnegefühl des errungenen Glücks hinausschaute. Er glaubte die Baronesse nur von ihrem gewöhnlichen Übel befallen; alle Mittel, sie wieder zurückzurufen ins Leben blieben aber vergeblich, sie war tot. Aurelie überließ sich weniger den Ausbrüchen eines heftigen Schmerzes, als dass sie verstummt, tränenlos durch den Schlag, der sie getroffen, in ihrem innersten Wesen gelähmt schien. Dem Grafen bangte für die Geliebte, und nur leise und behutsam wagte er es, sie an ihr Verhältnis als gänzlich verlassenes Kind zu erinnern, welches erfordere, das Schickliche aufzugeben, um das noch Schicklichere zu tun, nämlich des Todes der Mutter unerachtet den Hochzeitstag so viel nur möglich zu beschleunigen. Da fiel aber Aurelie dem Grafen in die Arme und rief, indem ihr ein Tränenstrom aus den Augen stürzte, mit schneidender, das Herz durchbohrender Stimme: „Ja - ja! - um aller Heiligen, um meiner Seligkeit willen, ja!"

Der Graf schrieb diesen Ausbruch innerer Gemütsbewegung dem bittern Gedanken zu, dass sie verlassen, heimatslos nun nicht wisse wohin, und auf dem Schlosse zu bleiben doch der Anstand verbiete. Er sorgte dafür, dass Aurelie eine alte würdige Matrone zur Gesellschafterin erhielt, bis nach wenigen Wochen aufs neue der Hochzeitstag herankam, den weiter kein böser Zufall unterbrach, sondern der Hyppolits und Aureliens Glück krönte. Aurelie hatte sich indessen immerwährend in einem gespannten Zustande befunden. Nicht der Schmerz über den Verlust der Mutter, nein eine innere, namenlose, tötende Angst schien sie rastlos zu verfolgen. Mitten im süßesten Liebesgespräch fuhr sie plötzlich, wie von jähem Schreck erfasst, zum Tode erbleicht auf, schloss den Grafen, indem ihr Tränen aus den Augen quollen, in ihre Arme, als wolle sie sich festhalten, damit eine unsichtbare feindliche Macht sie nicht fortreiße ins Verderben, und rief: „Nein - nimmer - nimmer!" - Erst jetzt, da sie verheiratet mit dem Grafen, schien der gespannte Zustand aufgehört, jene innere entsetzliche Angst sie verlassen zu haben. (...)

„Gibt es", rief Aurelie, „etwas Entsetzlicheres, als die eigne Mutter hassen, verabscheuen zu müssen?" Also war der Vater, der Oheim von keinem falschen Vorurteil befangen, und die Baronesse hatte mit durchdachter Heuche-

12

lei den Grafen getäuscht. Für eine seiner Ruhe günstige Schickung musste es nun der Graf halten, dass die böse Mutter an seinem Hochzeitstage gestorben. Er hatte dessen kein Hehl; Aurelie erklärte aber, dass gerade bei dem Tode der Mutter sie sich von düstern furchtbaren Ahnungen ergriffen gefühlt, dass sie die entsetzliche Angst nicht verwinden können, die Tote werde erstehn aus dem Grabe, und sie hinabreißen aus den Armen des Geliebten in den Abgrund. Aurelie erinnerte sich (so erzählte sie) ganz dunkel aus ihrer früheren Jugendzeit, dass eines Morgens, da sie eben aus dem Schlafe erwacht, ein furchtbarer Tumult im Hause entstand. Die Türen wurden auf- und zugeworfen, fremde Stimmen riefen durcheinander. Endlich als es stiller geworden, nahm die Wärterin Aurelien auf den Arm und trug sie in ein großes Zimmer, wo viele Menschen versammelt, in der Mitte auf einem langen Tisch ausgestreckt lag aber der Mann, der oft mit Aurelien gespielt, sie mit Zuckerwerk gefüttert, und den sie Papa genannt. Sie streckte die Händchen nach ihm aus und wollte ihn küssen. Die sonst warmen Lippen waren aber eiskalt, und Aurelie brach, selbst wusste sie nicht warum, aus in heftiges Weinen. Die Wärterin brachte sie in ein fremdes Haus, wo sie lange Zeit verweilte, bis endlich eine Frau erschien, und sie in einer Kutsche mitnahm. Das war nun ihre Mutter, die bald darauf mit Aurelien nach der Residenz reiste. Aurelie mochte ungefähr sechzehn Jahre alt sein, als ein Mann bei der Baronesse erschien, den sie mit Freude und Zutraulichkeit empfing, wie einen alten geliebten Bekannten. Er kam oft und öfter, und bald veränderte sich der Hausstand der Baronesse auf sehr merkliche Weise. (...) Nur auf Aurelien hatte diese Verbesserung der Lage ihrer Mutter, die diese offenbar dem Fremden verdankte, gar keinen Einfluss. Sie blieb eingeschlossen in ihrem Zimmer zurück, wenn die Baronesse mit dem Fremden dem Vergnügen zueilte, und musste so armselig einhergehen als sonst. Der Fremde (...) war Aurelien widrig, weil oft sein Benehmen, schien er sich auch zu einem vornehmen Anstande zwingen zu wollen, linkisch, gemein, pöbelhaft wurde. Die Blicke, womit er aber Aurelien zu betrachten begann, erfüllten sie mit unheimlichem Grauen, ja mit einem Abscheu, dessen Ursache sie sich selbst nicht zu erklären wusste. Nie hatte bisher die Baronesse es der Mühe wert geachtet, Aurelien auch nur ein Wort über den Fremden zu sagen. Jetzt nannte sie Aurelien seinen Namen mit dem Zusatz, dass der Baron steinreich und ein entfernter Verwandter sei. Sie rühmte seine Gestalt, seine Vorzüge, und schloss mit der Frage: wie er Aurelien gefalle? Aurelie verschwieg nicht den innern Abscheu, den sie gegen den Fremden hegte, da blitzte sie aber die Baronesse an mit einem Blick, der ihr tiefen Schreck einjagte, und schalt sie ein dummes einfältiges Ding. Bald darauf wurde die Baronesse freundlicher gegen Aurelien, als sie es jemals gewesen. Sie erhielt schöne Kleider, reichen modischen Putz jeder Art, man ließ sie teilnehmen an den öffentlichen Vergnügungen. Der Fremde bemühte sich nun um Aureliens Gunst auf eine Weise, die ihn nur immer widerwärtiger ihr erscheinen ließ. Tödlich wurde aber ihr zarter jungfräulicher Sinn berührt, als ein böser Zufall sie geheime Zeugin sein ließ, einer empörenden Abscheulichkeit des Fremden und der verderbten Mutter. Als nun einige Tage darauf der Fremde in halbtrunknem Mut sie auf eine Art in seine Arme schloss, dass die verruchte Absicht keinem Zweifel unterworfen, da gab ihr die Verzweiflung Manneskraft, sie stieß den Fremden zurück, dass er rücklings überstürzte, entfloh und schloss sich in ihr Zimmer ein. Die Baronesse erklärte Aurelien ganz kalt und bestimmt, dass, da der Fremde ihren ganzen Haushalt bestritte, und sie gar nicht Lust habe, zurückzukommen in die alte Dürftigkeit, hier jede alberne Ziererei verdrießlich und unnütz sein werde; Aurelie müsse sich dem Willen des Fremden hingeben, der sonst gedroht, sie zu verlassen. Statt auf Aureliens wehmütigstes Flehen, statt auf ihre heiße Tränen zu achten, begann die Alte in frechem Spott laut auflachend über ein Verhältnis, das ihr alle Lust des Lebens erschließen werde, auf eine Art zu sprechen, deren zügellose Abscheulichkeit jedem sittlichen Gefühl Hohn sprach, so dass

12

Aurelie sich davor entsetzte. Sie sah sich verloren, und das einzige Rettungsmittel schien ihr schleunige Flucht. Aurelie hatte sich den Hausschlüssel zu verschaffen gewusst, die wenigen Habseligkeiten, die dringendste Notwendigkeit erforderte, zusammengepackt, und schlich nach Mitternacht, als sie die Mutter in tiefem Schlaf glaubte über den matt erleuchteten Vorsaal. Schon wollte sie leise, leise hinaustreten, als die Haustüre rasselnd aufsprang und es die Treppe hinaufpolterte. Hinein in den Vorsaal, hin zu Aureliens Füßen stürzte die Baronesse, in einen schlechten schmutzigen Kittel gekleidet, Brust und Arme entblößt, das greise Haar aufgelöst, wild flatternd. Und dicht hinter ihr her der Fremde, der mit dem gellenden Ruf: „Warte verruchter Satan, höllische Hexe, ich werd dir dein Hochzeitmahl einträuken!" sie bei den Haaren mitten ins

Zimmer schleifte, und mit dem dicken Knüttel, den er bei sich trug, auf die grausamste Weise zu misshandeln begann. Die Baronesse stieß ein fürchterliches Angstgeschrei aus, Aurelie ihrer Sinne kaum mächtig, rief laut durch das geöffnete Fenster nach Hilfe. Es traf sich, dass gerade eine Patrouille bewaffneter Polizei vorüberging. Diese drang sogleich ins Haus.

„Fasst ihn", rief die Baronesse, sich vor Wut und Schmerz krümmend, den Polizeisoldaten entgegen, „fasst ihn - haltet ihn fest! - schaut seinen bloßen Rücken an! - es ist" – Sowie die Baronesse den Namen nannte, jauchzte der Polizeisergeant, der die Patrouille führte, laut auf: „Hoho - haben wir dich endlich, Urian!" Und damit packten sie den Fremden fest, und schleppten ihn, sosehr er sich sträuben mochte, fort. (...) Einige Zeit war vergangen, als eines Tages, da Aurelie gerade einsam in ihrem Zimmer saß, sich auf der Straße ein großes Geräusch erhob. Das Kammermädchen sprang hinein und berichtete, dass man eben den Sohn des Scharfrichters aus – vorbeibringe, der wegen Raubmord dort gebrandmarkt und nach dem Zuchthause gebracht, seinen Wächtern auf dem Transport aber entsprungen sei. Aurelie wankte, ergriffen von banger Ahnung, an das Fenster, sie hatte sich nicht betrogen, es war der Fremde, der umringt von zahlreichen Wachen, auf dem Leiterwagen fest angeschlossen vorüber gefahren wurde. Man brachte ihn zurück zur Abbüßung seiner Strafe. (...) Von dem Kammermädchen, das übrigens erst nach jenem nächtlichen Ereignis in das Haus gekommen, und der man nun erst wohl erzählt haben mochte, wie jener Spitzbube mit der Frau Baronesse in vertraulichem Verhältnis gelebt, erfuhr Aurelie, dass man in der Residenz die Frau Baronesse gar sehr bedaure, von einem solchen niederträchtigen Verbrecher auf solche verruchte Weise getäuscht worden zu sein. Aurelie wusste nur zu gut, wie ganz anders sich die Sache verhielt, und unmöglich schien es, dass wenigstens die Polizeisoldaten, welche damals den Menschen im Hause der Baronesse ergriffen, nicht, als diese ihn nannte und den gebrandmarkten Rücken angab, als gewisses Kennzeichen des Verbrechers, von der guten Bekanntschaft der Baronesse mit dem Scharfrichtersohn überzeugt worden sein sollten. Daher äußerte sich denn auch jenes Kammermädchen bisweilen auf zweideutige Weise darüber, was man so hin und her denke, und dass man auch wissen wolle, wie der Gerichtshof strenge Nachforschung gehalten, und sogar die gnädige Frau Baronesse mit Arrest bedroht haben solle, weil der verruchte Scharfrichtersohn gar Seltsames erzählt. – Aufs neue musste die arme Aurelie der Mutter verworfene Gesinnung darin erkennen, dass es ihr möglich gewesen, nach jenem entsetzlichen Ereignis auch nur noch einen Augenblick in der Residenz zu verweilen. Endlich schien sie gezwungen, den Ort, wo sie sich von schmachvollem, nur zu begründeten Verdacht verfolgt sah, zu verlassen und in eine entfernte Gegend zu fliehen. Auf dieser Reise kam sie nun in das Schloss des Grafen, und es geschah, was erzählt worden. Aurelie musste sich überglücklich, aller böser Sorge entronnen, fühlen; wie tief entsetzte sie sich aber, als da sie in diesem seligen Gefühl von der gnadenreichen Schickung des Himmels zur Mutter sprach, diese, Höllenflammen in den Augen, mit gellender Stimme rief:

„Du bist mein Unglück, verworfenes heilloses Geschöpf, aber mitten in deinem geträumten Glück trifft dich die Rache, wenn mich ein schneller Tod dahingerafft. In dem Starrkrampf, den deine Geburt mich kostet, hat die List des Satans –“ hier stockte Aurelie, sie warf sich an des Grafen Brust und flehte, ihr es zu erlassen, das ganz zu wiederholen, was die Baronesse noch ausgesprochen in wahnsinniger Wut. Sie fühle sich im Innern zermalmt, gedenke sie der fürchterlichen, jede Ahnung des Entsetzlichsten überbietenden Drohung der von bösen Mächten erfassten Mutter. Der Graf tröstete die Gattin so gut er es vermochte, unerachtet er selbst sich von kaltem Todesschauer durchbebt fühlte. Gestehen musste er es sich, auch ruhiger geworden, dass die tiefe Abscheulichkeit der Baronesse doch, war sie auch gestorben, einen schwarzen Schatten in sein Leben warf, das ihm sonnenklar gedünkt.

Kurze Zeit war vergangen, als Aurelie sich gar merklich zu ändern begann. Während die Totenblässe des Antlitzes, das ermattete Auge auf Erkrankung zu deuten schien, ließ wieder Aureliens wirres, unstetes, ja scheues Wesen auf irgendein neues Geheimnis schließen, das sie verstörte. Sie floh selbst den Gemahl, schloss sich bald in ihr Zimmer ein, suchte bald die einsamsten Plätze des Parks, und ließ sie sich dann wieder blicken, so zeugten die verweinten Augen, die verzerrten Züge des Antlitzes von irgendeiner entsetzlichen Qual,

12

die sie gelitten. Vergebens mühte sich der Graf, die Ursache von dem Zustande der Gattin zu erforschen, und aus der völligen Trostlosigkeit, in die er endlich verfiel, konnte ihn nur die Vermutung eines berühmten Arztes retten, dass bei der großen Reizbarkeit der Gräfin all die bedrohlichen Erscheinungen eines veränderten Zustandes nur auf eine frohe Hoffnung der beglückten Ehe deuten könnten. Derselbe Arzt erlaubte sich, als er einst mit dem Grafen und der Gräfin bei Tische saß, allerlei Anspielungen auf jenen vermuteten Zustand guter Hoffnung. Die Gräfin schien alles teilnahmslos zu überhören, doch plötzlich war sie ganz aufmerksam, als der Arzt von den seltsamen Gelüsten zu sprechen begann, die zuweilen Frauen in jenem Zustande fühlten, und denen sie ohne Nachteil ihrer Gesundheit, ja ohne die schädlichste Einwirkung auf das Kind, nicht widerstehen dürften. Die Gräfin überhäufte den Arzt mit Fragen, und dieser wurde nicht müde, aus seiner praktischen Erfahrung die ergötzlichsten drolligsten Fälle mitzuteilen. „Doch“, sprach er, „hat man auch Beispiele von den abnormsten Gelüsten, durch die Frauen verleitet wurden zu der entsetzlichsten Tat. So hatte die Frau eines Schmieds ein solch unwiderstehliches Gelüste nach dem Fleisch ihres Mannes, dass sie nicht eher ruhte, als bis sie ihn einst, da er betrunken nach Hause kam, unvermutet mit einem großen Messer überfiel, und so grausam zerfleischte, dass er nach wenigen Stunden den Geist aufgab." Kaum hatte der Arzt diese Worte gesprochen, als die Gräfin ohnmächtig in den Sessel sank, und aus den Nervenzufällen, die dann eintraten, nur mit Mühe gerettet werden konnte. Der Arzt sah nun, dass er sehr unvorsichtig gehandelt, im Beisein der nervenschwachen Frau jener fürchterlichen Tat zu erwähnen.

Wohltätig schien indessen jene Krise auf den Zustand der Gräfin gewirkt zu haben, denn sie wurde ruhiger, wiewohl bald darauf ein ganz seltsames starres Wesen, ein düstres Feuer in den Augen, und die immer mehr zunehmende Totenfarbe den Grafen in neue gar quälende Zweifel über den Zustand der Gattin stürzte. Das Unerklärlichste dieses Zustandes der Gräfin lag aber darin, dass sie auch nicht das mindeste an Speise zu sich nahm, vielmehr gegen alles, vorzüglich aber gegen Fleisch, den unüberwindlichsten Abscheu bewies, so dass sie sich jedes Mal mit den lebhaftesten Zeichen dieses Abscheues vom Tische entfernen musste. Die Kunst des Arztes scheiterte, denn nicht das dringendste, liebevollste Flehen des Grafen, nichts in der Welt konnte die Gräfin vermögen, auch nur einen Tropfen Medizin zu nehmen. Da nun Wochen, Monate vergangen, ohne dass die Gräfin auch nur einen Bissen genossen, da es ein unergründliches Geheimnis, wie sie ihr Leben zu fristen vermochte, so meinte der Arzt, dass hier etwas im Spiele sei, was außer dem Bereich jeder getreu menschlichen Wissenschaft liege. Er verließ das Schloss unter irgendeinem Vorwande, der Graf konnte aber wohl merken, dass der Zustand der Gattin dem bewährten Arzt zu rätselhaft, ja zu unheimlich bedünkt, um länger zu harren und Zeuge einer unergründlichen Krankheit zu sein, ohne Macht zu helfen. Man kann es sich denken, in welche Stimmung dies alles den Grafen versetzen musste; aber es war dem noch nicht genug. – Gerade um diese Zeit nahm ein alter treuer Diener die Gelegenheit wahr, dem Grafen, als er ihn gerade allein fand, zu entdecken, dass die Gräfin jede Nacht das Schloss verlasse, und erst beim Anbruch des Tages wiederkehre. Eiskalt erfasste es den Grafen. Nun erst dachte er daran, wie ihn seit einiger Zeit jedes Mal zur Mitternacht ein ganz unnatürlicher Schlaf überfallen, den er jetzt irgendeinem narkotischen Mittel zuschrieb, das die Gräfin ihm beibringe, um das Schlafzimmer, das sie vornehmer Sitte entgegen, mit dem Gemahl teilte, unbemerkt verlassen zu können. Die schwärzesten Ahnungen kamen in seine Seele; er dachte an die teuflische Mutter, deren Sinn vielleicht erst jetzt in der Tochter erwacht, an irgendein abscheuliches ehebrecherisches Verhältnis, an den verruchten Scharfrichterknecht. – Die nächste Nacht sollte ihm das entsetzliche Geheimnis erschließen, das allein die Ursache des unerklärlichen Zustandes der Gattin sein konnte. Die Gräfin pflegte jeden Abend selbst den Tee zu bereiten, den der Graf genoss, und sich dann zu entfernen. Heute nahm er keinen Tropfen, und als er seiner Gewohnheit nach im Bette las, fühlte er keineswegs um Mitternacht die Schlafsucht, die ihn sonst überfallen. Dem unerachtet sank er zurück in die Kissen, und stellte sich bald, als sei er fest eingeschlafen. Leise, leise verließ nun die Gräfin ihr Lager, trat an das Bett des Grafen, leuchtete ihm ins Gesicht, und schlüpfte hinaus aus dem Schlafzimmer. Das Herz bebte dem Grafen, er stand auf, warf einen Mantel um, und schlich der Gattin nach. Es war eine ganz mondhelle Nacht, so dass der Graf Aureliens, in ein weißes Schlafgewand gehüllte Gestalt, unerachtet sie einen beträchtlichen Vorsprung gewonnen, auf das deutlichste wahrnehmen konnte. Durch den Park nach dem Kirchhofe zu, nahm die Gräfin ihren Weg, dort verschwand sie an der Mauer. Schnell rannte der Graf hinter ihr her, durch die Pforte der Kirchhofsmauer, die er offen fand. Da gewahrte er im hellsten Mondesschimmer dicht vor sich einen Kreis furchtbar gespenstischer Gestalten. Alte halbnackte Weiber mit fliegendem Haar hatten sich nieder gekauert auf den Boden, und mitten in dem Kreise lag der Leichnam eines Menschen, an dem sie zehrten mit Wolfesgier. – Aurelie war unter ihnen! – Fort stürzte der Graf in wildem Grausen, und rannte besinnungslos, gehetzt von der Todesangst, von dem Entsetzen der Hölle, durch die Gänge des Parks, bis er sich am hellen Morgen im Schweiß gebadet, vor dem Tor des Schlosses wiederfand. Unwillkürlich, ohne einen deutlichen Gedanken fassen zu können, sprang er die Treppe herauf, stürzte durch die Zimmer, hinein in das Schlafgemach. Da lag die Gräfin, wie es schien, in sanftem, süßem Schlummer, und der Graf wollte sich überzeugen, dass nur ein abscheuliches Traumbild, oder, da er sich der nächtlichen Wanderung bewusst, für die auch der von dem Morgentau durchnässte Mantel zeugte, vielmehr eine Sinne täuschende Erscheinung ihn zum Tode geängstigt. Ohne der Gräfin Erwachen abzuwarten, verließ er das Zimmer, kleidete sich an, und warf sich aufs Pferd. Der Spazierritt an dem schönen Morgen durch duftendes Gesträuch, aus dem heraus muntrer Gesang der erwachten Vögel ihn begrüßte, verscheuchte die furchtbaren Bilder der Nacht; getröstet und erheitert kehrte er zurück nach dem Schlosse. Als nun aber beide, der Graf und die Gräfin sich allein zu Tische gesetzt, und diese, da das gekochte Fleisch aufgetragen, mit den Zeichen des tiefsten Abscheus aus dem Zimmer wollte, da trat die Wahrheit dessen, was er in der Nacht geschaut, grässlich vor die Seele des Grafen. In wildem Grimm sprang er auf, und rief mit fürchterlicher Stimme: „Verfluchte Ausgeburt der Hölle, ich kenne deinen Abscheu vor des Menschen Speise, aus den Gräbern zerrst du deine Atzung, teuflisches Weib!“ Doch sowie der Graf diese Worte ausstieß, stürzte die Gräfin laut heulend auf ihn zu, und biss ihn mit der Wut der Hyäne in die Brust. Der Graf schleuderte die Rasende von sich zur Erde nieder, und sie gab den Geist auf unter grauenhaften Verzuckungen. – Der Graf verfiel in Wahnsinn.

Der Vampir in der Szene

In der Underground-Szene hat der Vampir/Vampyr seinen eigenen Platz, unterscheidet sich sogar in der Schreibweise (mit i als Rollenspiel, mit y als Lebensform), die Übergänge sind fließend. Schwarze Kleidung, die Nachbarschaft zur Gothic-Szene, genaue Rituale, kleinste Distinktionen machen die menschliche Vampirwelt zu einem hochartifiziellen Parallelsystem. Nichts ist beliebig, die Überlieferung ist so streng wie klassische Mythologie – und doch: Ein neues Computerspiel kann die Welt verändern, schmiedet eine neue Community, bezieht ein, grenzt aus. Schafft neue Charaktere. Es sind viele, die dieser Welt anhängen, die sich an Filmvorbildern orientieren. Manchen sollte man vielleicht bewahren, sich aussaugen zu lassen vom schwarzen Schein ...

Ein Ende ein Anfang ein Ende

Aus Bram Stokers Dracula

Vor sieben Jahren sind wir alle durch die Hölle gegangen. Das Glück, das manche von uns seither erfahren haben, ist den erlittenen Schmerz wert. Es ist eine zusätzliche Freude für Mina und mich, dass unser Sohn am selben Tag geboren wurde, an dem Quincey Morris gestorben ist. Seine Mutter klammert sich an den Glauben, dass etwas vom Geist unseres tapferen Freundes auf das Kind übergegangen ist.

Im letzten Sommer sind wir nach Transsylvanien gereist und sind über den Boden gegangen, der für uns so voller lebendiger und schrecklicher Erinnerungen ist. Es ist kaum möglich zu glauben, dass all diese Dinge, die wir mit eigenen Augen gesehen und mit eigenen Ohren vernommen haben, wirklich geschehen sind. Jede Spur dieser Geschehnisse ist getilgt, das Schloss steht da, als wäre nie etwas passiert.

Es gibt kaum Dokumente, die unsere Erlebnisse bezeugen. Doch, wie Doktor Van Helsing sagt: „Wir brauchen keine Beweise. Wir verlangen von niemandem, dass er uns glaubt. Dieser Junge wird eines Tages wissen, was für eine mutige und tapfere Frau seine Mutter ist. Er kennt schon jetzt ihre Güte und Fürsorge. Und dann wird er verstehen, warum Männer sie so sehr liebten, dass sie alles gaben, um sie zu retten …“.

So endet DRACULA von Bram Stoker, der Roman eines viktorianischen Schriftstellers, mit dem alles begann. Doch so wenig wie das Leben des Dracula endete, so wenig hat es begonnen. Die Anfänge des Mythos verlieren sich in der Zeit, und sein Ende ist nicht absehbar.

Das Buchteam

Christine Klell, österreichische Grafikdesignerin, geb. 1970, unterrichtet Ideenmanagement und Kreativitätstechniken an der New Design University in St. Pölten.
Für Verlage und Künstler in Österreich und Deutschland entwickelt sie besondere Buch- und Kulturprojekte. Mit „Kribbeln im Kopf" gestaltete sie einen internationalen Bestseller, der ebenso wie das Buch mit dem Loch, „Visuelle Kreativität" und „Clou" (alle drei mit dem Autor Mario Pricken) aus den Bücherregalen nicht wegzudenken ist. Mit „Kribbeln im Kopf – Creative Sessions" trat sie erstmals auch als Autorin hervor. Für den Münchener Lotos Verlag, marktführend im Bereich buddhistisch-spiritueller Bücher, schuf sie für mehr als 20 Titel mit dem aus dem Text entwickelten Coverdesign ein ebenso individuelles wie „in der Handschrift unverwechselbares" Erscheinungsbild.
Mit dem Cover und dem Booklet für die Hörbuch-Fassung des besonderen Erfolgstitels „Die Kuh, die weinte" setzte sie die Reihe ihrer CD-Entwürfe prominent fort.
Prachtvolle Einzelbände zu Malern wie Oskar Putz und DeEs Schwertberger oder zu Musikern wie Otto M. Zykan (mit Irene Suchy) zeigen, worum es Christine Klell bei der Buchgestaltung geht: es ist ihr besonders wichtig, mit jedem Buch Neuland zu betreten, die Gestaltung mit Text und Inhalt zu einem Gesamten zu verschmelzen.
www.christine-klell.com

Reinhard Deutsch, geb. 1957, beschäftigt sich seit vielen Jahren mit Themen der Kulturgeschichte. Als Autor, Dramaturg, Intendant, Projektleiter, Verlagslektor und Geschichtenerfinder hat er an vielen Orten in Österreich und im Ausland gearbeitet. Aufführungen seiner Stücke gab es in sieben Ländern. Als Kirchenopernlibrettist und Übersetzer (Peter Maxwell Davies, John Tavener, Charles Ives,) pflegt er eine rare Spezies der Musikliteratur. Seine Bücher, Übersetzungen und Aufsätze umfassen ein Spektrum vom „Handbuch der Bürgerkriege" über die Herausgabe der Werke von Roda Roda bis zur Auseinandersetzung mit den Künstlern von Theresienstadt, von zahlreichen Zeitungs- und Zeitschriftenbeiträgen zu Theater- und Literaturthemen bis zur deutschen Fassung des „Buddy Holly"-Musicals.
Reinhard Deutsch arbeitet als Lektor und Marketingleiter für die Verlagsgruppe Styria.

Diana Ovezea, geb. 1988, studiert nach einem ausgezeichneten Schulabschluss an der American International School Vienna an der New Design University in St. Pölten. Mehrere erfolgreiche Wettbewerbsteilnahmen sind eine Bestätigung ihrer außergewöhnlichen Begabung. Für DRACULA – MYTHEN UND WAHRHEITEN hat sie zahlreiche Illustrationen gestaltet und am Gesamtlayout des Buches wesentlich mitgewirkt.

Johannes Engelberg, geb. 1988, stammt aus Bochum und ist seit einigen Jahren in der Spitzengastronomie auf dem Weg nach oben. Derzeit arbeitet er in Berlin. Seine Leidenschaft gilt edlen Weinen und Spirituosen.
Benjamin Moldenhauer, Jahrgang 1980, lebt in Bremen und schreibt an einer Dissertation zu Sinn und Zweck des modernen Horrorfilms. Zuletzt erschienen: On Rules and Monsters. Essays zu Horror, Film und Gesellschaft (Argument-Verlag) und Die Einverleibung der Gesellschaft (PapyRossa Verlag).

Jörg Schiffauer, geb. 1965, Studium der Publizistik –und Kommunikationswissenschaft und Anglistik an der Universität Wien, Diplomarbeit über „Formale Veränderungen des New Hollywood-Kinos". Redakteur des ray Filmmagazins.

Bettina Schuler, Jahrgang 1975. Studium der Theater-, Film- und Fernsehwissenschaften in Köln und Paris sowie des Kulturjournalismus an der Hochschule für Fernsehen und Film in München absolviert. Lebt und arbeitet als freie Journalistin in Berlin.

Andreas Ungerböck, geboren 1960, Studium der Theaterwissenschaft und Publizistik in Wien. Dissertation über Rainer Werner Fassbinder. Mehrere Filmreihen zum asiatischen Kino. 1994 bis 2002 Programmkonsulent und Katalogredakteur der Viennale. Seit 2001 Chefredakteur, seit 2005 Mitherausgeber des Filmmagazins ray, seit 2008 Mitherausgeber des Style-Magazins faq. Zahlreiche Veröffentlichungen in Büchern und Zeitschriften.

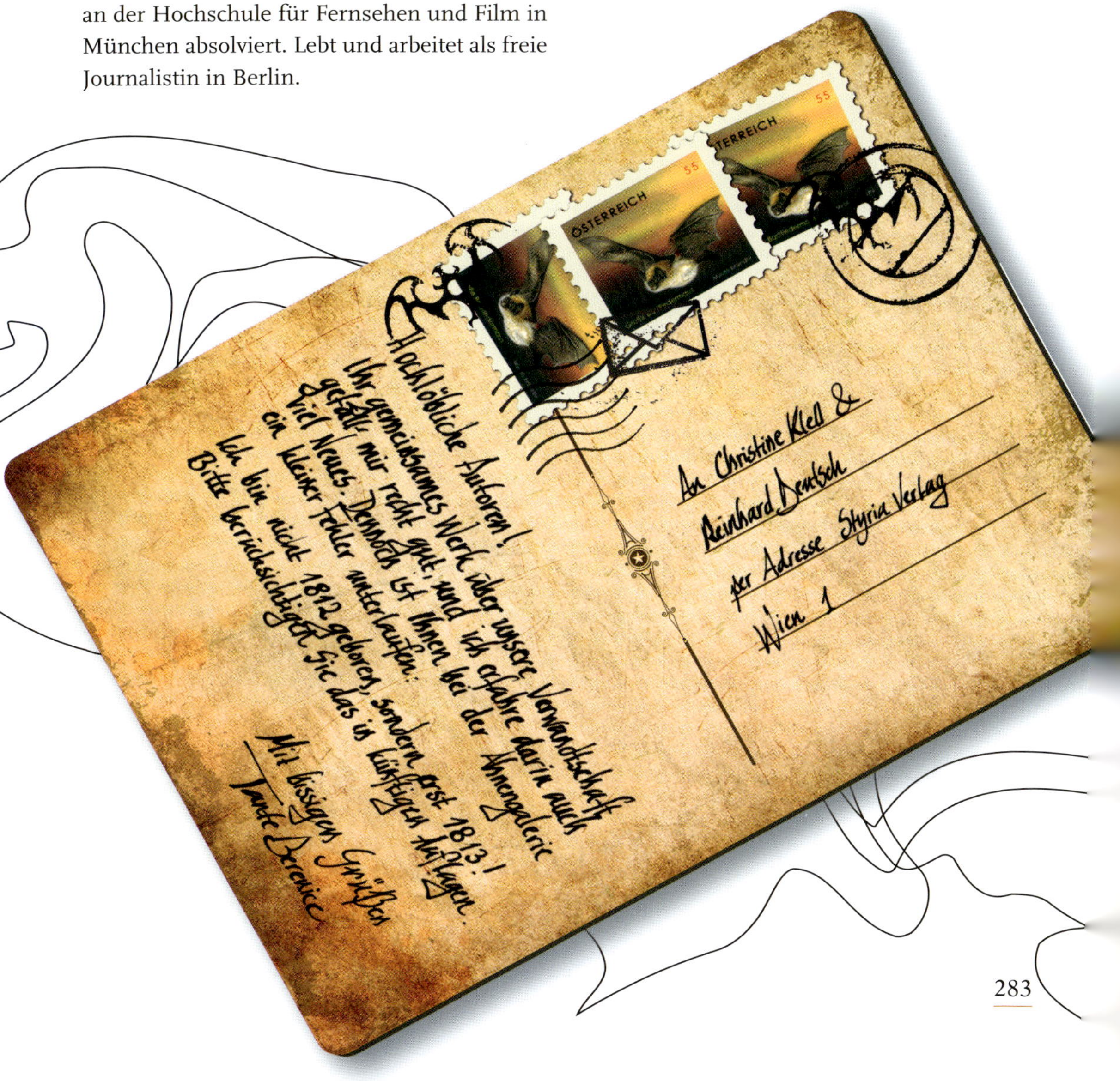

Bibliographie:

- **Axelrod, Gerald**: Transsylvanien. Würzburg 2009.
- **Baker, Nancy**: Der Vamp. Berlin 1997.
- **Barber, Paul**: Vampires, Burial and Death: Folklore and Reality. New Haven 1988.
- **Barthes, Roland**: Das Reich der Zeichen. Frankfurt/M. 1981.
- **Barthes, Roland**: Mythen des Alltags. Frankfurt/M. 2006.
- **Baudrillard, Jean**: Der symbolische Tausch und der Tod. München 1982.
- **Baumgart, Gert und Hagen Schaub**: Der ewige Leib. Mumien in österreichischen Sammlungen und Grüften. Wien 2003.
- **Begemann, Christian**: Dracula Unbound. Freiburg 2008.
- **Bernatzik, Hugo**: Gari-Gari. Wien 1943.
- **Borrmann, Norbert**: Vampirismus oder die Sehnsucht nach Unsterblichkeit. München 1999.
- **Braun, Christina von und Christoph Wulf (Hrsg.)**: Mythen des Blutes. Frankfurt/M. 2007.
- **Brittmacher, Hans Richard**: Ästhetik des Horrors Frankfurt/M. 1994.
- **Brownworth, Victoria**: Mitternachtskuß. Vampirgeschichten. Berlin 1998.
- **Bunson, Matthew**: Das Buch der Vampire.
- **Cooper, Basil**: Der Vampir in Legende, Kunst und Wirklichkeit. Leipzig 2007.
- **Crispino, Anna Maria**: Das Buch vom Teufel. Gondrom 1991.
- **Dehmel, Richard**: Eine Auswahl aus seinem Werk. Berlin 1925.
- **Eisner, Lotte H.**: Die dämonische Leinwand. Frankfurt/M. 1980.
- **Farin, Michael**: Heroine des Grauens. München 1989.
- **Flocke, Petra**: Vampirinnen. Die kulturellen Inszenierungen der Vampirin. Tübingen 1999.
- **Gebhardt, Harald und Mario Ludwig**: Von Drachen, Yetis und Vampiren – Fabeltieren auf der Spur. München 2005.
- **Gelder, Ken**: Reading the Vampire. London 1994.
- **Goethe, Johann Wolfgang von**: Die Braut von Korinth und Der Totentanz. In: Sämtliche Werke Bd. 1. München 1963.
- **Goethe, Johann Wolfgang von**: Tagebücher. In: Sämtliche Werke Bd. 43. München 1963.
- **Gray, Amy**: Vampire. Anleitung zur Unsterblichkeit. München 2010.
- **Grimm, Jakob**: Deutsche Mythologie. Hrsg. von Karl Hans Strobl. Wien 1943.
- **Grothe, Stefan**: Der Einfluß der Seuchen auf die Entstehung des Vampirmythos im Spiegel der Leipziger Vampirdebatte 1725-1734. Köln 2001.
- **Hamberger, Klaus**: Mortuus non mordet. Dokumente zum Vampirismus 1689-1791. Wien 1992.
- **Harmening, Dieter**: Der Anfang von Dracula. Zur Geschichte von Geschichten. Würzburg 1983.
- **Hock, Stefan**: Die Vampyrsagen und ihre Verwertung in der deutschen Literatur. Hildesheim 1977.
- **Hoffmann, Cyprians Erzählung**: Die Serapionsbrüder. München 1976.
- **Hövelmann, Gerd H.**: Wissenschaftliche Vampir-Literatur. Eine bibliographische Heimsuchung. In: Zeitschrift für Anomalistik 7, 2007.
- **Kafka, Franz**: Die Verwandlung. Frankfurt/M. 1989.
- **Keppler, Stefan und Michael Will (Hrsg.)**: Der Vampirfilm. Klassiker des Genres in Einzelinterpretationen. Würzburg 2006.
- **King, Stephen**: Brennen muß Salem. Wien: Zsolnay 1970.
- **Köppl, Rainer**: 100 Jahre Dracula (= Maske und Kothurn 41, 1-2). Wien 1998.
- **Kracauer, Siegfried**: Von Caligari bis Hitler. Ein Beitrag zur Geschichte des deutschen Films. Hamburg 1958.
- **Kremer, Peter**: Draculas Vettern. Auf den Spuren des Vampirglaubens in Deutschland. Düren 2006.
- **Kreuter, Peter Mario**: Der Vampirglaube in Südosteuropa. Berlin 2001.
- **Linke, Norbert**: Musik erobert die Welt. Wien 1987.
- **Märtin, Ralf-Peter**: Dracula. Das Leben des Fürsten Vlad Tepes. Berlin 2004.
- **McNally, Raymon T. und Radu Florescu**: Auf Draculas Spuren. Die Geschichte des Fürsten und der Vampire. Berlin 1996.
- **Marriot, James**: Horror. Meisterwerke des Grauens. Wien 2007.
- **Meurer, Hans**: Vampire, die Engel der Finsternis. Der dunkle Mythos von Blut, Lust und Tod. Freiburg 2001.
- **Meyer, Stephenie**: Bis(s) zum Morgengrauen. Hamburg: Carlsen 2006.
- **Meyer, Stephenie**: Bis(s) zur Mittagsstunde. Hamburg: Carlsen 2007.
- **Musik in Geschichte und Gegenwart**: Bd. 8. München 1989.
- **Pütz, Susanne**: Vampire und ihre Opfer. Der Blutsauger als literarische Figur. Bielefeld 1992.
- **Ranft, Michael**: M. Michael Ranfts Diaconi zu Nebra, Tractat von dem Kauen und Schmatzen der Todten in Gräbern: Worin die wahre Beschaffenheit derer Hungarischen Vampyrs und Blut-Sauger gezeigt, Auch alle von dieser Materie bißher zum Vorschein gekommene Schrifften recensiret werden.
- **Regan, Sally**: Vampire. München 2010.
- **Rice, Anne**: Interview mit einem Vampir. Frankfurt/M. 1989.
- **Rice, Anne**: Die Königin der Verdammten. München 1991
- **Roeder, Günther**: Ägyptische Mythologie – Mythen und Legenden. Zürich 1998.
- **Ruthner, Clemens**: Untotes Wachsen im Textgrab. Zur narrativen Ausarbeitung von Flückingers Vampirismus-Protokoll (1732) bei Herbert Mayo (1846). http://www.kakanien.ac.at/beitr/vamp/CRuthner4.pdf

- **Schaub, Hagen**: Blutspuren: Die Geschichte der Vampire. Auf den Spuren eines Mythos. Graz 2008.
- **Schneidewind, Friedhelm**: Das Lexikon rund ums Blut – Der rote Lebenssaft in Mystik und Mythologie, Magie und Medizin, Religion und Volksglaube, Legende und Literatur. Berlin 1999.
- **Sirokay, Miklós**: Der Vampir in Literatur und Geschichte. Berlin 2007.
- **Summers, Montague**: The Vampire in Europe. London 1929/ New York 2002.
- **Summers, Montague**: The Vampire. His Kith and Kin. London 1928.
- **Thorne, Tony**: Kinder der Nacht. Berlin 2002.
- **Vidal, Fernando**: Extraordinary Bodies and the Physicotheological Imagination. Schriften des Max-Planck-Institut für Wissenschaftsgeschichte. München 2001.
- **Vossen, Ursula (Hrsg.)**: Filmgenres – Horrorfilm. Stuttgart 2004.
- **Wellington, David**: Der letzte Vampir. München: Piper 2007.
- **Wells, H. G.**: Die Insel des Dr. Moreau. Wien: Zsolnay 1976.

Für den Herbst 2010 sind zwei Bücher ausgewiesener österreichischer Autoren und Vampir-Forscher angekündigt, auf die nachdrücklich hingewiesen sei:

Florian Kührer bringt unter dem Titel „Vampire – Monster, Mythos, Medienstar" im Verlag Butzon & Bercker einen Band heraus, von dem für alle am Thema Interessierten ebenso viel Neues und Kluges zu erwarten ist wie von
Rainer Köppl „Der Vampir sind wir" im Salzburger Residenz Verlag.

Quellen:

- **Angriff der Vampir-Fledermäuse**: SPIEGEL Online. 26. Mai 2004. http://www.spiegel.de/panorama/0,1518,301501,00.html
- **Aural Vampire**: Ausschnitt aus einem Interview: http://www.jame-world.com/de/articles-5015-aural-vampire-auf-der-anime-matsuri-2008.html#ixzz0xLS32n6D
- **Aus dem Kochbuch von Tante Adelheid**: Das köstliche Nudelrezept ist – geringfügig auf vampirische Bedürfnisse abgeschmeckt – dem wunderbaren Buch „Die Pastabox. Eine kulinarische Schatzkiste aus Italien" entnommen. Geschrieben hat es Ria Lottermoser, illustriert Bernd Wiedemann. Die Box ist in der Edition Styria erschienen und kostet Euro 19,95,-. Das Rezept für die Pfannkuchen mit roten Bohnen, ebenfalls ein wenig adaptiert, findet sich in dem Standardwerk „Die asiatische Küche. Die 350 besten Rezepte zwischen Orient und Fernost" von Sohyi Kim und Christoph Wagner. Dieses Buch ist im Pichler Verlag erschienen und kostet 34,95.
- **Bacardi**: Brand Eins, August 2010.
- **Blut**: dazu http://www.medizin.uni-greifswald.de/transfus/blutspende/fragen.html. Sehr gute Homepage der Universität Greifswald, die viele Fragen zum Thema Blut erschöpfend beantwortet.
- **Bram Stoker's Dracula I+II**: Kindlers Neues Literatur Lexikon. Bd. 16. München 1988.
- **Das Ende des Vampirs 1**: David Wellington, Der letzte Vampir, p. 25.
- **Das Ende des Vampirs 2**: Stephen King, Brennen muß Salem, p. 365-366.
- **Der Flügelschlag in der Dunkelheit**: Die Zeilen zu Edvard Munch und seiner Auseinandersetzung mit dem Thema Vampir stützen sich auf den Katalog der Kunsthalle Würth „Edvard Munch – Vampir" zur Ausstellung 2003, hrsg. von C. Sylvia-Weber.
- **Die Flügelreiter**: Eine Fülle von Detailuntersuchungen österreichischer Schicksalsstunden bietet der große österreichische Geschichte-Erzähler Johannes Sachslehner in seinen Büchern. Hervorgehoben seien SCHICKSALSORTE Bd. 1 und Bd. 2, erschienen im Styria Verlag, jeweils 29,95 Euro. Zusammen mehr als 600 Seiten packende Darstellung.

- **Ein dergleichen Gespenst und Die Aufklärung hats gewußt**: Zedlers Universal-Lexikon Bd. 46. (Artikel Vampir). In: Johann Heinrich Zedlers großes vollständiges Universal-Lexikon aller Wissenschaften und Künste. Leipzig 1731-1754.
- **Eine Erfolgsgeschichte**: http://www.helles-koepfchen.de/artikel/534.html und die Homepage des Hartmann&Stauffacher Verlages, Köln. http://cms.hsverlag.com
- **Ein Leben ohne Tageslicht**: Dieser Text beruht auf Ingrid Müller: Gefährliche Sonne. http://www.netdoktor.de/Magazin/

Gefaehrliche-Sonne-2481.html.
Diesem Artikel liegt wiederum ein Interview der Welt am Sonntag zu Grunde, 06. 07. 2001.
- **Ein Vampir – Porträt Nr. 1**: Stephen King, Brennen muß Salem, p. 189-190
- **Ein Vampir – Porträt Nr. 2**: Stephenie Meyer, Bis(s) zum Morgengrauen, p. 275-276
- **Klage auf Unabhängigkeit**: http://jurkonv.wordpress.com/2009/02/25/klage-auf-anerkennung-der-unabhangigkeit-der-vampyre-nation/
- **Knoblauch gibt es in allen Sprachen**: http://www.uni-graz.at/~katzer/germ. Gernot Katzer von der Universität Graz bietet auf seiner Homepage Antworten auf alle Fragen, die man im Zusammenhang mit Gewürzen stellen kann. Und vielleicht auch auf solche, die kein Mensch je gestellt hat.
- **König der Vampire**: science.orf.at, 26. 08. 2005. Dieser ORF-Beitrag wiederum beruht auf der Studie Nutritional Regulation of Hepatic Heme Biosynthesis and Porphyria through PGC-1-alpha, die in der Zeitschrift Cell (Band 122, Seiten 505-515) veröffentlicht wurde (DOI 10.1016/j.cell.2005.06.040).
- **Liebe ist eine Angelegenheit auf Leben und Tod**: Aus: Peter Praschl: Untote, wollt ihr ewig leben? In: Die Welt, 12. Juli 2010.
- **Mona der Vampir**: http://www.zeichentrickserien.de/mona.htm
- **Porphyrie**: eine Quelle für diesen Beitrag ist http://www.gesundheit.de/krankheiten/druesen-und-hormone/stoffwechselerkrankungen/porphyrie-enzymdefekt-mit-folgen
- **Stirb für immer, Scheusal**: Dieser Beitrag zum Thema des „Vampirgrabes" schöpft wesentlich aus dem Aufsatz „Knochen und Bestattungsriten. Die Bedeutung archäologischer Funde zum Wiedergänger- bzw. Vampirglauben" von Hagen Schaub, der im Dezember 2009 in Kakanien Revisited veröffentlicht wurde. http://www.kakanien.ac.at/beitr/vamp/Hschaub1.
- **Traumdeutung**: http://horoskop.t-online.de/traumdeutung/?q=Fledermaus; http://horoskop.t-online.de/traumdeutung/?q=Grab; http://horoskop.t-online.de/traumdeutung/?q=Kreuz; http://horoskop.t-online.de/traumdeutung/?q=Pfahl; http://horoskop.t-online.de/traumdeutung/?q=Vampir
- **Vampire Diaries**: Der Text folgt der offziellen Darstellung von Pro Sieben auf der Homepage http://www.prosieben.at/tv/vampire-diaries/ Dort finden sich auch weiterführende Informationen und viele Bilder sowie Kontaktmöglichkeiten zu den Fans.
- **Vampire wie du und ich**: http://en.wikipedia.org/wiki/List_of_fictional_vampires
- **Was Darwin übersehen hat**: Der Text ist, wie so vieles in diesem Buch, ein Originalbeitrag. Das Lied „The Birds and the Bees" allerdings stammt von Jewel Akens und war einmal ein Welterfolg, der in vielen Versionen gesungen wurde und immer noch wird.
- **Witz**: Der „Kleine Radler"-Witz ist dem passionierten Fledermaus- und Höhlenforscher Robert Bouchal zu verdanken.

Abbildungen:

Die Figur des VAMPÄR ist ein Character des Verlages Hartmann & Stauffacher, Köln, der für dieses Buch zur Verfügung gestellt wurde.

14: Bram Stoker: http:/www.britannica.com/Ebchecked/topic-art/566975/118447/Bram-Stoker.
41: Gayle Lindgren
279: www.remistattoo.com, Best International Artist at Tattoo Jam 2010
233: Billy w NoShoes
253: M. Michael Ranfts Diaconi zu Nebra, Tractat von dem Kauen und Schmatzen der Todten in Gräbern : Worin die wahre Beschaffenheit derer Hungarischen Vampyrs und Blut-Sauger gezeigt, Auch alle von dieser Materie bißher zum Vorschein gekommene Schrifften recensiret werden Verfasser: Ranft, Michael Erschienen: 1734 Umfang: [5] Bl., 291 S., [5] Bl.: Frontisp. (Kupferst.); 8° Sammlung: Varia der HAAB Weimar Signatur: 8° XV : 23
267: ElRincon
Die verschiedenen Abbildungen von Filmen und Porträts stammen aus dem Archiv Reinhard Deutsch. Sollten unbeabsichtigter Weise begründete Copyrightansprüche verletzt worden sein, werden diese in üblicher Weise abgegolten.

Internet:

http://de.wikipedia.org
http://en.wikipedia.org
http://gdz.sub.uni-goettingen.de/
www.avampyrestory-game.com
www.bamvampires.com
www.belalugosi.com
www.bibliotheque-vampires.dez
www.blutgeflüster.de
www.chaosprinz-windprinzessin.de

www.christopherleeweb.com
www.darkside-gs.de
www.darkvampires.de
www.die-vampire.de
www.fantaxy.de
www.feelthebite.com
www.forks-bloodbank.de
www.gothic-horror-haus.de
www.hp2.123imweb.de
www.kakanien.ac.at
www.kinski.de
www.londonvampyregroup.co.uk
www.magiaposthuma.blogspot.com
www.meyerbuch.com
www.monstropedia.org
www.powerpunks.com
www.suite101.com
www.thedarknetwork.net
www.vampir-club.de
www.vampire.com
www.vampirefilmfestival.com
www.vampire-geister.forumieren.de
www.vampirelegends.wordpress.com
www.vampirerave.com
www.vampires.com
www.vampirewebsite.net
www.vampireweekend.com
www.vampire-World.com
www.vampirmythologie.de
www.vampyrbibliothek.de
www.vampyre-almanac.com
www.vampyres.com
www.vampyrjournal.de
www.vampyrs.de
www.wernerherzog.com
www.xeper.org

Der Vampir steht unter seinem guten Stern ...

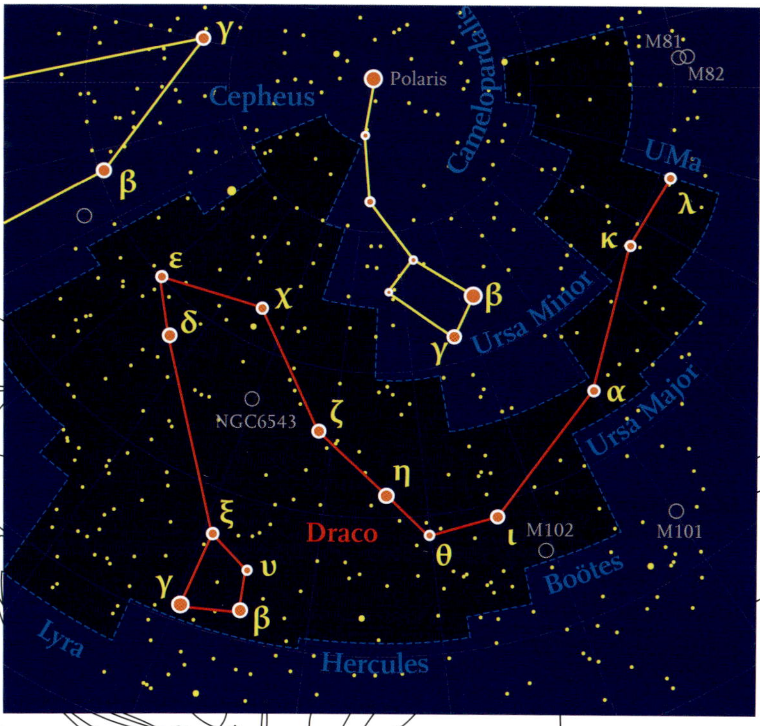

Impressum

Die Rechtschreibung in diesem Buch richtet sich zum Teil nach den Vorlagen, insbesonders Texte aus dem 18. und 19. Jahrhundert sind nicht modernisiert.

ISBN 978-3-222-13302-2

styriabooks.at
Verlagsgruppe Styria GmbH & Co KG

Umschlag- und Buchgestaltung:
Christine Klell · Kulturdesign
www.christine-klell.com

Druck und Bindung:
Druckerei Theiss GmbH
St. Stefan im Lavanttal

Printed in Austria